개정증보판

서정시학 시전집1
한용운시전집

최동호 편

서정시학

엮은이_최동호

1948년 경기도 수원 출생. 고려대 국문과, 동대학원 문학박사.

경남대와 경희대, 고려대 교수 역임. 현 고려대 문과대 국문과 명예 교수 겸 경남대 석좌교수.

대산문학상, 만해대상, 정지용문학상, 몰도바 작가연맹문학상, 미국 제니마문학상 등 수상.

시집『황사바람』(1976), 『아침책상』(1988), 『공놀이하는 달마』(2002), 『불꽃 비단벌레』(2009), 『얼음 얼굴』(2011), 『수원 남문 언덕』(2014), 『제왕나비』(2019), 『황금 가랑잎』(2021) 등.

서정시학 시전집 1
(개정증보판) 한용운시전집

2023년 5월 22일 초판 1쇄 발행

엮 은 이 · 최동호
펴 낸 이 · 최단아
편집교정 · 정우진
펴 낸 곳 · 도서출판 서정시학
인 쇄 소 · ㈜상지사
주   소 · 서울시 서초구 서초중앙로 18, 504호(서초동, 쌍용플래티넘)
전   화 · 02-928-7016
팩   스 · 02-922-7017
이 메 일 · lyricpoetics@gmail.com
출판등록 · 209-91-66271
ISBN 979-11-92580-13-5 03810
계좌번호: 국민 070101-04-072847 최단아(서정시학)
값 19,000원

* 잘못된 책은 바꾸어 드립니다.

<만해마을의 박물관으로 들어가는 한용운 선생상>

<1900년대 초 백담사 원경>

<1900년대 초 백담사 근경>

<젊은 시절의 한용운>

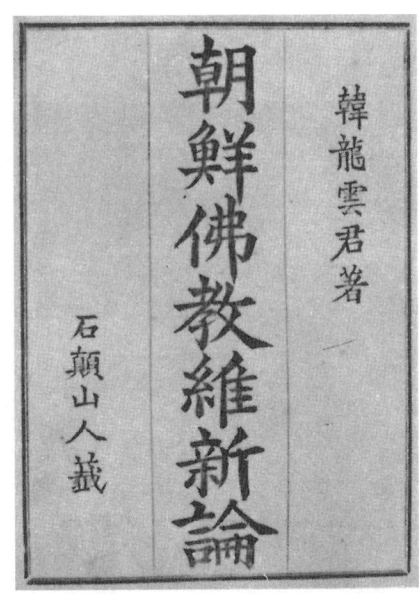

<『조선불교유신론』의 표지(1913)>

<『유심』의 표지(1918)>

<1921년 12월 출옥 후의 한용운>

<1926년 『님의 침묵』을 집필했던 방>

<1931년 3월 조선불교총동맹 창립대회 기념 촬영>

<『조선일보』 기고「조선인문화의 진보의 상징」(1935년)>

<『조선일보』 연재 장편소설「박명」(1938년~1939년)>

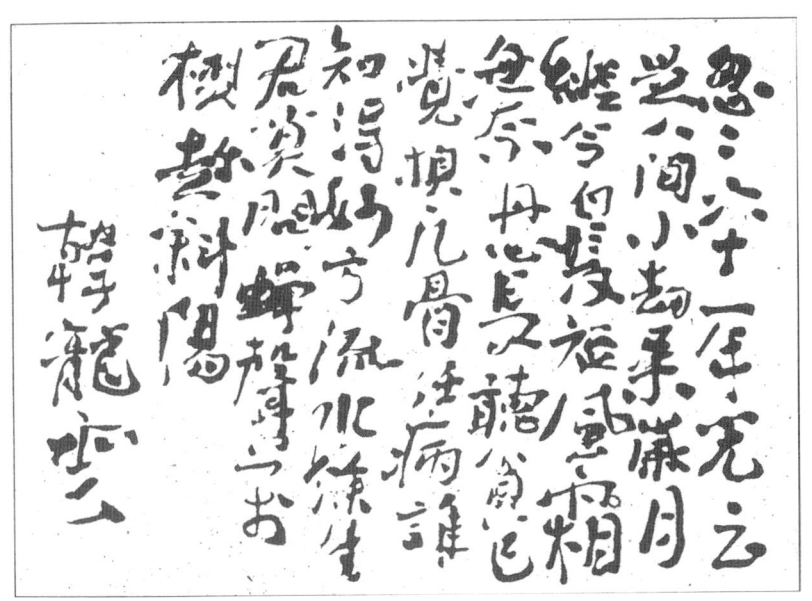

<1939년 회갑 방명록에 적은 친필 한시 「회갑날의 즉흥」>

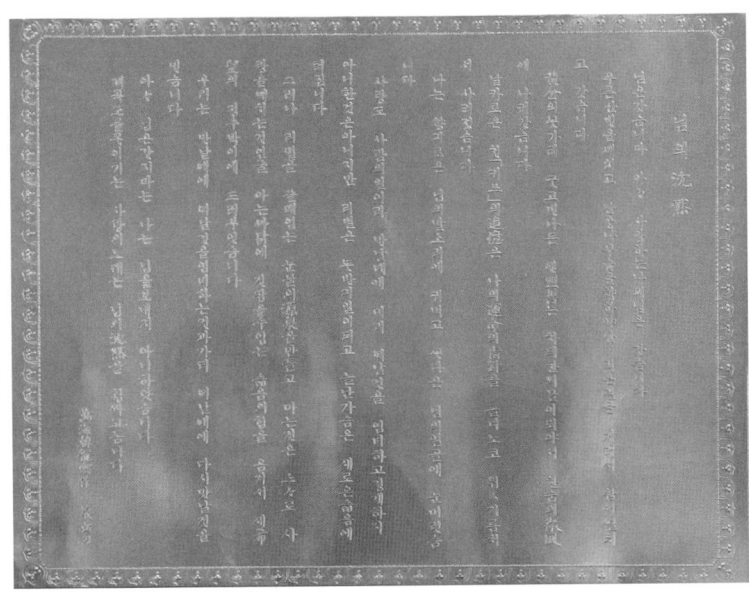

<남한산성 만해 기념관에 소장된 금판 「님의 침묵」(2021년 8월 29일 건립)>

개정증보판

서정시학 시전집1
한용운시전집

최동호 편

서정시학

□ 책머리에

　1989년 처음 문학사상사에서『한용운시전집』을 간행한 이후 2014년 자료를 보완하여 서정시학에서『증보판 한용운시전집』을 간행했다. 2020년 이후 절판된 책에 자료를 추가 보완하여『개정 증보판 한용운시전집』을 다시 출간하기로 했다. 이 전집에서는 우선적으로 2022년 상반기까지 학계에 축적된 많은 연구 서지를 추가 보충했다. 이를 위해 예상보다 상당한 시간이 소요되었다.
　또한 2021년 10월 수원문화도시포럼 박래헌 대표를 비롯한 여러 후원자들과 남한산성 만해기념관 전보삼 관장의 도움으로 기념관 입구에『만해 선생 추모시비』를 건립했던 일도 잊을 수 없다. 물론 이는 2017년 8월 백담사에서 거행하는 만해대상의 수상자가 되었던 것이 계기가 되어 추진된 일이었다.

　돌이켜 보면 시의 길을 걷게 된 것 또한 만해 선생의 시「님의 침묵」과의 깊은 인연으로부터 시작된 일이지만 이 모든 일은 어떤 불가사의한 인연이 아니라면 이루어질 수 없는 일이었을 것이다. 고등학교 시절 처음 선생의 시를 접한 이후 필자는 늘 만해 선생의 시를 읽고 살아왔다고 해도 과언이 아니다. 시의 길이 흔들릴 때나 무언가 풀리지 않는 난관에 봉착할 때마다 선생의 시를 읽었다. 이에 대한 감사의 뜻으로 선생의 시 전집을 간행한다는 것 또한 필자에게는 하나의 소명과 같은 것이 아니었나 생각한다.

만해 선생의 시를 읽는 독자들은 다음 세 가지는 간과하지 않고 살펴보아야 할 것들이다.

하나는 3.1운동에 적극적으로 참여한 것처럼 선생이 지닌 독립사상이다. 선생은 온갖 유혹에도 불구하고 평생 자신의 지조를 지켰으며 이로 인해 식민지 시대 민족 지성을 대표하는 인물이 되었다. 이는 미국 윌슨 대통령의 민족자결주의라는 세계사적 움직임과 관련이 있는 것이기도 것은 물론이지만 지금 우리가 살고 있는 21세기 또한 격동하는 국제 정세 속에서 우리 민족이 주체적으로 나아갈 길을 모색하는데 하나의 길잡이가 된다는 것이다.

다른 하나는 1913년 인도 시인 타골의 노벨문학상 수상이다. 이는 서양에 대한 동양의 열등감을 일거에 극복하는 대사건이었으며 피압박민족을 대표하는 동양인의 수상은 한용운을 비롯한 조선의 시인들에게 커다란 영향을 주었다. 특히 한용은 1918년에 간행한『유심』지에 타골의 대담과 산문을 수록하기도 했으며 1924년 12월 김억이 번역하여 간행한 타골의 시집『원정』을 읽었다는 흔적이 역력한 작품을 남기고 있다. 물론 타골에 대한 무조건적 추종이 아니라 그에 대한 비판적 시각을 보여주기도 했다는 점에서 그의 영향은 간과할 수 없을 것이다. 이런 점에서 본다면 한용운의 시집은 국제적이며 세계사적 움직임과 깊은 연관성을 가지고 있다는 것이다.

마지막으로 지금까지 중요하게 거론되지는 않았지만 을축년 대홍수로 인해 백성들이 토탄에 빠졌을 때 이를 구제하는 하나의 방법으로 시집을 간행했다고 볼 수 있다는 것이다. 시인으로 여러 사람 앞에 나서는 것이 부끄럽다고 말한 이유가 여기에 있을지도 모른다. 을축년 대홍수는 1925년 7월 4회에 걸친 집중호우 때문에 서울에서만 647명의 사망자가 발생하고 가옥 6,792여 채가 거센 물길에 휩쓸렸다. 붕괴된 가옥이 17,045채, 침수피해는 46,813채에 달하여 29,229의 이재민이 생겼다. 한강 주변의 제방이 무너졌으며 용산 일대와 송파 등지가 잠기고 한강의 물줄기가 바뀔 정도의 유례가 없는 대홍수였다. 피해액은 총독부 일 년 예산의 60% 정도인 1억 300만 원으로 집계되었다. 대홍수가 발생하자 사비로 배를 구입한 봉은사 주지 청호 스님은 고립된 이재민을 구출하였는데 그 수가 700여 명에 달했다고 한다. 대홍수 기념비가 송파공원과 봉은사에 아직도 남아 있을 정도의 대재난이었다. 한용운이 길을 잃고 헤매는 어린 백성을 위해 이 시집을 쓴다고 '서문'에 기록한 것은 우연이 아닐 것이며 시집을 마무리한 것이 을축년 10월이라는 것도 지나칠 수 없는 부분이다.

아무쪼록 한용운 선생의 시를 알고자 하는 오늘의 독자들에게 이 책이 널리 애독되기를 소망하며 자료 정리에 열과 성을 다한 정우진 시인에게 감사한다.

        2023년 2월 봄바람이 불어오는 날
        최동호 삼가 쓰다

□ 증보판 서문

　이 책은 2009년 서정시학사에서 간행한 『한용운시전집』의 증보판이다. 지난 5년 동안 새로 발굴된 자료를 보완하고 학계에 발표된 논문 목록을 추가했으며 연보를 다시 작성하고 일부 오자 등을 수정하여 보다 완전한 전집이 되도록 하고자 노력했다.

　일반적으로 많이 읽히는 시집 『님의 침묵』은 현대어로 표기하여 정본을 삼고자 했으며 새로 발굴된 기타 시편은 원문대로 표기해 두었다. 일반 독자들과 연구자들의 편의를 위해서다.

　결과적으로 말하자면 이 전집에는 모두 『님의 침묵』 90편, 기타시(시조 포함) 54편, 한시 140편을 포함하여 한용운의 시 모두 284편이 수록되어 있다. 이는 지금까지 발굴된 한용운의 시 작품을 모두 수록한 결과이다. 종전의 전집에 비해 기타시 12편이 추가된 것이다.

　1989년 문학사상사에서 처음 간행하고 2009년 서정시학사의 전집에 이어 2014년 이르러 세 번째 증보판을 펴내니 그 감회가 남다르다 하지 않을 수 없다. 한용운 연구가 불모지였던 1974년 가을 고려대학교 대학원에서 처음 한용운 연구로 석사논문을 작성하던 시절로부터 꼭 40년 만의 일이다.

아무쪼록 이 전집이 한용운 시의 전체상을 살펴보고자 하는 분들에게 조금이라도 도움이 되기를 바라는 마음 간절하다.

자료 보완과 교정에 도움을 준 대학원 석사 과정 최세운 군에게 감사한다.

2014년 9월 7일 추석날 오후
최동호 씀

□ 편자 서문

　편자가 1989년 간행한 『한용운 시전집』의 개정증보판을 20년 만에 다시 출간한다. 지난 10년 동안 이 책은 절판 상태에 있었는데 만해 한용운 선생에 대한 사회적 관심은 폭넓게 확대되어 연구서지는 물론 다양한 방면에서 방대한 자료가 축적되었다. 이제 한용운 선생은 한국근대시인 중에서 가장 주목받는 대표적인 시인이 되었다. 작품의 수준에 있어서나 민족의 지도자로서 선생의 생애가 가지는 의미가 날로 새롭게 부각되기 때문일 것이다. 그동안 축적된 자료를 반영하고 새 시대에 맞는 편집 체제로 개정증보판을 간행하는 것은 이러한 시대적 요구에 부응하기 위해서이다.

　이 개정증보판을 위해 김용직 선생의 『원본 한용운 시집』(깊은샘, 2009)과 김재홍 교수의 범우비평판 『님의 침묵』(범우사, 2006) 그리고 김삼웅 선생의 『만해 한용운 평전』(시대의 창, 2006) 등은 유용한 참고자료가 되었다. 또한 한용운 선생의 선시 「곽암 십우송을 차운하다」(次廓庵十牛圖頌)를 한시 부분에 추가하였으며 참고문헌을 보완하여 최근 20년 동안 학계에 축적된 연구 성과를 파악할 수 있도록 하였다

　무엇보다 새로운 것은 시집 『님의 침묵』 표기를 전체적으로 바꾼 것이다. 한글 표기를 내세우고 한자어 표기를 병기하여 새로운 세대가 이 시집을 무리 없이 읽도록 한 것은 독자에 대한 세심한 배려 중의 하나일 것이다. 초판 당시에도 밝힌 바이지만 한시의 번

역은 김달진 선생의 옥고임을 다시 한 번 기록해 두고자 한다.

  편자가 석사 논문을 쓰던 1973년에 간행되어 한용운 연구의 결정적인 계기를 마련해 주었던 신구문화사판『만해한용운전집』이 절판된 상황에서 이 시전집은 한용운 시의 전체상을 파악하고자 하는 독자들에게 조금은 도움이 될 것이라고 생각한다.

  한용운 선생의 시를 1964년 처음 접하고 시의 길로 들어선 편자에게 개정증보판『한용운 시전집』을 간행하는 것은 여기에 오랜 서원을 실천하고자 하는 어떤 소망이 담겨 있기 때문이다. 우연처럼 보이던 작은 인연의 줄기가 반세기가 가깝게 이렇게 길게 이어져 나왔다는 것에 대해 편자 자신도 놀라움을 금치 못할 뿐만 아니라 개인적으로 별다른 성취가 없다는 점에서 자괴감도 아울러 가지게 된다.

맑고 투명한 가을바람이 감도는 아침
2009년 9월
편자 씀

□ 초판 편자 서문

『韓龍雲詩全集』은 그동안 축적된 학계의 연구 결과를 집약하면서도 한용운의 시 전체를 평이하고 간명하게 이해시키기 위해 편집되었다. 시 본문을 구성하는 데 있어서 맞춤법과 띄어쓰기 등은 현대어로 고치되 독자들의 작품 이해를 해치지 않는 범위 내에서 저자 특유의 어법을 살리고자 노력하였다. 일반 독자들의 작품 이해에 불필요하다고 생각되는 전문적이고 난삽한 주석을 피했다.

이 책의 구성은 그 양식적 특징으로 보아 제1부 "님의 沈默" 제2부 "萬海漢詩" 제3부 "자유시·기타 詩" 제4부 "時調" 등으로 나누었으며, 제3부와 제4부에 소속된 일부 작품 중에서 시의 수준에 이르지 못했다고 생각되는 약간의 작품을 삭제하였다.

제1부 "님의 沈默"의 원문과 주석에 주로 참고한 문헌은 다음과 같다.

韓龍雲,『님의 沈默』, 滙東書館, 1926.(文學思想社, 影印本)
韓龍雲,『님의 沈默』, 漢城圖書柱式會社, 1934.(再版, 影印本)
宋 稶,『全篇解說 님의 沈默』, 科學社, 1974.
金觀鎬·全寶三,『(定本) 님의 沈默』, 民族社, 1980.
金載弘,『韓龍雲文學研究』, 一志社, 1982.
文德守,『現代詩의 解釋과 鑑賞』, 二友出版社, 1982.
申東旭,『韓龍雲詩全集·評傳』, 文學世界社, 1983.
이상섭,『님의 沈默의 어휘와 그 활용구조』, 探求堂, 1984.
尹在根,『萬海詩·「님의 沈默」研究』, 民族文化社, 1985.

李昇薰,『韓龍雲의 代表詩 20篇은 무엇인가?-텍스트 정리와 주석』, 文學思想, 1985. 9.

제2부 "萬海漢詩"는 月下 金達鎭 선생의 역문과 주를 실었으며, 부록으로 수록된 "韓龍雲 年譜"와 "作品年譜" 그리고 "參考文獻"은 『韓龍雲全集』(新丘文化社, 1973)과 '萬海思想硏究會'의 全寶三씨 작성 자료 등을 참고했다. 그리고 '韓龍雲硏究資料 총목록'은 최근의 간행물 및 학위논문들까지 게재했다.

한편의 작품이라도 제대로 읽힐 수 있는 토대를 마련하는 것이 연구자나 비평가가 해야 될 본연의 일이라는 생각으로 이 작업을 계속했다. 편자로서는 실로 시간이 많이 걸리고 성과는 적은 작업이었지만, 20여 년 전 한용운 시를 처음 읽었던 시절부터 느껴온 정신적 빚을 어느 정도 정리했다는 감회를 느끼지 않을 수 없다.

그동안 이 작업이 가능하도록 도움을 준 선학과 동료들을 비롯한 여러 연구자들에게 감사드리며, 이 책이 한용운의 시를 아끼고 사랑하는 모든 분들에게 친근한 벗이 되기를 바라는 마음 간절하다.

1989년 정월
단풍 든 가을 산을 바라보며
편자 씀

차례

□ 책머리에 · 13
□ 증보판 서문 · 16
□ 편자서문 · 18
□ 초판 편자서문 · 20

제1부 님의 沈默

군말 · 37
님의 침묵沈默 · 38
이별은 미美의 창조創造 · 40
알 수 없어요 · 41
나는 잊고저 · 42
가지 마서요 · 43
고적한 밤 · 45
나의 길 · 46
꿈 깨고서 · 47
예술가藝術家 · 48
이별 · 49
길이 막혀 · 52
자유정조自由貞操 · 53
하나가 되야 주서요 · 54

나룻배와 행인行人 · 55

차라리 · 56

나의 노래 · 57

당신이 아니더면 · 59

잠 없는 꿈 · 60

생명生命 · 61

사랑의 측량測量 · 62

진주眞珠 · 63

슬픔의 삼매三昧 · 64

의심하지 마서요 · 65

당신은 · 67

행복幸福 · 68

착인錯認 · 69

밤이 고요하고 · 70

비밀秘密 · 71

사랑의 존재存在 · 72

꿈과 근심 · 73

포도주葡萄酒 · 74

비방誹謗 · 75

「?」 · 76

님의 손길 · 77

해당화海棠花 · 78

당신을 보았습니다 · 79

비 · 80

복종服從 · 81

참어 주서요 · 82

어늬 것이 참이냐 · 83

정천한해情天恨海 · 85

첫 「키쓰」 · 87

선사禪師의 설법說法 · 88
그를 보내며 · 89
금강산金剛山 · 90
님의 얼골 · 92
심은 버들 · 93
낙원樂園은 가시덤풀에서 · 94
참말인가요 · 95
꽃이 먼저 알어 · 96
찬송讚頌 · 97
논개論介의 애인愛人이 되야서 그의 묘廟에 · 98
후회後悔 · 102
사랑하는 까닭 · 103
당신의 편지 · 104
거짓 이별 · 105
꿈이라면 · 106
달을 보며 · 107
인과율因果律 · 108
잠꼬대 · 109
계월향桂月香에게 · 111
만족滿足 · 113
반비례反比例 · 114
눈물 · 115
어데라도 · 117
떠날 때의 님의 얼골 · 118
최초最初의 님 · 119
두견새 · 120
나의 꿈 · 121
우는 때 · 122
타골의 시詩(GARDENISTO)를 읽고 · 123

수繡의 비밀秘密 · 125

사랑의 불 · 126

「사랑」을 사랑하야요 · 128

버리지 아니하면 · 129

당신 가신 때 · 130

요술妖術 · 131

당신의 마음 · 132

여름밤이 길어요 · 133

명상冥想 · 134

칠석七夕 · 135

생生의 예술藝術 · 137

꽃싸움 · 138

거문고 탈 때 · 139

오서요 · 140

쾌락快樂 · 142

고대苦待 · 143

사랑의 끝판 · 145

독자讀者에게 · 146

제2부 만해한시萬海漢詩

영호 화상에게 만나보지 못하는 안타까움을 말함 · 149

완호 학사를 보내며 · 150

만화 화상을 대신하여 임향장을 조상함 · 151

가을밤의 비 · 152

선방의 뒷동산에 올라 · 153

피난 도중 비에 갇혀 머물면서 · 155

석왕사에서 영호·유운 두 스님을 만나 두 수를 지음 · 156

영호 화상과 함께 유운 화상을 찾아갔다가 밤길을 같이 돌아옴 · 158
산가의 새벽 · 159
본 대로 느낀 대로(1) · 160
한적 두 수 · 161
영호 화상의 시에 차운함(1) · 163
고향 생각(1) · 164
영호 화상의 시에 차운함(2) · 165
풍아에서 주자가 동파의 운을 써서 매화를 읊은 것을 읽고 나도 그 운을 사용하여 매화를 노래함 · 166
또 옛 사람들이 매화를 두고 오언고시를 쓴 일이 없기에 호기심으로 시험 삼아 읊어 봄 · 168
새벽 · 170
영호 화상의 향적봉 시에 차운함 · 171
스스로 고민함 · 172
스스로 즐거워함 · 173
달 구경 · 174
연말에 차가운 비가 내림을 보고 느낌이 있기에 · 175
한가히 노닐며 · 177
달을 보고 · 178
달이 돋으려 할 때 · 179
달이 처음 뜰 때 · 180
달이 하늘 한가운데 올 때 · 181
달이 지려 할 때 · 182
본 대로 느낀 대로(2) · 183
고향 생각(2) · 184
고향을 생각하는 괴로움 · 185
스스로 시벽을 웃음 · 186
청한 · 187
바람과 눈을 막고자 안팎의 문틈을 모두 바르고 책을 보다가 장난삼아 시 두 수를 지음 · 188

홀로 앉아 · 190
동지 · 191
눈 내린 새벽 · 192
고의 · 193
한가히 읊음 · 194
유운 화상의 병들어 누움에 대한 상심과 더불어 고향 그리는 마음 · 195
추운 계절인데도 옷이 안 오기에 장난삼아 지어 봄 · 196
본 대로 느낀 대로(3) · 197
눈 온 뒤에 한가히 읊음 · 198
병의 시름 · 199
한가함 · 200
병을 읊음 두 수 · 201
홀로 읊음 · 203
나그네의 회포 · 204
새벽 경치 세 수 · 205
밤에 혼자 두 수 · 207
본 대로 느낀 대로(4) · 209
회포를 읊음 · 210
높은 데에 오름 · 211
출정 군인 아내의 슬픔 · 212
산중의 한낮 · 214
멀리 생각함 · 215
본 대로 느낀 대로(5) 두 수 · 216
외로이 떠돎 두 수 · 218
내원암에 모란나무 오래된 가지가 있어서 눈을 받아 꽃이 핀 것 같기에 읊음 · 220
영호·유운 두 선백과 밤에 읊음 두 수 · 221
백화암을 찾아감 · 223

시모노세키馬關의 배 안에서 · 224
미야지마宮島의 배 안에서 · 225
아사다和淺田 교수에게 화답함 · 226
갠 날을 읊음 · 227
비오는 날 홀로 읊음 · 228
동경의 여관에서 매미소리를 듣고 · 229
나비 · 230
맑은 새벽 · 231
봄 꿈 · 232
조동종대학교 별원에서 읊은 두 수 · 233
고의(2) · 235
증상사 · 236
고향을 생각하는 밤에 빗소리를 듣고 · 237
지광선백에게 화답함 · 238
닛코日光로 가는 도중 · 239
닛코日光의 남호 · 240
홀로 있는 방에서 비바람 소리 듣고 · 241
들길을 가면서 두 수 · 242
가을밤에 빗소리를 듣고 느낌이 있어서 · 244
가을 새벽 · 245
영호·금봉 두 선사와 시를 지음 · 246
서울에서 영호·금봉 두 선사와 만나 함께 읊음 두 수 · 247
소일 · 249
양진암에서 봄을 보냄 · 250
양진암 · 251
맑음 읊음 · 252
구름과 물 · 253
양진암을 떠나면서 학명선사에게 줌 두 수 · 254
선암사에서 앓고 난 뒤에 두 수 · 256

향로암에서 밤에 읊음 · 258

금봉선사와 밤에 읊음 · 260

선암사에 머물면서 매천의 시에 차운함 · 261

향로암에서 느낀 대로 씀 · 262

영산포의 배 안에서 · 263

지는 매화를 보고 느낌이 있어서 · 264

범어사에서 비가 온 뒤에 생각을 말함 · 265

봄 안방의 슬픔 · 266

장마가 갬 · 267

어부의 피리소리 · 268

파릉 고기잡이의 뱃노래 · 269

안해주 · 270

황매천 · 271

화엄사에서 산보하며 · 272

구곡령을 지나며 · 274

산가의 흥취 · 275

약사암 가는 길에 · 276

구암사의 초가을 · 277

회포를 말함 · 278

구암폭 · 279

구암사에서 송청암 형제와 같이 읊음 · 280

쌍계루 · 281

남형우에게 줌 · 282

송청암에게 줌 · 283

서울에서 오세암으로 돌아와 박한영에게 보냄 · 284

중양 · 285

정사년 12월 3일 밤 10경 좌선 중에 갑자기 바람이 불어 무슨 물건인가를 떨구는 소리를 듣고, 의심하는 마음이 씻은 듯 풀렸다. 이에 한 수를 지음 · 286

오세암 · 287
어느날 이웃방과 이야기하다가 간수에게 들켜 두 손을 2분 동안 가볍게 묶이었다. 이에 즉석에서 읊음 · 288
옥중의 감회 · 289
어느 학생에게 줌 · 290
가을비 · 291
가을 회포 · 292
눈오는 밤 · 293
벚꽃을 보고 느낌이 있어서 · 294
기러기를 읊음 두 수 · 295
병감의 후원 · 297
고우에게 주는 선화 · 298
다듬이 소리 · 299
등불 그림자를 읊음 · 300
송별 · 301
한강 · 302
눈 오는 밤 그림을 보고 느낌이 있어서 · 303
무제(1) 여덟 수 · 304
무제(2) 두 수 · 310
신문 폐간 · 312
회갑 날의 즉흥 · 313
삼가 계초 선생의 생신을 축하함 · 314
무제(3) 두 수 · 315
곽암 십우송을 차운하다 · 317

제3부 기타 시詩

心 · 327

一莖艸의 生命 · 329
가갸날에 對하야 · 330
成佛과 往生 · 332
바다 · 333
모래를 파서 · 334
갈매기 · 335
明沙十里 · 336
가신 님 심은 나무 · 337
聖誕 · 338
비바람 · 339
반달과 小女 · 340
山村의 여름 저녁 · 341
歲暮 · 342
淺日 · 343
산넘어언니 · 344
籠의 小鳥 · 345
달님 · 347
달님 · 348
달님 · 349
山居 · 350
산골 물 · 351
矛盾 · 352
쥐[鼠] · 353
日出 · 355
海村의 夕陽 · 357
江배 · 358
落花 · 359
一莖草 · 360
모기 · 361

파리 · 362
半月과 小女 · 363
失題 · 364

제4부 시조時調

尋牛莊 · 367
還家 · 368
禪友에게 · 369
早春 · 370
春畵 · 372
禪境 · 373
秋夜短 · 374
春朝 · 375
코스모스 · 376
漁翁 · 377
男兒 · 378
成功 · 379
秋花 · 380
織業婦人 · 381
漂娥 · 382
秋夜夢 · 383
漢江에서 · 385
사랑 · 386
우리 님 · 387
無題 一四수 · 388
無窮花 심으과저 · 395

부록

한용운 연보 · 399
작품 연보 · 408
연구자료 총목록 · 413

□ 한용운 시 읽기, 50년의 축복 | 최동호 · 537

제1부

님의 沈默

韓龍雲 著

님의 沈默 (再版)

漢城圖書株式會社 發行

군말

「님」만 님이 아니라, 기룬[1] 것은 다 님이다. 중생이 석가釋迦의 님이라면, 철학哲學은 칸트의 님이다. 장미화薔薇花의 님이 봄비라면 마시니[2]의 님은 이태리伊太利다. 님은 내가 사랑할 뿐 아니라 나를 사랑하나니라.

연애戀愛가 자유自由라면 님도 자유일 것이다. 그러나 너희는 이름 좋은 자유自由에 알뜰한 구속拘束을 받지 않너냐. 너에게도 님이 있너냐. 있다면 님이 아니라 너의 그림자니라.

나[3]는 해 저문 벌판에서 돌아가는 길을 잃고 헤매는 어린 양羊이 기루어서[4] 이 시詩를 쓴다.

저자著者

---

[1] 기룬 : 만해 특유의 개인시어(idiolect). 초판본에는 '긔룬'으로 표기. 현대 국어 맞춤법에 따라 그 기본형을 추정하면 '기룹다'가 됨. 만해는 '그립다'라는 말과 구분해서 '기룹다' 라는 단어를 사용하고 있는데 그 뜻은 '그립다', '기릴 만하다,' '안스럽다,' '기특하다' 등으로 폭넓게 쓰임.(이상섭)

[2] 마시니 : Ginseppe Mazzini(1805~1872). 이탈리아의 혁명가. 이탈리아 통일을 위해 노력하였음.

[3] 나 : 이 시집 전체의 화자, 윤재근 교수는 '나'의 시적 행위가 '헤매임'에 해당되며 이를 통해 시집의 연작성을 밝힐 수 있다고 보았다.

[4] 기루어서 : 여기서는 '그립다'의 뜻보다는 '안스럽다' 또는 '동정이 간다'의 뜻. 주 1) 기룬 참조.

님의 침묵沈默

님은 갔습니다. 아아 사랑하는 나의 님은 갔습니다.

푸른 산빛[1]을 깨치고[2] 단풍나무 숲을 향하야 난 적은 길[3]을 걸어서 참어[4] 떨치고[5] 갔습니다.

황금黃金의 꽃같이 굳고 빛나든 옛 맹세盟誓는 차디찬 티끌이 되야서, 한숨의 미풍微風에 날어 갔습니다.

날카로운 첫 「키쓰」의 추억追憶은 나의, 운명運命의 지침指針을 돌려놓고, 뒷걸음쳐서, 사러졌습니다.

나는 향기로운 님의 말소리에 귀먹고, 꽃다운 님의 얼골에 눈멀었습니다.

사랑도 사람의 일이라, 만날 때에 미리 떠날 것을 염려하고 경계하지 아니한 것은 아니지만, 이별은 뜻밖의 일이 되고 놀란 가슴은 새로운 슬픔에 터집니다.

---

1) 산빛 : 초판본에는 '산빗'으로 표기.
2) 깨치고 : 「깨치다」는 ① 깨달아 사물의 이치를 알게 되다. ② 깨뜨리다 라는 두 가지 뜻이 있음. 그러나 "이지와 감정을 두드려 깨쳐서 가루를 만들어 버려라"(「잠꼬대」), "참 맹서를 깨치고 가는 이별은"(「인과율因果律」), "그대는 옛 무덤을 깨치고 하늘까지 사무치는 백골의 향기입니다"(「타골의 시를 읽고」) 등을 참고하면 ②, 곧 '깨뜨리다'의 뜻. 만해는 '깨치다'와 함께 '깨뜨리다'라는 용어로 사용하고 있는데 이것은 표기법의 혼란이 아니라 그 목적어가 물질계나 자연 현상일 때는 '깨뜨리다'를 사용하고, 정신계나 정신현상일 때는 '깨치다'를 사용. 따라서 '푸른 산빛'은 자연현상이라기보다는 어떤 정신현상을 상징.(이승훈)
3) 적은 길 : 만해는 '적다'와 '작다'를 모두 '적다'로 표기함. 따라서 '적은 길'은 '많지 않은 길'로 해석하기보다는 '크지 않은 길','좁은 길' 등으로 보는 것이 타당.
4) 참어 : ① '참다'의 부사형, ② 부사 '차마'의 뜻.
  김재홍 교수는 '참어'가 '참다'(인忍)의 뜻과 부사 '차마'의 뜻으로 둘 다 쓰이는 만해의 공유어법이라고 설명하고, 이승훈 교수는 만해 시에서 '참다'[忍]의 부사형은 '참아'로 표기되기 때문에 '참어'는 부사 '차마'로 보는 것이 타당하다고 함. "'차마'라는 부사의 용법은 문법상으로는 어긋난다. "차마 떨치지 못할 것을 떨치고 갔습니다" 라고 표현해야 될 것이다. 그러나 그렇게 하면 시의 리듬이 사라져 산문적 표현이 되고 만다."(김현승)
5) 떨치고 : '세게 흔들어서 떨어지게 하고'. '떨치다'는 '위세나 명성이 널리 알리어지다' 라는 뜻도 있으나 위의 뜻으로 보는 것이 문맥에 어울림.(이승훈)

그러나 이별을 쓸데없는 눈물의 원천源泉을 만들고 마는 것은 스스로 사랑을 깨치는 것인 줄 아는 까닭에, 걷잡을 수 없는 슬픔의 힘을 옮겨서 새 희망希望의 정수박이[6]에 들어부었습니다.

우리는 만날 때에 떠날 것을 염려하는 것과 같이, 떠날 때에 다시 만날 것을 믿습니다.

아아 님은 갔지마는 나는 님을 보내지 아니하얏습니다.

제 곡조를 못 이기는 사랑의 노래[7]는 님의 침묵沈默을 휩싸고 돕니다.

[6) 정수박이 : '정수리'의 뜻. '정수리'는 머리 위에 숫구멍이 있는 자리. '정수배기'는 '정수리'의 강원도 방언. 정수리-정수배기-정수박이.

7) 사랑의 노래 : 사랑에서 샘솟듯 저절로 우러나오는 노래. 그러나 이 시의 행간에서는 제 곡조를 못 이기는 것이므로 미미하고 약하다. "소리 없음, 또는 소리 적음이 소리 없음과 어울릴 수 있는 기막힌 경지를 이룬다"(이상섭)

이별은 미美의 창조創造

이별은 미美의 창조創造입니다.
이별의 미美는 아츰[1]의 바탕[質] 없는 황금黃金과 밤의 올[糸] 없는 검은 비단과 죽음 없는 영원永遠의 생명生命과 시들지 않는 하늘의 푸른 꽃에도 없습니다.
님이여, 이별이 아니면, 나는 눈물에서 죽었다가 웃음에서 다시 살아날 수가 없습니다. 오오 이별이여.
미美는 이별의 창조創造입니다.[2]

---

1) 아츰 : '아침'의 방언.
2) 미美는 이별의 창조創造입니다 : 이별만이 미를 (또는 시를) 창조할 수 있는 원동력이다. 시 「님의 침묵沈默」과 짝을 이루면서 이 시집 전체의 주제를 드러내 준다. 이와 같은 시상은 '이별'에서 보다 구체적으로 반복된다.

알 수 없어요

　바람도 없는 공중에 수직垂直의 파문波紋을 내이며, 고요히 떨어지는 오동잎은 누구의 발자최입니까.
　지리한 장마 끝에 서풍에 몰려가는 무서운 검은 구름의 터진 틈으로, 언뜻언뜻 보이는 푸른 하늘은 누구의 얼골입니까.
　꽃도 없는 깊은 나무에 푸른 이끼를 거쳐서, 옛 탑塔 위의 고요한 하늘을 슬치는[1] 알 수 없는 향기는 누구의 입김입니까.
　근원은 알지도 못할 곳에서 나서, 돍부리[2]를 울리고 가늘게 흐르는 적은 시내는 굽이굽이 누구의 노래입니까.
　연꽃 같은 발꿈치로 갓이없는[3] 바다를 밟고, 옥 같은 손으로 끝없는 하늘을 만지면서, 떨어지는 날[4]을 곱게 단장하는 저녁놀은 누구의 시詩입니까.
　타고 남은 재가 다시 기름이 됩니다. 그칠 줄을 모르고 타는 나의 가슴은 누구의 밤[5]을 지키는 약한 등불입니까.

---

1) 슬치는 : '스치는'의 뜻. 만해시에는 '스치다'를 슬치다로 표기한 것이 많음.
　"당신은 꽃 사이를 슬쳐오는 봄바람이 되어서"(「어디라도」), "떨어진 도화가 날아서 당신의 입술을 슬칠 때"(「당신은」) 등. '스치다'는 '서로 살짝 닿으면서 지나가다'의 뜻.
2) 부리 : '돌부리'. '돌부리'는 돌멩이의 뾰족뾰족 내민 부분.
3) 갓이없는 : '가없는'으로 풀이. '갓'은 '가'의 방언. '가없는'은 '가장자리, 변두리가 없는' 혹은 '끝이 안 보일 만큼 크고 넓은'의 뜻.
4) 떨어지는 날 : 이승훈 교수는 '떨어지는 하루'로 보아 밤이 되기 직전의 시간을 뜻한다고 보았으며, 문덕수 교수는 '떨어지는 해'로 풀이함.
5) 밤 : 김준오 교수는 "그는 깨달음이 시의 아름다움이 되는 형이상학적 미를 창조함으로써 신성한 것들을 잃어가는(당대의 잃어버린 조국도 만해에겐 신성한 것이었고 그의 자아였다) 이 시대의 밤을 밝히고 있다"고 보았다.

나는 잊고저

남들은 님을 생각한다지만
나는 님을 잊고저 하야요[1]
잊고저 할수록 생각히기로[2]
행여 잊힐까 하고 생각하야 보았습니다.

잊으랴면 생각하고
생각하면 잊히지 아니하니
잊도 말고 생각도 말어 볼까요
잊든지 생각든지 내버려 두어 볼까요.
그러나 그리도 아니되고
끊임없는 생각생각에 님뿐인데 어찌하야요.

귀태여[3] 잊으랴면
잊을 수가 없는 것은 아니지만
잠과 죽음뿐이기로
님 두고는 못하야요.

아아 잊히지 않는 생각보다
잊고저 하는 그것이 더욱 괴롭습니다.

---

1) 하야요 : '하여요'의 여성적 표현.
2) 생각히기로 : '생각하기로'의 수동형. '생각나게 한다'는 뜻.
3) 귀태여 : '구태여'의 옛스런 표현.

가지 마서요[1]

그것은 어머니의 가슴에 머리를 숙이고 자기자기한[2] 사랑을 받으랴고 삐죽거리는 입설[3]로 표정表情하는 어여쁜 아기를 싸안으랴는 사랑의 날개가 아니라, 적敵의 깃旗발입니다.

그것은 자비慈悲의 백호광명白毫光明[4]이 아니라, 번득거리는 악마惡魔의 눈[眼]빛입니다.

그것은 면류관冕旒冠[5]과 황금黃金의 누리[6]와 죽음과[7]를 본 체도 아니하고, 몸과 마음을 돌돌 뭉쳐서 사랑의 바다에 퐁당 넣랴는[8] 사랑의 여신女神이 아니라, 칼의 웃음입니다.

아아 님이여, 위안慰安에 목마른 나의 님이여, 걸음을 돌리서요, 거기를 가지 마서요, 나는 싫여요.

대지大地의 음악은 무궁화無窮花 그늘에 잠들었습니다.

광명光明의 꿈은 검은 바다에서 잠약질[9]합니다.

무서운 침묵沈默은 만상萬像의 속살거림에 서슬이 푸른 교훈敎訓을 나리고 있습니다.

아아 님이여, 새 생명生命의 꽃에 취醉하랴는 나의 님이여. 걸음을 돌

---

1) 가지 마서요 : '가지 마셔요'의 여성적 어조.
2) 자기자기한 : 조어인 듯. 원말은 '아기자기한'으로서 ① 여러 가지가 어울려 예쁜 모양, ② 잔재미가 있고 오손도손한 모양을 나타내는 형용사. 여기서는 ②의 뜻.(이승훈)
3) 입설 : 입술.
4) 백호白毫 : 부처의 32상相의 하나. 눈썹 사이에 난 터럭으로서 광명을 무량세계無量世界에 비친다 함. 불교용어.
5) 면류관冕旒冠 : 제왕의 정복에 갖추어 쓰던 관.
6) 누리 : 세상의 옛 말.
7) 죽음과 : 여기서 '과'는 열거적 조사.
8) 넣랴는 : '넣으려는'의 축약형
9) 잠약질 : '자맥질'의 사투리.(송욱) 자맥질은 물속에 들어가서 팔다리를 놀리며 떴다 잠겼다 하는 짓.

리서요, 거기를 가지 마서요, 나는 싫여요.

 거룩한 천사天使의 세례洗禮를 받은 순결純潔한 청춘靑春을 똑 따서 그 속에 자기自己의 생명生命을 넣서,[10] 그것을 사랑의 제단祭壇에 제물祭物로 드리는 어여쁜 처녀處女가 어데 있어요.
 달금하고[11] 맑은 향기를 꿀벌에게 주고, 다른 꿀벌에게 주지 않는 이상한 백합百合꽃이 어데 있어요.
 자신自身의 전체全體를 죽음의 청산靑山에 장사지내고, 흐르는 빛[光]으로 밤을 두 쪼각에 베히는 반딧불이 어데 있어요.
 아아 님이여, 정情에 순사殉死하랴는 나의 님이여. 걸음을 돌리서요. 거기를 가지 마서요, 나는 싫어요.

 그 나라에는 허공虛空이 없습니다.
 그 나라에는 그림자 없는 사람들이 전쟁戰爭을 하고 있습니다.
 그 나라에는 우주만상宇宙萬像의 모든 생명生命의 쇳대[12]를 가지고, 척도尺度를 초월超越한 삼엄森嚴한 궤율軌律[13]로 진행進行하는 위대偉大한 시간時間이 정지停止되얏습니다.
 아아 님이여, 죽음을 방향芳香[14]이라고 하는 나의 님이여. 걸음을 돌리서요, 거기를 가지 마서요, 나는 싫여요.

---

10) 넣서 : 넣어서의 축약형.
11) 달금하고 : 달금하다는 알맞게 달다는 뜻.
12) 쇳대 : 열쇠의 방언.
13) 궤율軌律 : 운행법칙.
14) 방향芳香 : 꽃다운 향내. 좋은 향내.

고적한 밤

하늘에는 달이 없고, 따[1]에는 바람이 없습니다.
사람들은 소리가 없고, 나는 마음이 없습니다.

우주宇宙는 죽음인가요.
인생人生은 잠인가요.

한 가닥은 눈썹에 걸치고, 한 가닥은 적은 별에 걸쳤든 님 생각의 금金실은 살살살 걷힙니다.
한 손에는 만금萬金의 칼을 들고, 한 손으로 천국天國의 꽃을 꺾든 환상幻想의 여왕女王도 그림자를 감추었습니다.
아아 님 생각의 금金실과 환상幻想의 여왕女王이 두 손을 마조 잡고, 눈물의 속에서 정사情死한 줄이야 누가 알어요.

우주宇宙는 죽음인가요
인생人生은 눈물인가요
인생人生이 눈물이면
죽음은 사랑인가요.

---

1) 따 : 땅. 대지.

나의 길

　이 세상에는 길도 많기도 합니다.
　산에는 돍길이 있습니다. 바다에는 뱃길이 있습니다. 공중에는 달과 별의 길이 있습니다.
　강가에서 낚시질하는 사람은 모래 위에 발자최를 내입니다. 들에서 나물 캐는 여자女子는 방초芳草[1]를 밟습니다.
　악한 사람은 죄의 길을 좇어 갑니다.
　의義있는 사람은 옳은 일을 위하야는 칼날을 밟습니다.
　서산에 지는 해는 붉은 놀을 밟습니다.
　봄 아츰의 맑은 이슬은 꽃머리에서 미끄럼 탑니다.
　그러나 나의 길은 이 세상에 둘밖에 없습니다.
　하나는 님의 품에 안기는 길입니다.
　그렇지 아니하면 죽음의 품에 안기는 길입니다.
　그것은 만일 님의 품의 안기지 못하면, 다른 길은 죽음의 길보다 험하고 괴로운 까닭입니다.
　아아 나의 길은 누가 내였습니까.
　아아 이 세상에는 님이 아니고는 나의 길을 내일 수가[2] 없습니다.
　그런데 나의 길을 님이 내였으면 죽음의 길은 웨[3] 내섰을까요.[4]

---

1) 방초芳草 : 향기로운 풀. 꽃다운 풀.
2) 내일 수가 : 낼 수가.
3) 웨 : 왜.
4) 내섰을까요 : 초판본의 표기는 내섯슬가요. 내셨을까요의 뜻.

꿈 깨고서

님이며는 나를 사랑하련마는, 밤마다 문 밖에 와서 발자최 소리만 내이고,[1] 한 번도 들어오지 아니하고 도로 가니, 그것이 사랑인가요.
그러나 나는 발자최나마 님의 문 밖에 가본 적이 없습니다.
아마 사랑은 님에게만 있나버요.[2]

아아 발자최 소리나 아니더면, 꿈이나 아니 깨었으련마는
꿈은 님을 찾아가랴고 구름을 탔었어요.

---

1) 내이고 : 내고. 만해 시에는 내다를 내이다로 표기한 것이 많음.
2) 있나버요 : 있나봐요.

예술가藝術家

나는 서투른 화가畵家여요.

잠 아니 오는 잠자리에 누어서 손가락을 가슴에 대히고, 당신의 코와 입과 두 볼에 새암[1] 파지는 것까지 그렸습니다.

그러나 언제든지 적은 웃음이 떠도는 당신의 눈자위는, 그리다가 백 번이나 지었습니다.

나는 파겁[2] 못한 성악가聲樂家여요.

이웃 사람도 돌어가고 버러지[3] 소리도 끊쳤는데, 당신의 가르쳐 주시든 노래를 부르랴다가 조는 고양이가 부끄러워서 부르지 못하았습니다.

그래서 가는 바람이 문풍지를 슬칠[4] 때에, 가만히 합창合唱하얐습니다.

나는 서정시인敍情詩人이 되기에는 너머도 소질素質이 없나버요.

「질거움」이니 「슬픔」이니 「사랑」이니, 그런 것은 쓰기 싫여요. 당신의 얼골과 소리와 걸음걸이와를 그대로 쓰고 싶습니다.

그리고 당신의 집과 침대寢臺와 꽃밭에 있는 적은 돍도 쓰겄습니다.[5]

---

1) 새암 : 샘. 새암 파지는은 '보조개가 지는'으로 풀이 할 수 있다. 만해 시에서 샘은 새암으로 표기.
2) 파겁破怯 : 아주 익숙하여 두려움이나 부끄러움이 없어짐.
3) 버러지 : 벌레의 방언.
4) 슬칠 : 스칠.
5) 쓰겄습니다 : 쓰겠습니다.

이별

아아 사람은 약한 것이다, 여린 것이다, 간사한 것이다.
이 세상에는 진정한 사랑의 이별은 있을 수가 없는 것이다.
죽음으로 사랑을 바꾸는 님과 님에게야, 무슨 이별이 있으랴.
이별의 눈물은 물거품의 꽃이요. 도금鍍金한 금金방울이다.

칼로 베힌 이별의 「키쓰」가 어데 있너냐.
생명生命의 꽃으로 빚인[1] 이별의 두견주杜鵑酒[2]가 어데 있너냐.
피의 홍보석紅寶石으로 만든 이별의 기념紀念반지가 어데 있너냐.
이별의 눈물은 저주咀呪의 마니주摩尼珠[3]요 거짓의 수정水晶이다.

사랑의 이별은 이별의 반면反面에, 반드시 이별하는 사랑보다 더 큰 사랑이 있는 것이다.
혹은 직접直接의 사랑은 아닐지라도, 간접間接의 사랑이라도 있는 것이다.
다시 말하면, 이별하는 애인愛人보다 자기自己를 더 사랑하는 것이다.
만일 애인愛人을 자기自己의 생명生命보다 더 사랑하면, 무궁無窮을 회

---

1) 빚인 : 「빚은」
2) 두견주杜鵑酒 : 진달래꽃을 넣어서 빚은 술.
3) 마니주摩尼珠 : 악을 제거하고 탁수를 맑게 하여 염화炎禍를 없애는 공덕이 있다는 보주寶珠. 송욱 교수는 『님의 침묵 전편해설』(p. 68.)에서 다음과 같이 상세히 풀이하고 있다.
 "'마니'는 범어梵語로서 주, 보주의 뜻. 주옥을 모두 마니주라고 한다. 마니주는 불행과 재난을 없애며, 탁한 물을 맑게 하고, 물의 빛깔을 변하게 하는 힘이 있다. 특히 소원대로 여러 가지 진기한 보물을 드러내는 보주를 여의보주如意寶珠 혹은 여의주라고 한다. 부처님의 유골 즉 사리가 변한 것이라고도 한다. 또한 천수관음의 사십 수 중에서 오른쪽 한 손에는 일정마니日精摩尼, 왼쪽 한손에는 월정마니月精摩尼를 쥐고 있다. 일정마니는 자연히 빛과 열을 내고 비추는 구슬이며, 월정마니는 명월진주, 월애주라고도 하고, 더운 번뇌를 거두어 없애고 신선함을 주는 힘이 있다. 오대산 월정사의 이름도 월정마니에서 나온 것 같다."

전回轉하는 시간時間의 수리바퀴⁴⁾에 이끼가 끼도록 사랑의 이별은 없는 것이다.

아니다 아니다. 「참」보다도 참인 님의 사랑엔, 죽음보다도 이별이 훨씬 위대偉大하다.
죽음이 한 방울의 찬 이슬이라면, 이별은 일천 줄기의 꽃비다.
죽음이 밝은 별이라면, 이별은 거룩한 태양太陽이다.

생명生命보다 사랑하는 애인愛人을 사랑하기 위하야는, 죽을 수가 없는 것이다.
진정한 사랑을 위하야는, 괴롭게 사는 것이 죽음보다도 더 큰 희생犧牲이다.
이별은 사랑을 위하야 죽지 못하는 가장 큰 고통苦痛이오, 보은報恩이다.
애인愛人은 이별보다 애인愛人의 죽음을 더 슬퍼하는 까닭이다.
사랑은 붉은 촛불이나 푸른 술에만 있는 것이 아니라, 먼 마음을 서로 비치는 무형無形에도 있는 까닭이다.
그러므로 사랑하는 애인愛人을 죽음에서 잊지 못하고, 이별에서 생각하는 것이다.
그러므로 사랑하는 애인愛人을 죽음에서 웃지 못하고, 이별에서 우는 것이다.
그러므로 애인愛人을 위하야는 이별의 원한怨恨을 죽음의 유쾌愉快로

---

4) 수리바퀴 : 수레바퀴.

갚지 못하고, 슬픔의 고통苦痛으로 참는 것이다.

그러므로 사랑은 참어[5] 죽지 못하고, 참어 이별하는 사랑보다 더 큰 사랑은 없는 것이다.

그리고 진정한 사랑은 곳[6]이 없다.
진정한 사랑은 애인愛人의 포옹抱擁만 사랑할 뿐 아니라, 애인愛人의 이별도 사랑하는 것이다.

그리고 진정한 사랑은 때가 없다.
진정한 사랑은 간단間斷이 없어서 이별은 애인愛人의 육肉뿐이요, 사랑은 무궁無窮이다.

아아 진정한 애인愛人을 사랑함에는 죽음은 칼을 주는 것이오, 이별은 꽃을 주는 것이다.
아아 이별의 눈물은 진眞이오 선善이오 미美다.
아아 이별의 눈물은 석가釋迦요 모세요 짠다크[7]다.

---

5) 참어 : 김재홍 교수는 참어가 차마라는 부사적 용법과 참다(인忍)의 부사형으로 둘 다 쓰일 수 있는 섬세한 어법의 특징을 보여준다고 한다.
6) 곳 : 공호空. 장소, 공간. '끝'의 오식이라고 생각하면 잘못. 이것은 다음 연의 "진정한 사랑은 때가 없다"를 보면 알 수 있다.
7) 짠다크 : Jeanne d`Arc(1412~1431). 백년전쟁에서 프랑스를 구한 애국소녀.

길이 막혀

당신의 얼골은 달도 아니언만
산 넘고 물 넘어 나의 마음을 비칩니다.

나의 손길은 웨 그리 쩔러서[1]
눈 앞에 보이는 당신의 가슴을 못 만지나요.

당신이 오기로 못 올 것이 무엇이며
내가 가기로 못 갈 것이 없지마는
산에는 사다리가 없고
물에는 배가 없어요.

뉘라서 사다리를 떼고 배를 깨트렸습니까.
나는 보석으로 사다리 놓고 진주로 배 모아요.
오시랴도[2] 길이 막혀서 못 오시는 당신이 기루어요.

---

1) 쩔러서 : 짧아서.(송욱) 초관본의 표기는 쩔너서인데 참어, 기루다 등과 같이 만해의 독특한 개인 시어.
2) 오시랴도 : 오시려 하여도의 축약형.

자유정조自由貞操

내가 당신을 기다리고 있는 것은 기다리고자 하는 것이 아니라, 기다려지는 것입니다.
말하자면 당신을 기다리는 것은 정조貞操보다도 사랑입니다.

남들은 나더러 시대時代에 뒤진 낡은 여성女性이라고 삐죽거립니다. 구구區區한[1] 정조貞操를 지킨다고.
그러나 나는 시대성時代性을 이해理解하지 못하는 것도 아닙니다.
인생人生과 정조貞操의 심각深刻한 비판批判을 하야 보기도 한두 번이 아닙니다.
자유연애自由戀愛의 신성神聖(?)을 덮어놓고 부정否定하는 것도 아닙니다.
대자연大自然을 따러서 초연생활超然生活을 할 생각도 하야 보았습니다.

그러나 구경究竟,[2] 만사萬事가 다 저의 좋아하는 대로 말한 것이오, 행한 것입니다.
나는 님을 기다리면서 괴로움을 먹고 살이 찝니다. 어려움을 입고 키가 큽니다.
나의 정조貞操는 「자유정조自由貞操」입니다.

---

1) 구구區區한 : 기본형은 「구구하다」. 버젓하지 못하여 구차하고 창피스러움.
2) 구경究竟 : 부사로 보면 필경畢竟. 명사로 보면 궁극窮極. 불교용어로 사리事理의 마지막이라는 뜻.

하나가 되야 주서요

　님이여, 나의 마음을 가져가랴거든 마음을 가진 나한지[1] 가져가서요. 그리하야 나로 하야금 님에게서 하나가 되게 하서요.
　그렇지 아니하거든 나에게 고통만을 주지 마시고, 님의 마음을 다 주시요. 그리고 마음을 가진 님한지[2] 나에게 주서요. 그래서 님으로 하야금 나에게서 하나가 되게 하서요.
　그러면 나는 나의 마음을 가지고, 님의 주시는 고통을 사랑하겠습니다.

---

1) 나한지 : 나와 함께.
2) 님한지 : 님과 함께. 1), 2)는 모두 충청도 방언.(송욱)

나룻배와 행인行人

나는 나룻배
당신은 행인行人.

당신은 흙발로 나를 짓밟습니다.
나는 당신을 안고 물을 건너갑니다.
나는 당신을 안으면 깊으나 옅으나 급한 여울[1]이나 건너갑니다.

만일 당신이 아니 오시면 나는 바람을 쐬고 눈비를 맞이며[2] 밤에서 낮까지 당신을 기다리고 있습니다.
당신은 물만 건느면 나를 돌아보지도 않고 가십니다그려.
그러나 당신이 언제든지 오실 줄만은 알아요.
나는 당신을 기다리면서 날마다 날마다 낡어갑니다.[3]

나는 나룻배
당신은 행인行人.

---

1) 여울 : 강이나 바다에서 물이 세차게 흐르는 곳.
2) 맞이며 : 맞으며
3) 낡어갑니다 : 낡아갑니다. 화자는 자신을 나룻배에 비유했기 때문에 이렇게 표현했음.(이승훈)

차라리

님이여 오서요. 오시지 아니하랴면 차라리 가서요. 가랴다 오고, 오랴다 가는 것은 나에게 목숨을 빼앗고, 죽음도 주지 않는 것입니다.

님이여 나를 책망하랴거든, 차라리 큰소리로 말씀하야 주서요. 침묵沈默으로 책망하지 말고, 침묵沈默으로 책망하는 것은 아픈 마음을 얼음 바늘로 찌르는 것입니다.

님이여 나를 아니 보랴거든, 차라리 눈을 돌려서 감으서요. 흐르는 곁눈으로 흘겨보지 마서요. 곁눈으로 흘겨보는 것은 사랑의 보褓[1]에 가시의 선물을 싸서 주는 것입니다.

---

1) 보褓: 보자기

나의 노래

나의 노랫가락의 고저장단은 대중이 없습니다.
그래서 세속의 노래 곡조와는 조금도 맞지 않습니다.
그러나 나는 나의 노래가 세속 곡조에 맞지 않는 것을 조금도 애닯어하지 않습니다.
나의 노래는 세속의 노래와 다르지 아니하면 아니 되는 까닭입니다.
곡조는 노래의 결함缺陷을 억지로 조절調節하랴는 것입니다.
곡조는 부자연不自然한 노래를 사람의 망상妄想으로 도막쳐 놓은 것입니다.
참된 노래에 곡조를 붙이는 것은 노래의 자연自然에 치욕恥辱입니다.
님의 얼골에 단장을 하는 것이 도로혀[1] 흠이 되는 것과 같이, 나의 노래에 곡조를 붙이면 도로혀 결점缺點이 됩니다.
나의 노래는 사랑의 신神을 울립니다.
나의 노래는 처녀處女의 청춘靑春을 쥡짜서,[2] 보기도 어려운 맑은 물을 만듭니다.
나의 노래는 님의 귀에 들어가서는 천국天國의 음악音樂이 되고, 님의 꿈에 들어가서는 눈물이 됩니다.

나의 노래가 산과 들을 지나서, 멀리 계신 님에게 들리는 줄을 나는 압니다.
나의 노랫가락이 바르르 떨다가 소리를 이르지[3] 못할 때에 나의 노래가 님의 눈물겨운 고요한 환상幻想으로 들어가서 사라지는 것을 나는

---

1) 도로혀 : 도리어(송욱)
2) 쥡짜서 : 쥐어 짜서.
3) 이르지 : 이루다의 부사형 이루지로 봄이 타당. 『님의 침묵沈默』전편에서 이르지는 여기와 "목이 세어 소리를 이르지 못함은"(「사랑의 불」)에서 두 번 보이는데 모두 이루다의 뜻.

분명히 압니다.

　나는 나의 노래가 님에게 들리는 것을 생각할 때에, 광영光榮에 넘치는 나의 적은 가슴은 발발발 떨면서 침묵沈默의 음보音譜를 그립니다.

당신이 아니더면

당신이 아니더면 포시럽고[1] 매끄럽든 얼굴이 웨 주름살이 접혀요.
당신이 기룹지만[2] 않더면, 언제까지라도 나는 늙지 아니할 테여요.
맨 츰[3]에 당신에게 안기든 그때대로 있을 테여요.

그러나 늙고 병들고 죽기까지라도, 당신 때문이라면 나는 싫지 안 하여요.
나에게 생명을 주던지 죽음을 주던지, 당신의 뜻대로만 하서요.
나는 곧 당신이여요.

---

1) 포시럽고 : 포동포동하고의 방언.
2) 기룹지만 : 그립지만. 「군말」주 1) 참고.
3) 츰 : 처음.

잠 없는 꿈

　나는 어늬 날 밤에 잠 없는 꿈을 꾸었습니다.
　「나의 님은 어데 있어요, 나는 님을 보러 가겼습니다. 님에게 가는 길을 가져다가 나에게 주서요, 검[1]이여」
　「너의 가랴는 길은 너의 님의 오랴는 길이다. 그 길을 가져다 너에게 주면, 너의 님은 올 수가 없다.」
　「내가 가기만 하면, 님은 아니 와도 관계가 없습니다.」
　「너의 님의 오랴는 길을 너에게 갖다 주면, 너의 님은 다른 길로 오게 된다. 네가 간대도 너의 님을 만날 수가 없다.」
　「그러면 그 길을 가져다가 나의 님에게 주서요.」
　「너의 님에게 주는 것이 너에게 주는 것과 같다. 사람마다 저의 길이 각각 있는 것이다.」
　「그러면 어찌하여야 이별한 님을 만나 보겠습니까.」
　「네가 너를 가져다가 너의 가랴는 길에 주어라. 그러하고 쉬지 말고 가거라.」
　「그리할 마음은 있지마는, 그 길에는 고개도 많고 물도 많습니다. 갈 수가 없습니다.」
　검은「그러면 너의 님을 가슴에 안겨주마.」하고 나의 님을 나에게 안겨 주었습니다.

　나는 나의 님을 힘껏 껴안었습니다.
　나의 팔이 나의 가슴을 아프도록 다칠 때에, 나의 두 팔에 베혀진 허공虛空은 나의 팔을 뒤에 두고 이어졌습니다.

---

1) 검 : 신神, 신령神靈. 송욱 교수는 민간신앙의 신으로 풀이.
　「가갸날에 대하여」에서 아래 구절이 보인다.
　　"검이여 우리는 서슴지 않고 소리쳐 가갸날을 자랑하겠습니다."
　　"검이여 가갸날로 검의 가장 좋은 날로 삼아주세요."(윗점 편자)

생명生命

 닻과 치¹⁾를 잃고 거친 바다에 표류漂流된 적은 생명生命의 배는, 아즉 발견發見도 아니 된 황금黃金의 나라를 꿈꾸는 한 줄기 희망希望의 나침반羅針盤이 되고 항로航路가 되고 순풍順風이 되야서, 물결의 한 끝은 하늘을 치고, 다른 물결의 한 끝은 땅을 치는 무서운 바다에 배질합니다.
 님이여, 님에게 바치는 이 적은 생명生命을 힘껏 껴안어 주서요.
 이 적은 생명生命이 님의 품에서 으서진다²⁾ 하야도, 환희歡喜의 영지靈地에서 순정殉情한 생명生命의 파편破片은, 최귀最貴한 보석寶石이 되야서 쪼각쪼각이 적당適當히 이어져서, 님의 가슴에 사랑의 휘장徽章을 걸겠습니다.
 님이여 끝없는 사막沙漠에 한 가지의 깃딜일³⁾ 나무도 없는 적은 새인 나의 생명生命을 님의 가슴에 으서지도록 껴안어 주서요.
 그리고 부서진 생명生命의 쪼각쪼각에 입맞춰 주서요.

---

1) 치 : 키의 방언.
2) 으서진다 : 부숴진다의 뜻.
3) 깃딜일 : 깃들일. 기본형은 깃들이다.

사랑의 측량測量

질겁고 아름다운 일은 양量이 만할수록[1] 좋은 것입니다.
그런데 당신의 사랑은 양量이 적을수록 좋은가 버요.
당신의 사랑은 당신과 나와 두 사람의 새이[2]에 있는 것입니다.
사랑의 양量을 알랴면, 당신과 나의 거리距離를 측량測量할 수밖에 없습니다.
그래서 당신과 나의 거리距離가 멀면 사랑의 양量이 만하고,[3] 거리距離가 가까우면 사랑의 양量이 적을 것입니다.
그런데 적은 사랑은 나를 웃기더니, 만한 사랑은 나를 울립니다.

뉘라서 사람이 멀어지면, 사랑도 멀어진다고 하여요.
당신이 가신 뒤로 사랑이 멀어졌으면, 날마다 날마다 나를 울리는 것은 사랑이 아니고 무엇이여요.

---

1) 만할수록 : 많을수록.
2) 새이 : 사이.
3) 만하고 : 많고의 뜻. 만하다는 만해 시에서 두 가지 용례가 보이는데, 첫째 용례는 어떤 사물의 값어치나 능력이 어떤 정도에 미침을 나타낸 때 쓰이는 형용사적 용법.
  예) 사랑을 이름지을 만한 말이나 글이 어디 있습니까(「사랑의 존재存在」)
    그 주머니에 넣을 만한 무슨 보물이 없습니다.(「수繡의 비밀秘密」)
    두 번째 용례는 많다의 뜻으로 쓰임.
  예) 그 편지는 글씨는 가늘고 글줄은 만하나 사연은 간단합니다.(「당신의 편지」)
    그런데 적은 사랑은 나를 웃기더니 만한 사랑은 나를 울립니다.(「사랑의 측량測量」)
    여기서는 두 번째 용례인 「많다」는 뜻으로 쓰임.

진주 眞珠

언제인지 내가 바닷가에 가서 조개를 줏었지요. 당신은 나의 치마를 걸어 주셨어요. 진흙 묻는다고.

집에 와서는 나를 어린아기 같다고 하셨지요. 조개를 줏어다가 장난한다고, 그러고 나가시더니, 금강석을 사다 주셨습니다. 당신이.

나는 그때에 조개 속에서 진주를 얻어서, 당신의 적은[1] 주머니에 넣드렸습니다.

당신이 어디 그 진주를 가지고 기서요[2], 잠시라도 웨 남을 빌려 주서요.

---

1) 적은 : 작은의 고유한 표현.
2) 기서요 : 계십시오의 여성적 표현.

슬픔의 삼매三昧[1]

하늘의 푸른 빛과 같이 깨끗한 죽음은 군동群動[2]을 정화淨化합니다.
허무虛無의 빛[光]인 고요한 밤은 대지大地에 군림君臨하얐습니다.
힘 없는 촛불 아래에 사리뜨리고[3] 외로히 누어 있는 오오 님이여.
눈물의 바다에 꽃배를 띄었습니다.
꽃배는 님을 싣고 소리도 없이 가러앉었습니다.
나는 슬픔의 삼매三昧에 「아공我空」[4]이 되얐습니다.

꽃향기의 무르녹은 안개에 취醉하야 청춘靑春의 광야曠野에 비틀걸음 치는 미인美人이여.
죽음을 기러기 털보다도 가벼웁게 여기고, 가슴에서 타오르는 불꽃을 얼음처럼 마시는 사랑의 광인狂人이여.
아아 사랑에 병들어, 자기自己의 사랑에게 자살自殺을 권고勸告하는 사랑의 실패자失敗者여.
그대는 만족滿足한 사랑을 받기 위하야 나의 팔에 안겨요.
나의 팔은 그대의 사랑의 분신分身인 줄을 그대는 웨 모르서요.

---

1) 삼매三昧 : 불교용어. 다른 생각을 하지 않고 오직 한가지 일에만 마음을 모아 생각하는 일심불란一心不亂의 경지. 삼마제三摩提, 삼마지三摩地, 삼매경三昧境.
2) 군동群動 : 살아 있는 생물.
3) 사리뜨리고 : 송욱 교수는 사리다의 강조형으로 풀이. 사리다는 정신을 바짝 죄어 가다듬다 라는 뜻.
4) 아공我空 : 불교용어. 중생의 신체나 정신은 인연의 법에 의하야 화합된 것이어서 따로 영구적인 나의 몸이 없다는 뜻.
송욱 교수는 다음과 같이 '아공'을 설명하고 있다. "우리 몸과 마음은 정신과 물질의 여러 가지 요소(「오온五蘊」)가 임시로 화합하여 이루어진 것에 지나지 않으며, 항구적이고 통일된 지배력을 지닌 '아'가 있는 것은 아니다. 이를 '아공'이라고 한다."

의심하지 마서요

　의심하지 마서요. 당신과 떨어져 있는 나에게 조금도 의심을 두지 마서요.
　의심을 둔대야 나에게는 별로 관계가 없으나, 부질없이 당신에게 고통苦痛의 숫자數字만 더할 뿐입니다.

　나는 당신의 첫사랑의 팔에 안길 때에, 왼갖 거짓의 옷을 다 벗고, 세상에 나온 그대로의 발가벗은 몸을 당신의 앞에 놓았습니다. 지금까지도 당신의 앞에는 그때에 놓아둔 몸을 그대로 받들고 있습니다.

　만일 인위人爲가 있다면, 「어찌하여야 츰 마음을 변치 않고 끝끝내 거짓 없는 몸을 님에게 바칠고.」하는 마음뿐입니다.
　당신의 생명命令이라면, 생명生命의 옷까지도 벗겠습니다.

　나에게 죄가 있다면, 당신을 그리워하는 나의 「슬픔」입니다.
　당신이 가실 때에 나의 입설에 수가 없이 입맞추고, 「부대[1] 나에게 대하야 슬퍼하지 말고 잘 있으라.」고 한, 당신의 간절한 부탁에 위반違反되는 까닭입니다.

　그러나 그것만은 용서하야 주서요.
　당신을 그리워하는 슬픔은 곧 나의 생명生命인 까닭입니다.
　만일 용서하지 아니하면, 후일後日에 그에 대한 벌罰을 풍우風雨의 봄 새벽의 낙화落花의 수數만치라도 받겠습니다.

---

1) 부대 : 부디의 방언.

당신의 사랑의 동아줄에 휘감기는 체형體刑도 사양치 않겠습니다.

당신의 사랑의 혹법酷法²⁾ 아래에 일만 가지로 복종服從하는 자유형自由刑도 받겠습니다.

그러나 당신이 나에게 의심을 두시면, 당신의 의심의 허물과 나의 슬픔의 죄를 맞비기고 말겠습니다.

당신에게 떨어져 있는 나에게 의심을 두지 마서요. 부질없이 당신에게 고통苦痛의 숫자數字를 더하지 마서요.

---

2) 혹법酷法 : 잔혹한 법法.

당신은

　당신은 나를 보면 왜 늘 웃기만 하서요. 당신의 찡그리는 얼굴을 좀 보고 싶은데.
　나는 당신을 보고 찡그리기는 싫여요. 당신은 찡그리는 얼굴은 보기 싫여 하실 줄을 압니다.
　그러나 떨어진 도화가 날어서 당신의 입설[1]을 슬칠[2] 때에, 나는 이마가 찡그려지는 줄도 모르고 울고 싶었습니다.
　그래서 금실로 수놓은 수건으로 얼골을 가렸습니다.

---

1) 입설 : 입술. 전라·충청·경기지방의 방언.
2) 슬칠 : 스칠. 만해의 개인 시어.

행복 幸福

　나는 당신을 사랑하고, 당신의 행복을 사랑합니다. 나는 왼[1] 세상 사람이 당신을 사랑하고, 당신의 행복을 사랑하기를 바랍니다.
　그러나 정말로 당신을 사랑하는 사람이 있다면, 나는 그 사람을 미워하겠습니다. 그 사람을 미워하는 것은 당신을 사랑하는 마음의 한 부분입니다.
　그러므로 그 사람을 미워하는 고통도 나에게는 행복입니다.

　만일 왼 세상 사람이 당신을 미워한다면, 나는 그 사람을 얼마나 미워하겠습니까.
　만일 왼 세상 사람이 당신을 사랑하지도 않고, 미워하지도 않는다면, 그것은 나의 일생에 견딜 수 없는 불행입니다.
　만일 왼 세상 사람이 당신을 사랑하고자 하야 나를 미워한다면, 나의 행복은 더 클 수가 없습니다.
　그것은 모든 사람의 나를 미워하는 원한 怨恨의 두만강 豆滿江이 깊을수록, 나의 당신을 사랑하는 행복 幸福의 백두산 白頭山이 높아지는 까닭입니다.

---

1) 왼 : 온.

착인錯認

　　나려오서요, 나의 마음이 자릿자릿¹⁾ 허여요, 곧 나려오서요.
　　사랑하는 님이여, 어찌 그렇게 높고 가는 나무가지 위에서 춤을 추서요.
　　두 손으로 나무가지를 단단히 붙들고 고히고히 나려오서요.
　　에그 저 나무 잎새가 연꽃 봉오리 같은 입설을 슬치겼네,²⁾ 어서 나려오서요.

　　「네 네 나려가고 싶은 마음이 잠자거나 죽은 것은 아닙니다마는, 나는 아시는 바와 같이 여러 사람의 님인 때문이여요. 향기로운 부르심을 거스르고자 하는 것은 아닙니다.」고 버들가지에 걸린 반달은 해쭉해쭉 웃으면서 이렇게 말하는 듯하였습니다.
　　나는 적은 풀잎만치도 가림이 없는 발게벗은³⁾ 부끄럼을 두 손으로 움켜쥐고, 빠른 걸음으로 잠자리에 들어가서 눈을 감고 누었습니다.
　　나려오지 않는다든 반달이 사뿐사뿐 걸어와서, 창밖에 숨어서 나의 눈을 엿봅니다.
　　부끄럽든 마음이 갑작히 무서워서 떨려집니다.

---

1) 자릿자릿 : 자릿자릿은 짜릿짜릿의 느낌이 약한 말. 몹시 자릿한 느낌이 있을 때 쓰는 말.
2) 슬치겼네 : 스치겠네.
3) 발게벗은 : 발가벗은의 방언.

밤은 고요하고

밤은 고요하고 방은 물로 시친 듯[1]합니다.

이불은 개인 채로 옆에 놓아두고, 화롯불을 다듬거리고 앉았습니다.

밤은 얼마나 되얐는지, 화롯불은 꺼져서 찬 재가 되얐습니다.

그러나 그를 사랑하는 나의 마음은 오히려 식지 아니 하얐습니다.

닭의 소리가 채 나기 전에 그를 만나서 무슨 말은 하얐는데, 꿈조처 분명치 않습니다그려.

---

1) 시친듯 : 씻은 듯. 시치다는 씻다의 방언.

비밀秘密

비밀秘密입니까, 비밀秘密이라니요, 나에게 무슨 비밀秘密이 있겠습니까. 나는 당신에게 대하여 비밀秘密을 지키랴고 하얐습니다마는, 비밀秘密은 야속히도 지켜지지 아니하얐습니다.

나의 비밀秘密은 눈물을 거쳐서 당신의 시각視覺으로 들어갔습니다.
나의 비밀秘密은 한숨을 거쳐서 당신의 청각聽覺으로 들어갔습니다.
나의 비밀秘密은 떨리는 가슴을 거쳐서 당신의 촉각觸覺으로 들어갔습니다.
그 밖의 비밀秘密은 한 쪼각 붉은 마음이 되야서 당신의 꿈으로 들어갔습니다.
그리고 마즈막 비밀秘密은 하나 있습니다. 그러나 그 비밀秘密은 소리 없는 메아리와 같아서 표현表現할 수가 없습니다.

사랑의 존재存在

사랑을 「사랑」이라고 하면, 발써 사랑은 아닙니다.
사랑을 이름지을 만한 말이나 글이 어데 있습니까.
미소微笑에 눌려서 괴로운 듯한 장밋薔薇빛 입설인들, 그것을 슬칠 수가 있습니까.
눈물의 뒤에 숨어서 슬픔의 흑암면黑闇面[1]을 반사反射하는 가을 물결의 눈인들, 그것을 비칠 수가 있습니까.
그림자 없는 구름을 거쳐서, 메아리 없는 절벽絶壁을 거쳐서, 마음이 갈 수 없는 바다를 거쳐서, 존재存在? 존재存在입니다.
그 나라는 국경國境이 없습니다. 수명壽命은 시간時間이 아닙니다.
사랑의 존재存在는 님의 눈과 님의 마음도 알지 못합니다.
사랑의 비밀秘密은 다만 님의 수건手巾에 수繡놓는 바늘과, 님의 심으신 꽃나무와, 님의 잠과, 시인詩人의 상상想像과, 그들만이 압니다.

---

1) 흑암면黑闇面 : 어두운 면. 불교용어로 흑암은 지혜나 공덕이 없음을 말한다.

꿈과 근심

밤 근심이 하¹⁾ 길기에
꿈도 길 줄 알았더니
님을 보러 가는 길에
반도 못 가서 깨었고나.

새벽 꿈이 하 쩌르기에²⁾
근심도 짜를 줄 알았더니
근심에서 근심으로
끝간 데를 모르겠다.

만일 님에게도
꿈과 근심이 있거든
차라리
근심이 꿈되고 꿈이 근심되여라.

---

1) 하 : 많이, 크게와 같은 뜻.
2) 쩌르기에 : 짜르기에. 쩌르다는 짧다는 뜻.
  만해시에서 짧다라는 표기는 이 시에서 "근심도 짜를 줄"의 한 군데만 보이고 나머지 모두는 쩌르다로 되어 있다. "나도 쩌른 갈궁이로 江 건너의 꽃을 꺽는다고"(「금강산金剛山」) "바람을 싸러 가랴는 쩌른 꿈은 이불 안에서 몸부림치고"(「어늬 것이 참이냐」). (윗점 편자)

포도주 葡萄酒

가을 바람과 아츰 볕에 마치맞게[1] 익은 향기로운 포도를 따서 술을 빚었습니다. 그 술 고이는 향기는 가을 하늘을 물들입니다.
님이여, 그 술을 연잎 잔에 가득히 부어서 님에게 드리겠습니다.
님이여, 떨리는 손을 거쳐서 타오르는 입설을 취기서요.[2]

님이여, 그 술은 한밤을 지나면 눈물이 됩니다.
아아 한밤을 지나면 포도주가 눈물이 되지마는, 또 한밤을 지나면 나의 눈물이 다른 포도주[3]가 됩니다. 오오 님이여.

---

1) 마치맞게 : 알맞게의 뜻.
2) 취기서요 : 축이세요의 뜻.
3) 포도주 : 영혼이 육체와 함께 무시무종無始無終으로 반복되는 윤회사상을 '포도주'와 '눈물'에 비유.(김학동)

비방誹謗

세상은 비방誹謗도 많고 시기猜忌[1]도 많습니다.

당신에게 비방誹謗과 시기猜忌가 있을지라도 관심關心치 마서요.

비방誹謗을 좋아하는 사람들은 태양太陽에 흑점黑點이 있는 것도 다행으로 생각합니다.

당신에게 대하야는 비방誹謗할 것이 없는 그것을 비방誹謗할는지 모르겠습니다.

조는 사자獅子를 죽은 양羊이라고 할지언정, 당신이 시련試鍊을 받기 위하야 도적盜賊에게 포로捕虜가 되얐다고 그것을 비겁卑怯이라고 할 수는 없습니다.

달빛을 갈꽃으로 알고 흰 모래 위에서 갈마기[2]를 이웃하야 잠자는 기러기를 음란하다고 할지언정, 정직正直한 당신이 교활狡猾한 유혹誘惑에 속혀서 청루靑樓[3]에 들어갔다고, 당신을 지조志操가 없다고 할 수는 없습니다.

당신에게 비방誹謗과 시기猜忌가 있을지라도 관심關心치 마서요.

---

1) 시기猜忌 : 샘을 내어 미워함.
2) 갈마기 : 갈매기.
3) 청루靑樓 : 기생집. 기루妓樓, 기관妓館.

「?」

희미한 졸음이 활발한 님의 발자최 소리에 놀라 깨여, 무거운 눈썹을 이기지 못하면서 창을 열고 내다보았습니다.
동풍에 몰리는 소낙비는 산모롱이[1]를 지나가고, 뜰 앞의 파초잎 위에 빗소리의 남은 음파音波가 그늬[2]를 뜁니다.
감정感情과 이지理智가 마조치는[3] 찰나刹那에, 인면人面의 악마惡魔와 수심獸心의 천사天使가 보이랴다 사러집니다.

흔들어 빼는 님의 노랫가락에, 첫 잠든 어린 잔나비[4]의 애처로운 꿈이, 꽃 떨어지는 소리에 깨었습니다.
죽은 밤을 지키는 외로운 등잔불의 구슬 꽃이, 제 무게를 이기지 못하야 고요히 떨어집니다.
미친 불에 타오르는 불쌍한 영靈은 절망絶望의 북극北極에서 신세계新世界를 탐험探險합니다.

사막沙漠의 꽃이여 그믐밤의 만월滿月이여 님의 얼골이여.
피랴는 장미화薔薇花는 아니라도, 갈지 안한 백옥白玉인 순결純潔한 나의 입설은, 미소微笑에 목욕沐浴감는 그 입설에 채 닿지 못하았습니다.
움직이지 않는 달빛에 눌리운 창에는, 저의 털을 가다듬는 고양이의 그림자가 오르락나리락 합니다.

아아 불佛이냐 마魔냐 인생人生이 티끌이냐 꿈이 황금黃金이냐
적은 새여, 바람에 흔들리는 약한 가지에서 잠자는 적은 새여.

---

1) 산모롱이 : 산모퉁이의 방언.
2) 그늬 : 그네의 방언.
3) 마조치는 : 마주치는의 고투형 표기.
4) 잔나비 : 원숭이의 옛말.

님의 손길

  님의 사랑은 강철鋼鐵을 녹이는 불보다도 뜨거운데, 님의 손길은 너머[1] 차서 한도限度가 없습니다.
  나는 이 세상에서 서늘한 것도 보고, 찬 것도 보았습니다. 그러나 님의 손길같이 찬 것은 볼 수가 없습니다.

  국화 핀 서리 아츰에 떨어진 잎새를 울리고 오는, 가을 바람도 님의 손길보다는 차지 못합니다.
  달이 적고[2] 별에 뿔나는[3] 겨울밤에, 얼음 위에 쌓인 눈도 님의 손길보다는 차지 못합니다.
  감로甘露[4]와 같이 청량淸凉한 선사禪師의 설법說法도 님의 손길보다는 차지 못합니다.

  나의 작은 가슴에 타오르는 불꽃은 님의 손길이 아니고는 끄는 수가 없습니다.
  님의 손길의 온도溫度를 측량測量할 만한 한난계寒暖計는 나의 가슴밖에는 아모 데도 없습니다.
  님의 사랑은 불보다도 뜨거워서, 근심 산山[5]을 태우고 한恨 바다[6]를 말리는데, 님의 손길은 너머도 차서 한도限度가 없습니다.

---

1) 너머 : 너무.
2) 적고 : 작고.
3) 별에 뿔나는 : 작은 달이 떠 있는 겨울밤 별들의 예각이 더욱 날카로워지는 현상을 뜻함. 별을 유체류有蹄類 동물에 비유. "별에 뿔나는"은 유체류 동물의 두부頭部나 안면에 딱딱한 물질이 돌기하듯이 별이 더욱 날카롭게 빛남을 노래함. (이승훈)
4) 감로甘露 : 불교용어. 도리천忉利天에 있는 단 영액靈液. 한방울만 먹어도 온갖 괴로움이 사라지고, 살아 있는 사람은 오래 살 수 있고, 죽은 이는 부활한다 함. 부처의 교법敎法을 비유함에 쓰임.
5) 근심 산山, 과
6) 한恨 바다 : 중생이 지니고 있는 한없이 많은 번뇌와 의정疑情을 가리킴. (송욱)
  '근심'을 '산山'에 비유하고 '한恨'을 '바다'에 비유했음.

해당화 海棠花

당신은 해당화 피기 전에 오신다고 하얐습니다. 봄은 벌써 늦었습니다. 봄이 오기 전에는 어서 오기를 바랐더니, 봄이 오고 보니 너머 일즉 왔나 두려합니다.[1]

철모르는 아해들은 뒷동산에 해당화가 피였다고, 다투어 말하기로 듣고도 못들은 체하얐더니,
야속한 봄바람은 나는 꽃을 불어서 경대 위에 노입니다그려.
시름없이 꽃을 주어서[2] 입설에 대히고,[3] 「너는 언제 피였니.」 하고 물었습니다.
꽃은 말도 없이 나의 눈물에 비쳐서, 둘도 되고 셋도 됩니다.

---

1) 두려합니다. : 두려워합니다.
2) 주어서 : 주워서.
3) 대히고 : 대고.

당신을 보았습니다

당신이 가신 뒤로 나는 당신을 잊을 수가 없습니다.
까닭은 당신을 위하나니보다 나를 위함이 많습니다.

나[1]는 갈고 심을 땅이 없음으로 추수秋收가 없습니다.
저녁거리가 없어서 조나 감자를 꾸러 이웃집에 갔더니, 주인主人은 「거지는 인격人格이 없다. 인격人格이 없는 사람은 생명生命이 없다. 너를 도와주는 것은 죄악罪惡이다.」고 말하얏습니다.
그 말은 듣고 돌아 나올 때에, 쏟아지는 눈물 속에서 당신을 보았습니다.

나는 집도 없고 다른 까닭을 겸하야 민적民籍이 없습니다.
「민적民籍 없는 자者는 인권人權이 없다. 인권人權이 없는 너에게 무슨 정조貞操냐.」하고 능욕凌辱하랴는 장군將軍이 있었습니다.
그를 항거抗拒한 뒤에, 남에게 대한 격분激憤이 스스로의 슬픔으로 화化하는 찰나刹那에 당신을 보았습니다.
아아 왼갓 윤리倫理, 도덕道德, 법률法律은 칼과 황금黃金을 제사祭祀지내는 연기烟氣[2]인 줄을 알었습니다.
영원永遠의 사랑을 받을까, 인간역사人間歷史의 첫 페지에 잉크칠을 할까, 술을 마실까 망설일 때에 당신[3]을 보았습니다.

---

1) 나 : "이 시의 주인공은 재산상의 인격도 법률상의 인격도 없는 사회의 천민賤民이다."(김우창)
2) 연기烟氣 : 연기煙氣.
3) 당신 : "이 시의 마지막에서 시인이 요구하는 것은 초월적인 것이 아닌 사랑, 거짓이 아닌 역사, 자포자기가 아닌 인생을 보장하는 절대선의 원리로서의 〈당신〉이다."(김우창), "가려진 존재로 있으면서 절대적 우위성에 있는 민족의 자립과 통합적 일체성을 의미한다."(신동욱)

비

비는 가장 큰 권위權威를 가지고, 가장 좋은 기회機會를 줍니다.
비는 해를 가리고, 세상 사람의 눈을 가립니다.
그러나 비는 번개와 무지개를 가리지 않습니다.

나는 번개가 되야 무지개를 타고, 당신에게 가서 사랑의 팔에 감기고자 합니다.
비 오는 날, 가만히 가서 당신의 침묵沈默을 가져온대도, 당신의 주인主人은 알 수가 없습니다.

만일 당신이 비 오는 날에 오신다면, 나는 연蓮잎으로 윗옷을 지어서 보내겄습니다.
당신 비 오는 날에 연蓮잎 옷을 입고 오시면 이 세상에는 알 사람이 없습니다.
당신이 비 가온데로 가만히 오서서,[1] 나의 눈물을 가져가신대도, 영원永遠한 비밀秘密이 될 것입니다.
비는 가장 큰 권위權威를 가지고, 가장 좋은 기회機會를 줍니다.

---

1) 오서서 : 오서서의 여성적 표현.

복종服從

남들은 자유自由를 사랑한다지마는, 나는 복종服從을 좋아하야요.
자유自由를 모르는 것은 아니지만, 당신에게는 복종服從만 하고 싶어요.
복종服從하고 싶은데 복종服從하는 것은 아름다운 자유自由보다도 달금합니다.[1) 그것이 나의 행복幸福입니다.

그러나 당신이 나더러 다른 사람을[2) 복종服從하라면 그것만은 복종服從할 수가 없습니다.
다른 사람을 복종服從하랴면, 당신에게 복종服從할 수가 없는 까닭입니다.

---

1) 달금합니다. : 알맞게 달다는 뜻. 달콤합니다보다 부드러운 어감.
2) 다른 사람을 : 다른 사람에게의 뜻.

참어 주서요

나는 당신을 이별하지 아니할 수가 없습니다. 님이여, 나의 이별을 참어[1] 주서요.

당신은 고개를 넘어갈 때에, 나를 돌어보지 마서요. 나의 몸은 한 적은[2] 모래 속으로 들어가랴 합니다.

님이여, 이별을 참을 수가 없거든, 나의 죽음을 참어 주서요.

나의 생명生命의 배는 부끄럼의 땀의 바다에서, 스스로 폭침爆枕[3]하랴 합니다. 님이여, 님의 입김으로 그것을 불어서, 속히 잠기게 하야 주서요. 그리고 그것을 웃어 주서요

님이여, 나의 죽음을 참을 수가 없거든, 나를 사랑하지 말어 주서요. 그리하고 나로 하야금 당신을 사랑할 수 없도록 하야 주서요.

나의 몸은 터럭 하나도 빼지 아니한 채로, 당신의 품에 사러지겠습니다.[4]

님이여, 당신과 내가 사랑의 속에서, 하나가 되는 것은 참어 주서요. 그리하야 당신은 나를 사랑하지 말고, 나로 하야금 당신을 사랑할 수가 없도록 하야 주서요. 오오 님이여.

---

1) 참어 : 여기서는 참다[忍]의 뜻.
2) 적은 : 작은.
3) 폭침爆枕 : 폭파되어 가라앉음.
4) 사러지겠습니다 : 사라지겠습니다의 뜻. 대상과 합일슴─된다는 의미. 여기서 대상은 곧 당신, 님.

어느 것이 참이냐

 엷은 사紗의 장막帳幕이 적은 바람에 휘둘려서 처녀處女의 꿈을 휩싸듯이, 자취도 없는 당신의 사랑은 나의 청춘靑春을 휘감습니다.
 발딱거리는 어린 피는 고요하고 맑은 천국天國의 음악音樂에 춤을 추고 헐떡이는 적은 영靈은 소리없이 떨어지는 천화天花[1]의 그늘에 잠이 듭니다.

 가는 봄비가 드린[2] 버들에 둘려서[3] 푸른 연기가 되듯이, 끝도 없는 당신의 정情실[4]이 나의 잠을 얽습니다.[5]
 바람을 따라가랴는 쩌른[6] 꿈은 이불 안에서 몸부림치고, 강 건너 사람을 부르는 바쁜 잠꼬대는 목 안에서 그늬[7]를 뜁니다.

---

1) 천화天花 : ① 하늘에서 내리는 꽃. ② 하늘에서 내리는 눈을 일컫는 말. ③ 불교용어. 천상계 天上界에 핀다는 영묘한 꽃. 여기서는 ③의 의미.
2) 드린 : 만해 시에서 드리다는 아래와 같이 두 가지 용례가 보인다.
    ① "그 술을 연잎잔에 가득히 부어서 님에게 드리겠습니다"(「葡萄酒」)
      "그것을 사랑의 제단에 제물로 드리는"(「가지 마셔요」)
    ② "그대의 푸른 근심은 드리고드린 버들실이 되어서"(「桂月香에게」)
    "가는 봄비가 드린 버들에 둘려서 푸른 연기가 되듯이"(「어늬 것이 참이냐」)
    여기에서 ①의 경우는 주다의 뜻이고 ②의 드리다는 버들가지가 드리우다는 뜻인 듯하다. 드리다는 드리우다의 준말이고, 드리우다는 '어떤 물체를 아래로 처지게 늘이다'는 뜻이며 이것의 준말인 드리다가 버들과 함께 사용된 것을 보면 드린 버들의 뜻은 '가지가 늘어진 버들'이라는 것이 된다. 이렇게 보면 "가는 봄비가 드린 버들에 둘려서 푸른 연기가 되듯이"라는 구절은 초록 가지가 늘어진 버들에 봄비가 올 때 마치 푸른 우연雨煙이 발생한 것처럼 보여지는 것을 시각적으로 표현한 것이라 생각할 수 있다.
3) 둘려서 : 두르다의 피동형. 두르다는 "싸서 가리거나 휘감아 싸다"는 뜻.
4) 정情실 : ① 실을 실實로 보면 '실제의 사실' 또는 '사사로운 정이나 관계에 얽히거나 끌리는 일'의 뜻이 되고, ② 실을 사絲로 보면 '정情의 실'로 해석되어 '끈끈하게 이어지는 정情'으로 풀이할 수 있다. 만해 시에서 '금실金絲'의 표현이 자주 나오는 것으로 미루어 보면 ②의 의미가 타당한 듯.
5) 얽습니다 : 기본형은 얽다. '줄이나 끈으로 엮어서 짜다'는 뜻. 여기서는 추상적인 뜻으로 사용.
6) 쩌른 : 짧은. 쩌른은 만해 시에서 일반적으로 보이는 독특한 표현.
7) 그늬 : 그네.

비낀[8] 달빛이 이슬에 젖은 꽃수풀을 싸락이[9]처럼 부시듯이,[10] 당신의 떠난 恨은 드는 칼이 되야서, 나의 애를 도막도막 끊어 놓았습니다.

문 밖의 시냇물은 물결을 보태랴고, 나의 눈물을 받으면서 흐르지 않습니다.
봄 동산의 미친 바람은 꽃 떨어트리는 힘을 더하랴고, 나의 한숨을 기다리고 섰습니다.

---

8) 비낀 : 기본형은 비끼다. 비끼다는 '옆으로 비스듬하게 비치다'는 뜻.
9) 싸락이 : 싸라기. 싸라기는 잘게 부순 쌀알.
10) 부시듯이 : 부수듯이.

정천한해情天恨海[1]

가을 하늘이 높다기로
정情하늘을 따를소냐.
봄 바다가 깊다기로
한恨바다만 못하리라.

높고 높은 정情하늘이
싫은 것은 아니지만
손이 낮아서
오르지 못하고
깊고 깊은 한恨바다가
병 될 것은 없지마는
다리가 쩔러서[2]
건느지 못한다.

손이 자래서 오를 수만 있으면
정情하늘은 높을수록 아름답고,
다리가 길어서 건늘수만 있으면
한恨바다는 깊을수록 묘하니라.

만일 정情하늘이 무너지고 한恨바다가 마른다면,
차라리 정천情天에 떨어지고 한해恨海에 빠지리라.
아아 정情하늘이 높은 줄만 알았더니

---

1) 정천한해情天恨海 : 정情의 하늘과 한恨의 바다. 만해의 조어造語.
2) 쩔러서 : 짧아서.

님의 이마보다는 낮다.
아아 한恨바다가 깊은 줄만 알았더니
님의 무릎보다는 옅다.

손이야 낮든지 다리야 쩌르든지
정情하늘에 오르고, 한恨바다를 건느랴면
님에게만 안기리라.

첫「키쓰」

마서요 제발 마서요
보면서 못 보는 체 마서요
마서요 제발 마서요
입설을 다물고 눈으로 말하지 마서요
마서요 제발 마서요
뜨거운 사랑에 웃으면서 차디찬 잔 부끄럼에 울지 마서요
마서요 제발 마서요
세계世界의 꽃을 혼자 따면서 항분亢奮[1]에 넘쳐서 떨지 마서요
마서요 제발 마서요
미소微笑는 나의 운명運命의 가슴에서 춤을 춥니다. 새삼스럽게 스스러워[2] 마서요

---

1) 항분亢奮 : 흥분함의 뜻.
2) 스스러워 : 기본형은 스스럽다. 수줍고 부끄럽다는 뜻.

선사禪師의 설법說法

나는 선사禪師의 설법說法을 들었습니다.
「너는 사랑의 쇠사슬에 묶여서 고통苦痛을 받지 말고, 사랑의 줄을 끊어라. 그러면 너의 마음이 질거우리라.」고

그 선사禪師는 어지간히 어리석습니다.
사랑의 줄에 묶이운 것이 아프기는 아프지만, 사랑의 줄을 끊으면 죽는 것보다도 더 아픈 줄을 모르는 말입니다.
사랑의 속박束縛[1]은 단단히 얽어매는 것이 풀어주는 것입니다.
그러므로 대해탈大解脫[2]은 속박束縛에서 얻는 것입니다.
님이여, 나를 얽은 님의 사랑의 줄이 약할까 버서, 나의 님을 사랑하는 줄을 곱들였습니다.[3]

---

1) 사랑의 속박束縛 : 우리는 사랑을 가짐에 의해 비로소 참다운 삶을 알게 되며, 진정한 사랑에 속박됨으로써 헛된 번뇌나 망상으로부터 벗어날 수 있다는 것.(김흥규)
2) 해탈解脫 : 번뇌와 속박에서 벗어나 속세간俗世間의 근심이 없는 편안한 심경에 이름. 열반.
3) 곱들였습니다. : 기본형은 곱들이다. 곱들이다는 '비용, 노력 따위를 갑절 들이다'는 뜻. 여기서는 '줄'을 노력을 해서 훨씬 강하게 했다는 뜻인 듯.

그를 보내며

그는 간다, 그가 가고 싶어서 가는 것도 아니오, 내가 보내고 싶어서 보내는 것도 아니지만, 그는 간다.

그의 붉은 입설, 흰 이, 가는 눈썹이 어여쁜 줄만 알았더니, 구름 같은 뒷머리, 실버들 같은 허리, 구슬 같은 발꿈치가 보다도 아름답습니다.

걸음이 걸음보다 멀어지더니, 보이랴다 말고, 말랴다 보인다.

사람이 멀어질수록 마음은 가까워지고, 마음이 가까워질수록 사람은 멀어진다.

보이는 듯한 것이 그의 흔드는 수건인가 하얐더니, 갈마기보다도 적은 쪼각 구름이 난다.

금강산金剛山

만이천봉萬二千峰! 무양無恙[1]하냐, 금강산金剛山아.
너는 너의 님이 어데서 무엇을 하는지 아너냐.
너의 님은 너 때문에 가슴에서 타오르는 불꽃에, 왼갖 종교宗敎, 철학哲學, 명예名譽, 재산財産, 그 외에도 있으면 있는 대로 태여버리는[2] 줄을 너는 모를리라.

너는 꽃에 붉은 것이 너냐.
너는 잎에 푸른 것이 너냐.
너는 단풍丹楓에 취醉한 것이 너냐.
너는 백설白雪에 깨인 것이 너냐.

나는 너의 침묵沈黙을 잘 안다.
너는 철모르는 아해들에게 종작없는[3] 찬미讚美를 받으면서, 시쁜[4] 웃음을 참고 고요히 있는 줄을 나는 잘 안다.

그러나 너는 천당天堂이나 지옥地獄이나 하나만 가지고 있으려므나.
꿈 없는 잠처럼 깨끗하고 단순單純하란 말이다.
나도 쩌른 갈궁이[5]로 강江 건너의 꽃을 꺾는다고, 큰 말하는[6] 미친 사람은 아니다. 그래서 침착沈着하고 단순單純하랴고 한다.

---

1) 무양無恙: 몸에 탈이나 병이 없다는 뜻으로 안부를 물을 때 쓰는 말.
2) 태여버리는: 태워버리는의 방언.
3) 종작없는: 일정한 주견이 없는.
4) 시쁜: 기본형은 시쁘다. 마음에 차지 아니하다. 또는 껄렁하여 대수롭지 않다는 뜻.
5) 갈궁이: 갈고랑이.(송윤) 갈고랑이는 끝이 뾰족하고 꼬부라진 물건. 흔히 쇠로 만들어 물건을 끌어 잡아당기는 데 씀.
6) 큰 말하는: 여기서는 큰소리치는의 의미인 듯.

나는 너의 입김에 불려오는 쪼각 구름에 「키쓰」한다.

만이천봉萬二千峰! 무양無恙하냐, 금강산金剛山아.
너는 너의 님이 어데서 무엇을 하는지 모르지.

님의 얼골[1]

님의 얼골을 「어여쁘다」고 하는 말은 적당適當한 말이 아닙니다.
어여쁘다는 말은 인간人間 사람의 얼골에 대한 말이오, 님은 인간人間의 것이라고 할 수가 없을만치 어여쁜 까닭입니다.

자연自然은 어찌하여 그렇게 어여쁜 님을 인간人間으로 보냈는지, 아모리 생각하야도 알 수가 없습니다.
알겄습니다. 자연自然의 가온데에는 님의 짝이 될 만한 무엇이 없는 까닭입니다.

님의 입설 같은 연蓮꽃이 어데 있어요. 님의 살빛 같은 백옥白玉이 어데 있어요.
봄 호수湖水에서 님의 눈결 같은 잔물결을 보았습니까. 아츰 볕에서 님의 미소微笑 같은 방향芳香을 들었습니까.
천국天國의 음악音樂은 님의 노래의 반향反響입니다. 아름다운 별들은 님의 눈빛의 화현化現[2]입니다.

아아 나는 님의 그림자여요.
님은 님의 그림자밖에는 비길 만한 것이 없습니다.
님의 얼골을 어여쁘다고 하는 말은 적당適當한 말이 아닙니다.

---

1) 님의 얼골 : "이 시는 만해의 시집 중 유일하게 님의 모습 그 자체를 대상으로 한 것이면서, 다시 님의 모습은 인간의 상상의 세계 안에서는 구체적으로 드러낼 수 없는 신비로운 절대미의 상태라는 점을 강조한 작품이다."(조창환) 이 시는 「떠날 때의 님의 얼골」과 비교해 볼 것.
2) 화현化現 : 불교용어. 신불神佛 등이 그 모습을 바꾸어 세상에 나타나는 일.

심은 버들

뜰 앞에 버들을 심어
님의 말을 매랴드니
님은 가실 때에
버들을 꺾어 말 채찍을 하얏습니다.

버들마다 채찍이 되야서
님을 따르는 나의 말도 채칠까[1] 하얏드니
남은 가지 천만사千萬絲[2]는
해마다 해마다 보낸 한恨을 잡어 맵니다.

---

1) 채칠까 : 채찍 같은 것으로 후려 때릴까의 뜻.
2) 천만사千萬絲 : 수많은 버들가지.

낙원樂園은 가시덤풀에서

　죽은 줄 알었든 매화나무 가지에, 구슬 같은 꽃방울을 맺혀 주는 쇠잔한 눈 위에, 가만히 오는 봄 기운은 아름답기도 합니다.
　그러나 그밖에 다른 하늘에서 오는 알 수 없는 향기는, 모든 꽃의 죽음을 가지고 다니는 쇠잔한 눈이 주는 줄을 아십니까.

　구름은 가늘고 시냇물은 옅고 가을 산은 비었는데, 파리한 바위 새이 1)에 실컷 붉은 단풍은 곱기도 합니다.
　그러나 단풍은 노래도 부르고 울음도 웁니다. 그러한 「자연自然의 인생人生」은 가을 바람의 꿈을 따라 사라지고 기억記憶에만 남아 있는, 지난 여름의 무르녹은 녹은綠陰이 주는 줄을 아십니까.

　일경초一莖草2)가 장륙금신丈六金身3)이 되고, 장륙금신丈六金身이 일경초一莖草가 됩니다.
　천지天地는 한 보금자리요, 만유萬有는 같은 소조小鳥입니다.
　나는 자연自然의 거울에 인생人生을 비쳐 보았습니다.
　고통苦痛의 가시덤풀 뒤에, 환희歡喜의 낙원樂園을 건설建設하기 위하야 님을 떠난, 나는 아아 행복幸福입니다.

---

　1) 새이 : 사이, 만해 시에서는 사이)새이, 샘)새암 등과 같이 모음이 추가된 것이 많음.
　2) 일경초一莖草 : 한해살이 풀.
　3) 장륙금신丈六金身 : 송욱 교수는 다음과 같이 풀이하고 있음. 즉 "金身은 佛身이며 身長이 一丈六尺이기 때문에 '丈六金身'이라고 한다."
　　〈참고〉有時將一莖草, 作丈六金身用. 有時將丈六金身, 作一莖草用.(『碧巖錄』 卷 1. 第8則. 「垂示」) 송욱의 『전편해설 님의 침묵』 참조.

참말인가요

그것이 참말인가요, 님이여, 속임없이 말씀하야 주서요.
당신을 나에게서 빼앗어 간 사람들이 당신을 보고,「그대는 님이 없다.」고 하얏다지요.
그래서 당신은 남모르는 곳에서 울다가, 남이 보면 울음을 웃음으로 변한다지요.
사람의 우는 것은 견딜 수가 없는 것인데, 울기조차 마음대로 못하고 웃음으로 변하는 것은 죽음의 맛보다 더 쓴 것입니다.
그러면 나는 그것을 변명하지 않고는 견딜 수가 없습니다.
나의 생명生命의 꽃가지를 있는대로 꺾어서, 화환花環을 만들어 당신의 몸에 걸고,「이것이 님의 님이라.」고 소리쳐 말하겠습니다.

그것이 참말인가요, 님이여, 속임없이 말씀하야 주서요.
당신을 나에게서 빼앗어 간 사람들이 당신을 보고,「그대의 님은 우리가 구하야 준다」고 하얏다지요.
그래서 당신은,「독신생활獨身生活을 하겠다」고 하얏다지요.
그러면 나는 그들에게 분풀이를 하지 않고는 견딜 수가 없습니다.
많지 안한 나의 피를 더운 눈물에 섞어서, 피에 목마른 그들의 칼에 뿌리고,「이것이 님의 님이라」고 울음 섞어서 말하겠습니다.

꽃이 먼저 알어

옛집을 떠나서 다른 시골에 봄을 만났습니다.
꿈은 이따금 봄바람을 따러서 아득한 옛터에 이릅니다.
지팽이는 푸르고 푸른 풀빛에 묻혀서, 그림자와 서로 따릅니다.[1]

길가에서 이름도 모르는 꽃을 보고서, 행혀 근심을 잊일까 하고 앉었습니다.
꽃송이에는 아츰 이슬이 아즉 마르지 아니한가 하였더니, 아아 나의 눈물이 떨어진 줄이야 꽃이 먼저 알었습니다.

---

1) 따릅니다 : 행려行旅의 뜻.

찬송讚頌[1]

님이여, 당신은 백번百番이나 단련鍛鍊한 금金결[2]입니다.
뽕나무 뿌리가 산호珊瑚[3]가 되도록 천국天國의 사랑을 받읍소서.
님이여, 사랑이여, 아츰 볕의 첫걸음이여.

님이여, 당신은 의義가 무겁고 황금黃金이 가벼운 것을 잘 아십니다.
거지의 거친 밭에 복福의 씨를 뿌리옵소서
님이여, 사랑이여, 옛 오동梧桐의 숨은 소리여.

님이여, 당신은 봄과 광명光明과 평화平和를 좋아하십니다.
약자弱者의 가슴에 눈물을 뿌리는 자비慈悲의 보살菩薩이 되옵소서.
님이여, 사랑이여, 얼음바다에 봄바람이여.

---

1) '찬송' : "한국 현대시에서 빛에 대한 열망을 가장 강력하고 가장 단순하게 표현한 시 중의 하나이다."(김우창)
2) 금金결 : '결'은 일정하게 켜를 지으면서 짜인 바탕의 조직상태, 또는 바탕에 나타나 보이는 켜가 보이는 무늬. (예 : 비단결) 따라서 금金결은 금의 일정한 무늬를 미화한 용어.
3) 산호珊瑚 : 바다의 산호충에서 생기는 중축골격中軸骨格, 불교에서 말하는 일곱 가지 보물 중의 하나임. 뽕나무 뿌리가 산호가 된다는 말은 상전벽해桑田碧海에서 한 단계 더 나아간 비유인 듯.

논개論介¹⁾의 애인愛人이 되야서 그의 묘廟에

날²⁾과 밤으로 흐르고 흐르는 남강南江은 가지 않습니다.
바람과 비에 우두커니 섰는 촉석루矗石樓는 살 같은 광음光陰을 따러서 달음질칩니다.
논개論介여, 나에게 울음과 웃음을 동시에 주는 사랑하는 논개論介여.
그대는 조선朝鮮의 무덤 가온데 피었든 좋은 꽃의 하나이다. 그래서 그 향기는 썩지 않는다.
나는 시인詩人으로 그대의 애인愛人이 되얏노라.
그대는 어데 있너뇨. 죽지 안한 그대가 이 세상에는 없고나.

나는 황금黃金의 칼에 베혀진, 꽃과 같이 향기롭고 애처로운 그대의 당년當年³⁾을 회상回想한다.
술 향기에 목마친⁴⁾ 고요한 노래는 옥獄에 묻힌 썩은 칼을 울렸다.
춤추는 소매를 안고 도는 무서운 찬 바람은 귀신鬼神 나라의 꽃수풀을 거처서 떨어지는 해를 얼렸다.
가냘핀 그대의 마음은 비록 침착沈着하얏지만. 떨리는 것보다도 더욱 무서웠다.

---

1) 논개論介(?~1593) : 조선조 14대 선조 때의 기생. 성은 주朱. 장수長水 사람. 진주의 관기官妓로 임진왜란으로 진주성이 함락되어 왜장들이 촉석루矗石樓에서 주연을 베풀 때에, 만취된 왜장 케야무라毛谷村六助를 껴안고 남강南江에 뛰어들어 함께 죽었다 함. 남강 옆에 비碑와 사당祠堂이 세워지고, 장수長水에는 정문旌門이 세워짐.
2) 날 : '날이 샌다'의 '날'로 보아야 한다. '낮'으로 고침은 不可.(송욱)
3) 당년當年 : 그해, 그 시대, 그 연대. 여기서는 논개가 왜장을 껴안고 남강에 투신한 1593년을 말함.
4) 목마친 : 이 표기는 만해 시에서 세 군데가 보이고 있다.
　　① "술향기에 목마친 고요한 노래는"
　　② "노래는 목마친 가락이 묘합니다"(「떠날 때의 님의 얼골」)
　　③ "소를 몰고 오는 아해들의 풀잎피리는 제 소리에 목마칩니다."(「苦待」)

아름답고 무독無毒한 그대의 눈은 비록 웃었지만. 우는 것보다도 더욱 슬폈다.

붉은 듯하다가 푸르고 푸른 듯하다가 희여지며, 가늘게 떨리는 그대의 입설은 웃음의 조운朝雲이냐, 울음의 모우暮雨이냐, 새벽달의 비밀秘密이냐, 이슬꽃의 상징象徵이냐.

빠비5) 같은 그대의 손에 꺾기우지 못한 낙화대落花臺의 남은 꽃은 부끄럼에 취醉하야 얼골이 붉었다.

옥玉같은 그대의 발꿈치에 밟히운, 강江 언덕의 묵은 이끼는 교긍驕矜6)에 넘쳐서 푸른 사롱紗籠7)으로 자기의 제명題名을 가리었다.

아아 나는 그대도 없는 빈 무덤 같은 집을 그대의 집이라고 부릅니다.

만일 이름뿐이나마 그대의 집도 없으면, 그대의 이름을 불러볼 기회機會가 없는 까닭입니다.

나는 꽃을 사랑합니다마는, 그대의 집에 피어 있는 꽃을 꺾을 수는 없습니다.

그대의 집에 피어 있는 꽃을 꺾으랴면, 나의 창자가 먼저 꺾어지는 까닭입니다.

송욱 교수는 ①의 '목마친'은 '목마른'으로 ②, ③은 '목맺힌', '목맺힙니다.'로 각각 해석하고, 이상섭 교수는 ①, ②, ③ 모두 '목맺히다'의 뜻으로, 이승훈 교수는 좀 더 해명되어야 할 부분이라고 해석을 유보하고 있다. 송욱 교수의 ①의 해석은 오류인 듯하며 대체로 이상섭 교수의 ①, ②, ③ 모두를 목맺히다로 보는 편이 타당할 듯하다.(윗점 편자)

5) 빠비 : 송욱 교수는 뒤의 구절, "옥玉 같은 그대의 발꿈치에"와 대조하여 '빠비'를 연꽃이나 칠보七寶 중의 하나로 생각하고 그 중 음이 가장 비슷한 '파리玻璃'가 아닐까 하고 추정. 빠비를 '삐비', 즉 풀의 속잎으로 해석하는 경우도 있으나 전후 문맥을 보아 송욱 교수의 의견이 타당한 듯하다.

6) 교긍驕矜 : 교만하게 자부함.

7) 사롱紗籠 : 사등롱紗燈籠의 준말. 사등롱은 여러 가지 빛깔의 깁으로 거죽을 하여 씌운 등롱.

나는 꽃을 사랑합니다마는, 그대의 집에 꽃을 심을 수는 없습니다.

그대의 집에 꽃을 심으랴면, 나의 가슴에 가시가 먼저 심어지는 까닭입니다.

용서容恕하여요, 논개論介여, 금석金石 같은 굳은 언약을 저바린 것은 그대가 아니오, 나입니다.

용서容恕하여요, 논개論介여, 쓸쓸하고 호젓한 잠자리에 외로히 누어서, 끼친[8] 한恨에 울고 있는 것은 내가 아니오, 그대입니다.

나의 가슴에 「사랑」의 글자를 황금黃金으로 새겨서, 그대의 사당祠堂에 기념비記念碑를 세운들 그대에게 무슨 위로가 되오리까.

나의 노래에 「눈물」의 곡조曲調를 낙인烙印으로 찍어서 그대의 사당祠堂에 제종祭鍾을 울린대도 나에게 무슨 속죄贖罪가 되오리까.

나는 다만 그대의 유언遺言대로, 그대에게 다하지 못한 사랑을 영원永遠히 다른 여자女子에게 주지 아니할 뿐입니다. 그것은 그대의 얼골과 같이 잊을 수가 없는 맹세盟誓입니다.

용서容恕하여요, 논개論介여, 그대가 용서容恕하면, 나의 죄罪는 신神에게 참회懺悔를 아니한대도 사라지겠습니다.

천추千秋에 죽지 않는 논개論介여.
하루도 살 수 없는 논개論介여.
그대를 사랑하는 나의 마음이 얼마나 질거우며, 얼마나 슬프겠는가.

---

8) 끼친 : 뒷날에 남기는의 뜻.

나는 웃음이 제워서[9] 눈물이 되고, 눈물이 제워서 웃음이 됩니다.
용서容恕하여요, 사랑하는 오오 논개論介여.

---

9) 제워서 : 겨워서의 뜻인 듯. 겨워서는 배겨내기 어렵다. 또는 북받치는 감정이 대단하여 참기 어렵다의 뜻. 기본형은 겹다.

후회後悔

당신이 계실 때에 알뜰한 사랑을 못하였습니다.
사랑보다 믿음이 많고, 질거움보다 조심이 더하얐습니다.
게다가 나의 성격性格이 냉담冷淡하고 더구나 가난에 쫓겨서, 병들어 누운 당신에게 도로혀[1] 소활疎濶[2]하얐습니다.
그러므로 당신이 가신 뒤에, 떠난 근심보다 뉘우치는 눈물이 많습니다.

---

1) 도로혀 : 도리어.
2) 소활疎濶 : ① 서로 서먹서먹하여 가깝지 아니함. 소원. ② 성품이 어설프고 짜이지 못함. 여기서는 ①의 뜻임.

사랑하는 까닭

내가 당신을 사랑하는 것은 까닭이 없는 것이 아닙니다.
다른 사람들은 나의 홍안紅顔만을 사랑하지마는, 당신은 나의 백발白髮도 사랑하는 까닭입니다.

내가 당신을 기루어 하는 것은 까닭이 없는 것이 아닙니다.
다른 사람들은 나의 미소微笑만을 사랑하지마는, 당신은 나의 눈물도 사랑하는 까닭입니다.

내가 당신을 기다리는 것은 까닭이 없는 것이 아닙니다.
다른 사람들은 나의 건강健康만을 사랑하지마는, 당신은 나의 죽음도 사랑하는 까닭입니다.

당신의 편지

당신의 편지가 왔다기에, 꽃밭 매든 호미를 놓고 떼여 보았습니다.
그 편지는 글씨는 가늘고 글줄은 만하나,[1] 사연은 간단합니다.
만일 님이 쓰신 편지이면, 글은 쩌를지라도[2] 사연은 길터인데.

당신의 편지가 왔다기에 바느질 그릇을 치어놓고[3] 떼여 보았습니다.
그 편지는 나에게 잘 있너냐고만 묻고, 언제 오신다는 말은 조금도 없습니다.
만일 님이 쓰신 편지이면 나의 일은 묻지 않더래도, 언제 오신다는 말을 먼저 썼을 터인데.

당신의 편지가 왔다기에, 약을 달이다 말고 떼여 보았습니다.
그 편지는 당신의 주소住所는 다른 나라의 군함軍艦입니다.
만일 님이 쓰신 편지이면 남의 군함軍艦에 있는 것이 사실事實이라 할지라도, 편지에는 군함軍艦에서 떠났다고 하얐을 터인데.

---

1) 만하나 : 많으나. 「사랑의 측량測量」주 3) 참조.
2) 쩌를지라도 : 짧을지라도. 「길이 막혀」주 1) 참조.
3) 치어놓고 : 치위놓고.

거짓 이별

당신과 나와 이별한 때가 언제인지 아십니까.
가령 우리가 좋을 대로 말하는 것과 같이, 거짓 이별이라 할지라도 나의 입설이 당신의 입설에 닿지 못하는 것은 사실事實입니다.
이 거짓 이별은 언제나 우리에게서 떠날 것인가요.
한해 두해 가는 것이 얼마 아니 된다고 할 수가 없습니다.
시들어가는 두 볼의 도화桃花가 무정無情한 봄바람에 몇 번이나 슬쳐서 낙화落花가 될까요.
회색灰色이 되여 가는 두 귀 밑의 푸른 구름이, 쪼이는 가을 볕에 얼마나 바래서 백설白雪이 될까요.

머리는 희여가도 마음은 붉어갑니다.
피는 식어가도 눈물은 더워갑니다.
사랑의 언덕엔 사태가 나도 희망希望의 바다엔 물결이 뛰놀어요.

이른바 거짓 이별이 언제든지 우리에게서 떠날 줄만은 알아요.
그러나 한 손으로 이별을 가지고 가는 날[日]은 또 한 손으로 죽음을 가지고 와요.

꿈이라면

사랑의 속박束縛이 꿈이라면
출세出世¹⁾의 해탈解脫도 꿈입니다.
웃음과 눈물이 꿈이라면
무심無心의 광명光明도 꿈입니다.
일체만법一切萬法이 꿈이라면
사랑의 꿈에서 불멸不滅[2)]을 얻겠습니다.

---

1) 출세出世 : ① 숨었던 사람이 세상에 나옴. ② 입신하여 훌륭하게 됨. ③ 중생을 제도하기 위해 사바세계로 나옴. ④ 세상을 버리고 불도佛道로 들어감. 여기서는 ④의 뜻임.
2) 불멸不滅 : 없어지지 아니함, 또는 멸망하지 아니함. 모든 것이 꿈이라면 사랑에서 멸하지 않는 절대적인 것을 찾겠다는 뜻임.

달을 보며

달은 밝고 당신이 하도 기루었습니다.[1)]
 자던 옷을 고쳐 입고, 뜰에 나와 퍼지르고 앉아서, 달을 한참 보았습니다.

 달은 차차차 당신의 얼골이 되더니 넓은 이마, 둥근 코, 아름다운 수염이 역력히 보입니다.
 간 해에는 당신의 얼골이 달로 보이더니, 오늘 밤에는 달이 당신의 얼골이 됩니다.

 당신의 얼골이 달이기에 나의 얼골도 달이 되얐습니다.
 나의 얼골은 그믐달이 된 줄을 당신이 아십니까.
 아아 당신의 얼골이 달이기에 나의 얼골도 달이 되얐습니다.

---

1) 기루었습니다 : 그리웠습니다. 「군말」 주 1) 참조.

인과율因果律

당신은 옛 맹세盟誓를 깨치고[1] 가십니다.

당신의 맹세盟誓는 얼마나 참되얐습니까. 그 맹세盟誓를 깨치고 가는 이별은 믿을 수가 없습니다.

참 맹세盟誓를 깨치고 가는 이별은 옛 맹세盟誓로 돌아올 줄을 압니다. 그것은 엄숙嚴肅한 인과율因果律[2]입니다.

나는 당신과 떠날 때에 입맞춘 입설이 마르기 전에, 당신이 돌아와서 다시 입맞추기를 기다립니다.

그러나 당신의 가시는 것은 옛 맹세盟誓를 깨치랴는 고의故意가 아닌 줄을 나는 압니다.

비겨[3] 당신이 지금의 이별을 영원永遠히 깨치지 않는다 하야도, 당신의 최후最後의 접촉接觸을 받은 나의 입설을 다른 남자男子의 입설에 대일 수는 없습니다.

---

1) 깨치고 : 「님의 침묵沈默」 주 2) 참조.
2) 인과율因果律 : 원인과 결과가 필연적으로 따른다는 법칙. 여기서는 "헤어진 자는 반드시 만나게 된다(이자정회離者定會)"를 뜻함. 또는 '옛 맹세盟誓는 지금의 '이별'보다 절대적이라는 뜻.
3) 비겨 : 송욱 교수는 '비겨=비기어. 이를테면'의 뜻으로 풀이. '비겨'라는 용례는 이곳에밖에 보이지 않아, 이 시詩의 문맥에서 파악할 수밖에 없으므로 위의 견해가 타당한 듯.

잠꼬대

「사랑이라는 것은 다 무엇이냐, 진정한 사람에게는 눈물도 없고 웃음도 없는 것이다.

사랑의 뒤움박[1])을 발길로 차서 깨트려 버리고, 눈물과 웃음을 티끌 속에 합장合葬을 하여라.

이지理智와 감정感情을 두디려 깨쳐서 가루로 만들어 버려라.

그리고 허무虛無의 절정絶頂에 올러가서 어지럽게 춤추고 미치게 노래하여라.

그리고 애인愛人과 악마惡魔를 똑같이 술을 먹여라.

그리고 천치天癡가 되던지 미치광이가 되던지 산 송장이 되던지 하야 버려라.

그래 너는 죽어도 사랑이라는 것은 버릴 수가 없단 말이냐.

그렇거든 사랑의 꽁무니에 도롱태[2])를 달아라.

그래서 네 멋대로 끌고 돌어다니다가, 쉬고 싶으거든 쉬고, 자고 싶으거든 자고, 살고 싶으거든 살고, 죽고 싶으거든 죽어라.

사랑의 발바닥에 말목을 쳐놓고, 붙들고 서서 엉엉 우는 것은 우스운 일이다.

이 세상에는 이마빡에다「님」이라고 새기고 다니는 사람은 하나도 없다.

연애戀愛는 절대자유絶對自由요, 정조貞操는 유동流動이요, 결혼식장結婚式場은 임간林間이다.」

---

1) 뒤움박 : 뒤웅박. 쪼개지 아니하고 꼭지 근처에 구멍만 뚫고 속을 파낸 바가지.
2) 도롱태 : 송욱 교수는 '도롱태'와 같은 뜻으로 보고 있음. '도롱태'란 '사람이 밀거나 끌게 된 간단한 나무수레' 또는 바퀴의 뜻임.

나는 잠결에 큰소리로 이렇게 부르짖었다.

아아 혹성惑星같이 빛나는 님의 미소微笑는 흑암黑闇의 광선光線에서 채 사러지지 아니하얐습니다.

잠의 나라에서 몸부림치든 사랑의 눈물은 어느덧 벼개를 적셨습니다.

용서容恕하서요, 님이여, 아모리 잠이 지은 허물이라도, 님이 벌罰을 주신다면, 그 벌罰을 잠을 주기는 싫습니다.

계월향桂月香[1]에게

계월향桂月香이여, 그대는 아리따웁고 무서운 최후最後의 미소微笑를 거두지 아니한 채로 대지大地의 침대寢臺에 잠들었습니다.
나는 그대의 다정多情을 슬퍼하고, 그대의 무정無情을 사랑합니다.

대동강大同江에 낚시질하는 사람은 그대의 노래를 듣고, 모란봉牧丹峯에 밤놀이하는 사람은 그대의 얼골을 봅니다.
아해들은 그대의 산 이름을 외우고, 시인詩人은 그대의 죽은 그림자를 노래합니다.

사람은 반드시 다하지 못한 한恨을 끼치고[2] 가게 되는 것이다.
그대는 남은 한恨이 있는가 없는가, 있다면 그 한恨은 무엇인가.
그대는 하고 싶은 말을 하지 않습니다.

그대의 붉은 한恨은 현란絢爛한 저녁놀이 되야서, 하늘 길을 가로막고 황량荒凉한 떨어지는 날을 돌이키고자 합니다.
그대의 푸른 근심은 드리고 드린 버들실이 되야서, 꽃다운 무리를 뒤에 두고 운명運命의 길을 떠나는 저문 봄을 잡어매랴 합니다.

나는 황금黃金의 소반에 아츰 볕을 받치고 매화梅花가지에 새 봄을 걸

---

1) 계월향桂月香 : 평양의 명기名妓. 조방장助防將 김응서金應瑞의 애첩愛妾. 임진왜란 때 왜장 고니시小西行長의 부장副將 한 명이 연광정練光亭에 주둔하고 있을 때, 그에게 몸을 더럽히게 되었으나 적장을 속여 김응서를 데리고 들어가 잠들어 있는 적장의 머리를 베게 하고 자신은 자결했다 함.

2) 끼치고 : 끼치다의 의미는 ① (살가죽에 소름이) 돋다. ② 덮치는 듯이 확 밀려들다. ③ 입거나 당하게 하다. ④ 뒷날에 남기다 등이 있는데 여기서는 ④의 뜻.

어서, 그대의 잠자는 곁에 가만히 놓아 드리겠습니다.
  자 그러면 속하면³⁾ 하룻밤, 더디면 한겨울, 사랑하는 계월향桂月香이여.

---

  3) 속하면 : 속速하면. 빠르면의 한문어투.

만족滿足

세상에 만족이 있너냐, 인생人生에게 만족滿足이 있너냐.
있다면 나에게도 있으리라.

세상에 만족滿足이 있기는 있지마는, 사람의 앞에만 있다.
  거리距離는 사람의 팔 길이와 같고, 속력速力은 사람의 걸음과 비례比例가 된다.
  만족滿足은 잡을래야 잡을 수도 없고, 버릴래야 버릴 수도 없다.

  만족滿足을 얻고 보면 얻은 것은 불만족不滿足이오, 만족滿足은 의연依然히 앞에 있다.
  만족滿足은 우자愚者나 성자聖者의 주관적主觀的 소유所有가 아니면, 약자弱者의 기대期待뿐이다.
  만족滿足은 언제든지 인생人生과 수적竪的[1] 평행平行이다.
  나는 차라리 발꿈치를 돌려서 만족滿足의 묵은 자최를 밟을까 하노라.

  아아 나는 만족滿足을 얻었노라.
  아즈랑이[2] 같은 꿈과 금金실 같은 환상幻想이 님 기신[3] 꽃동산에 둘릴 때에, 아아 나는 만족滿足을 얻었노라.

---

1) 수적竪的 : 직립直立함. 마주 선다는 뜻.
2) 아즈랑이 : 아지랑이의 방언.
3) 기신 : 계신의 방언.

반비례 反比例

당신의 소리는 「침묵沈默」인가요.
당신이 노래를 부르지 아니하는 때에, 당신의 노랫가락은 역력히 들립니다그려.
당신의 소리는 침묵沈默이여요.

당신의 얼골은 「흑암黑闇」[1)]인가요.
내가 눈을 감은 때에, 당신의 얼골은 분명히 보입니다그려.
당신의 얼골은 흑암黑闇이여요.

당신의 그림자는 「광명光明」인가요.
당신의 그림자는 달이 넘어간 뒤에, 어두운 창에 비칩니다그려.
당신의 그림자는 광명光明이여요.

---

1) 흑암黑闇 : ① 몹시 껌껌함. 캄캄하게 어두움. ② 지혜나 공덕이 없음. 여기서는 ①의 뜻으로 눈을 감았을 때만 볼 수 있는 얼굴이라는 것을 강조하고 있음.

눈물

내가 본 사람 가온데는, 눈물을 진주眞珠라고 하는 사람처럼 미친 사람은 없습니다.

그 사람은 피를 홍보석紅寶石이[1]라고 하는 사람보다도, 더 미친 사람입니다.

그것은 연애戀愛에 실패失敗하고 흑암黑闇의 기로岐路[2]에서 헤매는 늙은 처녀處女가 아니면, 신경神經이 기형적畸形的으로 된 시인詩人의 말입니다.

만일 눈물이 진주眞珠라면 님의 신물信物로 주신 반지를 내놓고는, 세상의 진주眞珠라는 진주眞珠는 다 띠끌 속에 묻어 버리겠습니다.

나는 눈물로 장식裝飾한 옥패玉珮[3]를 보지 못하얏습니다.

나는 평화平和의 잔치에 눈물의 술을 마시는 것을 보지 못하얏습니다.

내가 본 사람 가온데는 , 눈물을 진주眞珠라고 하는 사람처럼 어리석은 사람은 없습니다.

아니여요, 님이 주신 눈물은 진주眞珠 눈물이여요.

나는 나의 그림자가 나의 몸을 떠날 때까지, 님을 위하야 진주眞珠 눈물을 흘리겠습니다.

아아 나는 날마다 날마다 눈물의 선경仙境에서 한숨의 옥적玉笛을 듣습니다.

나의 눈물은 백천百千 줄기라도, 방울방울이 창조創造입니다.

---

1) 홍보석紅寶石 : 루비.
2) 기로岐路 : 갈림길. 둘 이상의 여러 가락으로 나뉜 길.
3) 옥패玉珮 : 옥으로 만든 패물.

눈물의 구슬이여, 한숨의 봄바람이여, 사랑의 성전聖殿을 장엄莊嚴⁴⁾하는 무등등無等等⁵⁾의 보물寶物이여.

아아 언제나 공간空間과 시간時間을 눈물로 채워서 사랑의 세계世界를 완성完成할까요.

---

4) 장엄莊嚴 : ① 규모가 크고 엄숙함. ② (궁중의) 치장을 하다. 여기서는 ②의 뜻.
5) 무등등無等等 : 순위를 매길 수 없는 지고의.

어데라도

아츰에 일어나서 세수하랴고 대야에 물을 떠다 놓으면, 당신은 대야 안의 가는 물결이 되야서, 나의 얼골 그림자를 불쌍한 아기처럼 얼러 줍니다.[1]

근심을 잊을까 하고 꽃동산에 거닐 때에, 당신은 꽃 새이를 슬쳐오는 봄바람이 되야서, 시름없는 나의 마음에 꽃향기를 묻혀주고 갑니다.

당신을 기다리다 못하야 잠자리에 누었더니, 당신은 고요한 어둔 빛이 되야서, 나의 잔부끄럼을 살뜰히도 덮어 줍니다.

어데라도 눈에 보이는 데마다 당신이 계시기에, 눈을 감고 구름 위와 바다 밑을 찾어 보았습니다.

당신은 미소微笑가 되여서 나의 마음에 숨었다가, 나의 감은 눈에 입 맞추고 「네가 나를 보너냐.」고 조롱嘲弄[2] 합니다.

---

1) 얼러줍니다 : 기본형은 어르다. 어르다는 "무엇을 보이거나 들려주거나 몸을 흔들어주거나 하여 어린아이의 마음을 기쁘게 하여 주다."는 뜻.

2) 조롱嘲弄 : 얼리거나 놀려준다는 뜻.

떠날 때의 님의 얼골

꽃은 떨어지는 향기가 아름답습니다.
해는 지는 빛이 곱습니다.
노래는 목마친[1] 가락이 묘합니다.
님은 떠날 때의 얼골이 더욱 어여쁩니다.

떠나신 뒤에 나의 환상幻想의 눈에 비치는 님의 얼골은 눈물이 없는 눈으로는 바라볼 수가 없을 만치 어여쁠 것입니다.
님의 떠날 때의 어여쁜 얼골을 나의 눈에 새기겠습니다.
님의 얼골은 나를 울리기에는 너머도 야속한 듯하지마는, 님을 사랑하기 위하야는 나의 마음을 질거웁게 할 수가 없습니다.
만일 그 어여쁜 얼골이 영원永遠히 나의 눈을 떠난다면, 그때의 슬픔은 우는 것보다도 아프겠습니다.

---

1) 목마친 : 목맺힌. 「논개論介의 애인愛人이 되야서 그의 묘廟에」 주 2) 참조.

최초最初의 님

맨 츰[1]에 만난 님과 님은 누구이며 어느 때인가요.
맨 츰에 이별한 님과 님은 누구이며 어느 때인가요.
맨 츰에 만난 님과 님이 맨 츰으로 이별하얐습니까. 다른 님과 님이 맨 츰으로 이별하얐습니까.

나는 맨 츰에 만난 님과 님이 맨 츰으로 이별한 줄로 압니다.
만나고 이별이 없는 것은 님이 아니라 나입니다.
이별하고 만나지 않는 것은 님이 아니라 길 가는 사람입니다.
우리들은 님에 대하야 만날 때에 이별을 염려하고, 이별할 때에 만남을 기약합니다.
그것은 맨 츰에 만난 님과 님이 다시 이별한 유전성遺傳性의 흔적痕跡입니다.

그러므로 만나지 않는 것도 님이 아니오, 이별이 없는 것도 님이 아닙니다.
님은 만날 때에 웃음을 주고, 떠날 때에 눈물을 줍니다.
만날 때의 웃음보다 떠날 때의 눈물이 좋고, 떠날 때의 눈물보다 다시 만나는 웃음이 좋습니다.
아아 님이여, 우리의 다시 만나는 웃음은 어느 때에 있습니까.

---

1) 츰 : 처음의 축약형.

두견새

두견새는 실컷 운다.
울다가 못 다 울면
피를 흘려 운다.

이별한 한恨이야 너뿐이랴마는
울래야 울지도 못하는 나는
두견새 못 된 한恨을 또 다시 어찌하리.

야속한 두견새는
돌아갈 곳도 없는 나를 보고도
「불여귀不如歸¹⁾ 불여귀不如歸」

---

1) 불여귀不如歸 ; 두견의 울음소리가 불여귀거不如歸去라고 들리기 때문에 두견새 또는 두견새의 울음소리를 이름. 여름에 밤낮으로 처량하게 우는데 중국 촉蜀나라 망제望帝의 죽은 넋이 붙어 있다는 전설이 있으며, 고래로 시문학에 많이 등장한다.

나의 꿈

 당신이 맑은 새벽에 나무 그늘 새이에서 산보할 때에, 나의 꿈은 적은 별이 되야서 당신의 머리 위를 지키고 있겠습니다.
 당신이 여름날에 더위를 못 이기여 낮잠을 자거든, 나의 꿈은 맑은 바람이 되야서 당신의 주위周圍에 떠돌겠습니다.
 당신이 고요한 가을 밤에 그윽히 앉아서 글을 볼 때에, 나의 꿈은 귀따라미가 되야서 책상 밑에서「귀똘귀똘」울겠습니다.

우는 때

꽃 핀 아츰, 달 밝은 저녁, 비 오는 밤, 그 때가 가장 님 기루운 때라고 남들은 말합니다.

나도 같은 고요한 때로는, 그 때에 많이 울었습니다.

그러나 나는 여러 사람이 모혀서 말하고 노는 때에, 더 울게 됩니다.

님 있는 여러 사람들은 나를 위로하야 좋은 말을 합니다마는, 나는 그들의 위로하는 말을 조소로 듣습니다.

그 때에는 울음을 삼켜서, 눈물을 속으로 창자를 향하여 흘립니다.

타골[1]의 시詩(GARDENISTO)[2]를 읽고

벗이여[3], 나의 벗이여, 애인愛人의 무덤 위의 피어 있는 꽃처럼 나를 울리는 벗이여.

적은 새의 자최도 없는 사막沙漠의 밤에, 문득 만난 님처럼 나를 기쁘게 하는 벗이여.

그대는 옛 무덤을 깨치고 하늘까지 사모치는 백골白骨의 향기香氣입니다.

그대는 화환花環을 만들랴고 떨어진 꽃을 줏다가, 다른 가지에 걸려서 줏은 꽃을 헤치고 부르는 절망絶望인 희망希望의 노래입니다.

벗이여, 깨어진 사랑에 우는 벗이여.

눈물이 능히 떨어진 꽃을 옛 가지에 도로 피게 할 수는 없습니다.

눈물을 떨어진 꽃에 뿌리지 말고, 꽃나무 밑의 띠끌에 뿌리서요.

벗이여, 나의 벗이여.

죽음의 향기香氣가 아모리 좋다 하야도, 백골白骨의 입설에 입맞출 수는 없습니다.

그의 무덤을 황금黃金의 노래로 그물치지 마서요. 무덤 위에 피 묻은 깃旗대[4]를 세우서요.

그러나 죽은 대지大地가 시인詩人의 노래를 거쳐서 움직이는 것을 봄바람은 말합니다.

---

1) 타고르(Tagore, Rabindranath 1861~1941) : 인도의 저명한 시인, 사상가. 시집 『기탄잘리(Gitanjali)』로 1913년 동양인으로는 최초로 노벨문학상 수상.
2) GARDENISTO : 『The Gardener[園丁]』의 에스페란토어. 만해는 김억金億이 1924년 간행한 번역시집 『園丁』을 읽은 듯하다.
3) 벗이여 : 여기서 '벗'은 타고르를 뜻함.
4) 피 묻은 깃대 : 영원이 아니라 현재를, 초월이 아니라 역사 안에서의 싸움을 통해 진정한 님을 추구해야 된다고 그는 선택했던 것.(김홍규)

벗이여, 부끄럽습니다. 나는 그대의 노래를 들을 때에, 어떻게 부끄럽고 떨리는지 모르겠습니다.

그것은 내가 나의 님을 떠나서, 홀로 그 노래를 듣는 까닭입니다.

수繡의 비밀秘密

나는 당신의 옷을 다시 지어 놓았습니다.
심의[1]도 짛고[2] 도포도 짛고, 자리옷[3]도 지었습니다.
짛지 아니한 것은 적은 주머니에 수놓는 것뿐입니다.

그 주머니는 나의 손때가 많이 묻었습니다.
짓다가 놓아두고 짓다가 놓아두고 한 까닭입니다.
다른 사람들은 나의 바느질 솜씨가 없는 줄로 알지마는, 그러한 비밀은 나밖에는 아는 사람이 없습니다.
나는 마음이 아프고 쓰린 때에 수를 놓으랴면, 나의 마음은 수놓는 금실을 따라서 바늘[4] 구녕[5]으로 들어가고, 주머니 속에서 맑은 노래가 나와서, 나의 마음이 됩니다.
그리고 아즉 이 세상에는, 그 주머니에 널[6] 만한 무슨 보물이 없습니다.
이 적은 주머니는 짛기 싫어서 짛지 못하는 것이 아니라, 짛고 싶어서 다 짛지 않는 것입니다.

---

1) 심의深衣 : 높은 선비의 웃옷. 흰 베로 만드는데, 소매를 넓게 하고 검은 비단으로 가를 두름. 상 裳은 열두 폭으로 되어 있음.
2) 짛고 : 짓다. 짛다는 짓다의 고어.
3) 자리옷 : 잘 때에 입는 옷. 잠옷.
4) 바늘 : "바늘의 끝은 극도로 축소된 하나의 점이지만, 그 점은 주어진 모든 공간을 포섭할 수 있는 능력을 지닌 완성의 주체."(서준섭)
5) 구녕 : 구멍. 구녕은 구멍의 방언.
6) 널 : 기본형은 넣다.

사랑의 불

산천초목山川草木에 붙는 불은 수인씨燧人氏[1]가 내셨습니다.
청춘靑春의 음악音樂에 무도舞蹈하는 나의 가슴을 태우는 불은 가는 님이 내셨습니다.

촉석루矗石樓를 안고 돌며, 푸른 물결의 그윽한 품에, 논개論介[2]의 청춘靑春을 잠재우는 남강南江의 흐르는 물아.
모란봉牧丹峯의 키쓰를 받고 계월향桂月香[3]의 무정無情을 저주咀呪하면서 능라도綾羅島[4]를 감돌아 흐르는 실연자失戀者인 대동강大同江아.
그대들의 권위權威로도 애태우는 불은 끄지 못할 줄을 번연히[5] 아지마는, 입버릇으로 불러 보았다.
만일 그대네가 쓰리고 아픈 슬픔으로 졸이다가, 폭발爆發되는 가슴 가온데의 불을 끌 수가 있다면, 그대들이 님 기루운 사랑을 위하야 노래를 부를 때에, 이따감,[6] 이따감 목이 메어 소리를 이르지[7] 못함은 무슨 까닭인가.
남들이 볼 수 없는 그대네의 가슴속에도, 애태우는 불꽃 거꾸로 타들어가는 것을 나는 본다.

오오 님의 정열情熱의 눈물과 나의 감격感激의 눈물이 마조 다서[8] 합

---

1) 수인씨燧人氏 : 중국 고대의 삼황제三皇帝의 한 사람. 전설적인 인물로 복희씨伏羲氏 이전의 사람인데, 불의 기술을 가르쳤고 음식물의 조리법을 전했다고 함.
2) 논개論介 : 「논개論介의 애인愛人이 되야서 그의 묘廟에」 주 1) 참조.
3) 계월향桂月香 : 「계월향桂月香에게」 주 1) 참조.
4) 능라도綾羅島 : 평양 대동강 가운데 있는 섬. 경치가 매우 좋다고 함.
5) 번연히 : 번연하게. 번히. 뻔히.
6) 이따감 : 이따금.
7) 이르지 : 이루지의 오식인 듯. 「나의 노래」 주 3) 참조.
8) 다서 : 기본형 닿다. 눈물과 눈물이 마주 다아서의 뜻임.

류合流가 되는 때에, 그 눈물의 첫 방울로 나의 가슴의 불을 끄고, 그 다음 방울을 그대네의 가슴에 뿌려 주리라.

「사랑」을 사랑하야요

당신의 얼골은 봄 하늘의 고요한 별이여요.
그러나 찢어진 구름 새이로 돋어 오는 반달 같은 얼골이 없는 것이 아닙니다.
만일 어여쁜 얼골만을 사랑한다면, 웨 나의 벼갯모에 달을 수놓지 않고 별을 수놓아요.

당신의 마음은 티 없는 숫옥玉[1]이여요. 그러나 곱기도 밝기도 굳기도, 보석 같은 마음이 없는 것이 아닙니다.
만일 아름다운 마음만을 사랑한다면, 웨 나의 반지를 보석으로 아니하고, 옥으로 만들어요.

당신의 시詩는 봄비에 새로 눈트는 금金결 같은 버들이여요.
그러나 기름 같은 바다에 피어오르는, 백합百合꽃 같은 시詩가 없는 것이 아닙니다.
만일 좋은 문장文章만을 사랑한다면, 웨 내가 꽃을 노래하지 않고, 버들을 찬미讚美하여요.

왼 세상 사람이 나를 사랑하지 아니할 때에, 당신만이 나를 사랑하얐습니다.
나는 당신의 「사랑」을 사랑하야요.

---

1) 숫옥玉 : 여기서 '숫'은 "명사 위에 붙어서 다른 것이 섞이거나 더럽혀지지 아니하고, 본디 생긴 그대로"라는 뜻을 나타내는 말. 예)'~총각,~처녀'의 의미로 쓰인 것으로 보임. 송욱 교수는 '갈지 않은 옥', 즉 박옥璞玉의 뜻으로 풀이 하면서 순玉으로 보는 것은 잘못이라고 지적.

버리지 아니하면

나는 잠자리에 누워서 자다가 깨고 자다가 깨다가 잘 때에, 외로운 등잔불은 각근恪勤한[1] 파수군把守軍처럼 왼 밤을 지킵니다.
당신이 나를 버리지 아니하면, 나는 일생一生의 등잔불이 되야서, 당신의 백년百年을 지키겠습니다.

나는 책상 앞에 앉어서 여러 가지 글을 볼 때에, 내가 요구要求만하면, 글은 좋은 이야기도 하고, 맑은 노래도 부르고, 엄숙嚴肅한 교훈教訓도 줍니다.
당신이 나를 버리지 아니하면, 나는 복종服從의 백과전서百科全書가 되야서, 당신의 요구要求를 수응酬應[2]하겠습니다.

나는 거울에 대하야 당신의 키쓰를 기다리는 입설을 볼 때에, 속임없는 거울은 내가 웃으면 거울도 웃고, 내가 찡그리면 거울도 찡그립니다.
당신이 나를 버리지 아니하면, 나는 마음의 거울이 되야서, 속임없이 당신의 고락苦樂을 같이 하겠습니다.

---

1) 각근恪勤한 : 정성껏 부지런히 힘 쓰는의 뜻.
2) 수응酬應 : 요구에 응함.

당신 가신 때

　당신이 가실 때에 나는 다른 시골에 병들어 누어서 이별의 키스도 못 하얏습니다.
　그 때는 가을 바람이 츰으로[1] 나서 단풍이 한 가지에 두서너 잎이 붉엇습니다.

　나는 영원永遠의 시간時間에서 당신 가신 때를 끊어 내겼습니다. 그러면 시간時間은 두 도막이 납니다.
　시간時間의 한 끝은 당신이 가지고, 한 끝은 내가 가졌다가 당신의 손과 나의 손과 마조 잡을 때에 가만히 이어 놓겠습니다.

　그러면 붓대를 잡고 남의 불행不幸한 일만을 쓰랴고 기다리는 사람들도 당신의 가신 때는 쓰지 못할 것입니다.
　나는 영원永遠의 시간時間에서 당신 가신 때를 끊어 내겼습니다.

---

1) 츰으로 : 처음으로의 뜻.

요술妖術

가을 홍수洪水가 적은 시내의 쌓인 낙엽落葉을 휩쓸어 가듯이, 당신은 나의 환락歡樂의 마음을 빼앗어 갔습니다. 나에게 남은 마음은 고통苦痛뿐입니다.

그러나 나는 당신을 원망할 수는 없습니다. 당신이 가기 전에는[1] 나의 고통苦痛의 마음을 빼앗어 간 까닭입니다.

만일 당신이 환락歡樂의 마음과 고통苦痛의 마음을 동시同時에 빼앗어 간다 하면, 나에게는 아모 마음도 없겠습니다.

나는 하늘의 별이 되야서, 구름의 면사面紗로 낯을 가리고 숨어 있겠습니다.

나는 바다의 진주眞珠가 되얏다가, 당신의 구두에 단추가 되겠습니다.

당신이 만일 별과 진주眞珠를 따서 게다가 마음을 너서, 다시 당신의 님을 만든다면, 그때에는 환락歡樂의 마음을 너주서요.

부득이 고통苦痛의 마음도 넣야 하겠거든, 당신의 고통苦痛을 빼어다가 너주서요.

그리고 마음을 빼앗어 가는 요술妖術은 나에게는 가르쳐 주지 마서요.

그러면 지금의 이별이 사랑의 최후最後는 아닙니다.

---

1) 전에는 : 문맥상으로 보아 '는'이 생략되어야 할 듯함.

당신의 마음

나는 당신의 눈썹이 검고, 귀가 갸름한 것도 보았습니다.
그러나 당신의 마음은 보지 못하얏습니다.
당신이 사과를 따서 나를 주랴고, 크고 붉은 사과를 따로 쌀 때에, 당신의 마음이 그 사과 속으로 들어가는 것을 분명히 보았습니다.

나는 당신의 둥근 배[1]와 잔나비 같은 허리와[2]를 보았습니다.
그러나 당신의 마음을 보지 못하얏습니다.
당신이 나의 사진과 어떤 여자의 사진을 같이 들고 볼 때에, 당신의 마음이 두 사진의 새이에서 초록빛이 되는 것을 분명히 보았습니다.

나는 당신의 발톱이 희고, 발꿈치가 둥근 것도 보았습니다.
그러나 당신의 마음을 보지 못하얏습니다.
당신이 떠나시랴고, 나의 큰 보석 반지를 주머니에 넣실 때에, 당신의 마음이 보석 반지 너머로 얼골을 가리고 숨는 것을 분명히 보았습니다

---

1) 배 : 복腹의 뜻.
2) 허리와 : 여기서 '와'는 열거적 조사.

여름밤이 길어요

　당신이 기실 때에는 겨울밤은 쩌르더니,[1] 당신이 가신 뒤에는 여름밤이 길어요.
　책력의 내용$_{內容}$이 그릇되얐나 하얐더니, 개똥불이 흐르고 버레[2]가 웁니다.
　긴 밤은 어데서 오고, 어데로 가는 줄을 분명히 알았습니다.
　긴 밤은 근심 바다의 첫 물결에서 나와서, 슬픈 음악$_{音樂}$이 되고 아득한 사막$_{沙漠}$이 되더니, 필경 절망$_{絶望}$의 성성 너머로 가서, 악마$_{惡魔}$의 웃음속으로 들어갑니다.

　그러나 당신이 오시면, 나는 사랑의 칼을 가지고 긴 밤을 베혀서,[3] 일천$_{一千}$도막을 내겠습니다.
　당신이 기실 때는 겨울밤이 쩌르더니, 당신이 가신 뒤는 여름밤이 길어요.

---

1) 쩌르더니 : 짧더니. 「길이 막혀」 주 1), 「꿈과 근심」 주 1) 참조.
2) 버레 : 벌레.
3) 베혀서 : 기본형은 베히다. 베히다는 베다의 고어.

명상冥想

아득한 명상冥想의 적은 배는 갓이없이[1] 출렁거리는 달빛의 물결에 표류漂流되야 멀고 먼 별나라를 넘고 또 넘어서, 이름도 모르는 나라에 이르렀습니다.
이 나라에는 어린 아기의 미소微笑와 봄 아츰과 바다 소리가 합合하야 사람이 되았습니다.
이 나라 사람은 옥새玉璽[2]의 귀한 줄도 모르고, 황금黃金을 밟고 다니고, 미인美人의 청춘青春을 사랑할 줄도 모릅니다.
이 나라 사람은 웃음을 좋아하고, 푸른 하늘을 좋아합니다.

명상冥想의 배를 이 나라의 궁전宮殿에 매였더니, 이 나라 사람들은 나의 손을 잡고 같이 살자고 합니다.
그러나 나는 님이 오시면, 그의 가슴에 천국天國을 꾸미랴고 돌아왔습니다.
달빛의 물결은 흰 구슬을 머리에 이고, 춤추는 어린 풀의 장단을 맞추어 우줄거립니다.

---

1) 갓이없이 : 가없이. 「알 수 없어요」 주 3) 참조.
2) 옥새玉璽 : 옥으로 만든 국새. 임금의 도장.

칠석七夕[1]

「차라리 님이 없이 스스로 님이 되고 살지언정, 하늘 위의 직녀성織女星은 되지 않겠어요, 네 네.」 나는 언제인지 님의 눈을 쳐다보며, 조금 아양스런 소리로 이렇게 말하얐습니다.

이 말은 견우牽牛의 님을 그리우는 직녀織女가, 일년一年에 한 번씩 만나는 칠석七夕을 어찌 기다리나 하는, 동정同情의 저주咀呪였습니다.

이 말에는 나는 모란꽃에 취한 나비처럼, 일생一生을 님의 키쓰에 바쁘게 지나겠다는, 교만한 맹세盟誓가 숨어 있습니다.

아아 알 수 없는 것은 운명運命이오, 지키기 어려운 것은 맹세盟誓입니다.

나의 머리가 당신의 팔 위에 도리질을 한 지가, 칠석七夕을 열 번이나 지나고 또 몇 번을 지내었습니다.

그러나 그들은 나를 용서하고 불쌍히 여길 뿐이오, 무슨 복수적復讐[2]的 저주咀呪를 아니하얐습니다.

그들은 밤마다 밤마다 은하수銀河水를 새에 두고, 마조 건너다보며 이야기하고 놉니다.

그들은 해쭉해쭉 웃는 은하수銀河水의 강안江岸에서, 물을 한 줌씩 쥐어서 서로 던지고 다시 뉘우쳐 합니다[3].

그들은 물에다 발을 잠그고 반비식이[4] 누어서, 서로 안 보는 체하고 무슨 노래를 부릅니다.

---

1) 칠석七夕 : 음력 7월 초이렛날의 밤. 이날 은하銀河 동쪽에 있는 견우성牽牛星과 서쪽에 있는 직녀성織女星이 오작교에서 1년에 한 번씩 만난다는 전설이 있음. 이 시는 여기에서 제재題材를 따옴.
2) 복수復讐 : 원수를 갚음.
3) 뉘우쳐합니다 : 뉘우칩니다의 뜻.
4) 반비식이 : 송욱 교수는 전체를 비스이로 풀이. 반비스듬이로 보는 것이 타당.

그들은 갈잎으로 배를 만들고, 그 배에다 무슨 글을 써서 물에 띄우고 입김으로 불어서 서로 보냅니다. 그러고 서로 글을 보고, 이해理解하지 못하는 것처럼 잠자코 있습니다.

그들은 돌아갈 때에는 서로 보고 웃기만 하고 아모 말도 아니합니다.

지금은 칠월七月 칠석七夕날 밤입니다.

그들은 난초蘭草 실로 주름을 접은 연꽃의 윗옷을 입었습니다.

그들은 한 구슬에 일곱 빛나는 계수桂樹나무 열매의 노르개5)를 찼습니다.

키쓰의 술에 취醉할 것을 상상想像하는 그들의 뺨은, 먼저 기쁨을 못 이기는 자기自己의 열정熱情에 취醉하야, 반이나 붉었습니다.

그들은 오작교烏鵲橋를 건너갈 때에, 걸음을 멈추고 윗옷의 뒷자락을 검사檢査합니다.

그들은 오작교烏鵲橋를 건너서 서로 포옹抱擁하는 동안에, 눈물과 웃음이 순서順序를 잃더니, 다시금 공경恭敬하는 얼골을 보입니다.

아아 알 수 없는 것은 운명運命이오, 지키기 어려운 것은 맹세盟誓입니다.

나는 그들의 사랑이 표현表現인 것을 보았습니다.

진정한 사랑은 표현表現할 수가 없습니다.

그들은 나의 사랑을 볼 수는 없습니다.

사랑의 신성神聖은 표현表現에 있지 않고 비밀秘密에 있습니다.

그들이 나를 하늘로 오라고 손짓을 한대도, 나는 가지 않겠습니다.

지금은 칠월七月 칠석七夕날 밤입니다.

---

5) 노르개 : 노리개의 방언.

생生의 예술藝術

몰란[1] 결에 쉬어지는 한숨은 봄바람이 되야서, 야윈 얼굴을 비치는 거울에 이슬꽃을 핍니다.

나의 주위周圍에는 화기和氣라고는 한숨의 봄바람밖에는 아모 것도 없습니다.

하염없이 흐르는 눈물은 수정水晶이 되야서, 깨끗한 슬픔[2]의 성경聖境을 비칩니다.

나는 눈물의 수정水晶이 아니면, 이 세상이 보물寶物이라고는 하나도 없습니다.

한숨의 봄바람과 눈물의 수정水晶은, 떠난 님을 기루어하는 정情의 추수秋收입니다.

저리고 쓰린 슬픔은 힘이 되고 열熱이 되야서, 어린 양羊과 같은 적은 목숨을 살어 움직이게 합니다.

님이 주시는 한숨과 눈물은 아름다운 생生의 예술藝術입니다.

---

1) 몰란 : 송욱 교수와 이상섭 교수는 '모르는'으로 풀이. '몰란'은 고어 '모르다'의 활용형으로 보아 '몰랐는가'로 풀이할 수도 있으나 의미상 '모르는'이 타당.
2) 슬픔 : "슬픔은 슬픔 자체가 아니라 내면을 비치는 거울로서 정화된 투명성을 획득한다."(최동호)

꽃싸움

　당신은 두견화를 심으실 때에, 「꽃이 피거든 꽃싸움하자.」고 나에게 말하였습니다.
　꽃은 피어서 시들어 가는데, 당신은 옛 맹서를 잊으시고 아니 오십니까.

　나는 한 손에 붉은 꽃수염을 가지고 한 손에 흰 꽃수염을 가지고, 꽃싸움을 하여서 이기는 것은 당신이라 하고, 지는 것은 내가 됩니다.
　그러나 정말로 당신을 만나서 꽃싸움을 하게 되면, 나는 붉은 꽃수염을 가지고 당신은 흰 꽃수염을 가지게 합니다.
　그러면 당신은 나에게 번번이 지십니다.
　그것은 내가 이기기를 좋아하는 것이 아니라, 당신이 나에게 지기를 기뻐하는 까닭입니다.
　번번이 이긴 나는 당신에게 우승의 상을 달라고 조르겠습니다.
　그러면 당신은 빙긋이 웃으며, 나의 뺨에 입맞추겠습니다.
　꽃은 피어서 시들어 가는데, 당신은 옛 맹서를 잊이시고 아니 오십니까.

거문고 탈 때

 달 아래에서 거문고를 타기는 근심을 잊을까 함이러니, 츰 곡조가 끝나기 전에 눈물이 앞을 가려서, 밤은 바다가 되고 거문고 줄은 무지개가 됩니다.
 거문고 소리가 높았다가 가늘고 가늘다가 높을 때에, 당신은 거문고 줄에서 그늬를 뜁니다.
 마즈막 소리가 바람을 따라서 느투나무[1] 그늘로 사러질 때에, 당신은 나를 힘없이 보면서 아득한 눈을 감습니다.
 아아 당신은 사러지는 거문고 소리를 따라서 아득한 눈을 감습니다.

---

1) 느투나무 : 느티나무의 방언.

오서요

　오서요, 당신은 오실 때가 되얐어요, 어서 오서요.
　당신은 당신의 오실 때가 언제인지 아십니까, 당신의 오실 때는 나의 기다리는 때입니다.

　당신은 나의 꽃밭에로 오서요, 나의 꽃밭에는 꽃들이 피어 있습니다.
　만일 당신을 좇어오는 사람이 있으면, 당신은 꽃 속으로 들어가서 숨으십시오.
　나는 나비가 되야서 당신 숨은 꽃 위에 가서 앉겄습니다.
　그러면 좇어오는 사람이 당신을 찾일 수는 없습니다.
　오서요, 당신은 오실 때가 되얐습니다, 어서 오서요.

　당신은 나의 품에로 오서요. 나의 품에는 보드러운 가슴이 있습니다.
　만일 당신을 좇어오는 사람이 있으면, 당신은 머리를 숙여서 나의 가슴에 대입시오.
　나의 가슴은 당신이 만질 때에는 물같이 보드러웁지마는, 당신의 위험危險을 위하야는 황금黃金의 칼도 되고, 강철鋼鐵의 방패도 됩니다.
　나의 가슴은 말굽에 밟힌 낙화落花가 될지언정, 당신의 머리가 나의 가슴에서 떨어질 수는 없습니다.
　그러면 좇어오는 사람이 당신에게 손을 대일 수는 없습니다.
　오서요, 당신은 오실 때가 되얐습니다, 어서 오서요.

　당신은 나의 죽음 속으로 오서요, 죽음은 당신을 위하야의 준비準備가 언제든지 되야 있습니다.
　만일 당신을 좇어오는 사람이 있으면, 당신은 나의 죽음의 뒤에 서십시오.

죽음은 허무虛無와 만능萬能이 하나입니다.
죽음의 사랑은 무한無限인 동시에 무궁無窮입니다.
죽음의 앞에는 군함軍艦과 포대砲臺가 띠끌이 됩니다.
죽음의 앞에는 강자強者와 약자弱者가 벗이 됩니다.
그러면 좇어오는 사람이 당신을 잡을 수는 없습니다.
오서요, 당신은 오실 때가 되얐습니다, 어서 오서요.

쾌락快樂

님이여, 당신은 나를 당신 기신[1] 때처럼 잘 있는 줄로 아십니까.
그러면 당신은 나를 아신다고 할 수가 없습니다.

당신이 나를 두고 멀리 가신 뒤로는, 나는 기쁨이라고는 달도 없는 가을 하늘에 외기러기의 발자최만치도 없습니다.

거울을 볼 때에 절로[2] 오든 웃음도 오지 않습니다.
꽃나무를 심으고 물 주고 북돋우든 일도 아니합니다.
고요한 달 그림자가 소리없이 걸어와서, 엷은 창에 소군거리는 소리도 듣기 싫습니다.
가물고 더운 여름 하늘에 소낙비가 지나간 뒤에, 산모롱이[3]의 적은 숲에서 나는 서늘한 맛도 달지 않습니다.
동무도 없고 노르개도 없습니다.

나는 당신이 가신 뒤에, 이 세상에서 얻기 어려운 쾌락快樂이 있습니다.
그것은 다른 것이 아니라, 이따금 실컷 우는 것입니다.

---

1) 기신 : 계신.
2) 절로 : 저절로.
3) 산모롱이 : 산모퉁이의 방언.

고대苦待

당신은 나로 하야금 날마다 날마다 당신을 기다리게 합니다.
해가 저물어 산 그림자가 촌 집을 덮을 때에 나는 기약期約 없는 기대期待를 가지고 마을 숲 밖에 가서 기다리고 있습니다.
소를 몰고 오는 아해들의 풀잎 피리는 제 소리에 목마칩니다.
먼 나무로 돌아가는 새들은 저녁 연기에 헤염칩니다.
숲들은 바람과의 유희遊戱를 그치고 잠잠히 섰습니다. 그것은 나에게 동정同情하는 표상表象입니다.
시내를 따라 굽이친 모랫길이 어둠의 품에 안겨서 잠들 때에, 나는 고요하고 아득한 하늘에 긴 한숨의 사러진 자최를 남기고, 게으른 걸음으로 돌아옵니다.

당신은 나로 하야금 날마다 날마다 당신을 기다리게 합니다.
어둠의 입이 황혼黃昏의 엷은 빛을 삼킬 때에, 나는 시름없이 문 밖에 서서 당신을 기다립니다.
다시 오는 별들은 고운 눈으로 반가운 표정表情을 빛내면서, 머리를 조아 다투어 인사합니다.
풀 새이의 버레들은 이상한 노래로, 백주白晝의 모든 생명生命의 전쟁戰爭을 쉬게 하는 평화平和의 밤을 공양供養[1]합니다.
네모진 적은 못의 연蓮잎 위에 발자최 소리를 내는 실없는 바람이 나를 조롱嘲弄할 때에 나는 아득한 생각이 날카로운 원망怨望으로 화化합니다.

---

1) 공양供養 : 절에서 부처 앞에 음식물을 이바지하는 일.

당신은 나로 하야금 날마다 날마다 당신을 기다리게 합니다.

일정一定한 보조步調로 걸어가는 사정私情없는 시간時間이, 모든 희망希望을 채찍질하야 밤과 함께 몰어갈 때에, 나는 쓸쓸한 잠자리에 누어서 당신을 기다립니다.

가슴 가온데의 저기압低氣壓은 인생人生의 해안海岸에 폭풍우暴風雨를 지어서, 삼천세계三千世界²⁾는 유실流失되얏습니다.

벗을 잃고 견디지 못하는 가엾은 잔나비는 정情의 삼림森林에서 저의 숨에 질식窒息되얏습니다.

우주宇宙와 인생人生의 근본문제根本問題를 해결하는 대철학大哲學은 눈물의 삼매三昧에 입정入定³⁾되얏습니다.

나의「기다림」은 나를 찾다가 못 찾고, 저의 자신自身까지 잃어버렸습니다.

---

2) 삼천세계三千世界 : 삼천대천세계와 같은 뜻. 대천세계大千世界의 삼천 배 되는 세계. 수미산須彌山을 중심으로 하여, 해·달·사대주四大洲·육욕천六欲天·범천梵天을 합하여 한세계라 이르고, 이것을 천 배한 것을 소천세계小千世界, 소천세계를 천 배한 것을 중천세계中千世界, 중천세계를 천 배한 것을 대천세계라 하며, 이것을 다시 천 배한 것임. 이 광대무변의 세계가 일불교화一佛敎化의 범위가 됨.

3) 입정入定 : ① 선정禪定에 들어감. ② 마음을 집중하여 무아의 경지에 들어감. ② 수행修行하기 위해 방안에 들어감. 중이 죽음. 여기서는 ①의 뜻.

사랑의 끝판

네 네 가요, 지금 곧 가요.

에그 등불을 켜라다가 초를 거꾸로 꽂았습니다그려. 저를 어쩌나, 저 사람들이 숭보겠네.[1]

님이여, 나는 이렇게 바쁩니다. 님은 나를 게으르다고 꾸짖습니다. 에그 저것 좀 보아, 「바쁜 것이 게으른 것이다.」 하시네.

내가 님의 꾸지럼을 듣기로 무엇이 싫겠습니까. 다만 님의 거문고 줄이 완급緩急을 잃을까 저퍼합니다.[2]

님이여, 하늘도 없는 바다를 거쳐서, 느름나무[3] 그늘을 지어버리는[4] 것은 달빛이 아니라 새는[5] 빛입니다.

홰를 탄 닭은 날개를 움직입니다.

마구에 매인 말은 굽을 칩니다.

네 네 가요, 이제 곧 가요.

---

1) 숭보겠네 : 흉보겠네의 방언.
2) 저퍼합니다 : 두려워합니다. 고어古語 저프다는 두려워하다는 뜻.
3) 느름나무 : 느릅나무의 방언. 느릅나무는 높이 20m 가량의 갈잎 큰키나무.
4) 지어버리는 : 지우는. 지워버리는.
5) 새는 : 기본형은 새다. 새다는 ① 날이 밝아오다. ② 빠져 나가거나 나오다. 여기서는 ①의 뜻.

독자讀者에게

　독자讀者여, 나는 시인詩人으로 여러분의 앞에 보이는 것을 부끄러합니다.
　여러분이 나의 시詩를 읽을 때에, 나를 슬퍼하고 스스로 슬퍼할 줄을 압니다.
　나는 나의 시詩를 독자讀者의 자손子孫에게까지 읽히고 싶은 마음은 없습니다.
　그 때에는 나의 시詩를 읽는 것이 늦인 봄의 꽃수풀에 앉어서, 마른 국화菊花를 비벼서 코에 대이는 것과 같을는지 모르겠습니다.

　밤은 얼마나 되얐는지 모르겠습니다.
　설악산雪嶽山의 무거운 그림자는 엷어 갑니다.
　새벽종을 기다리면서 붓을 던집니다.
을축乙丑[1] 팔월이십구일八月二十九日[2] 밤 끝

---

1) 을축乙丑 : 1925년. 단기로는 4258년. 『님의 침묵沈默』 초판이 간행된 것은 1926년임.
2) 이를 음력으로 본다면 양력 10월 16일.

제2부 만해한시

海先生遺稿五七言古近體漢詩集
冶先生手書其篇末更多二題二
目三十凡一百四十六首幷表署雜
曉堂所補錄也曉堂既爲先生裒輯
則曉堂所補錄也

영호 화상에게 만나 보지 못하는 안타까움을 말함
贈映湖[1]和尙述未嘗見

버드나무집 고운 님의 거문고 타는 소리에
봉황은 춤을 추고 신선이 내려온다
대밭 건너 담 안의 사람은 보이지 않아
창 밖의 가을 시름으로 세월이 아득하다

玉女[2]彈琴楊柳屋[3]
鳳凰[4]起舞下神仙
竹外[5]短墻人[6]不見
鬲[7]窓秋思[8]杳如年[9]

---

1) 映湖영호 : 1870~1948. 자는 한영漢永. 구한말의 스님. 구암사 정호鼎鎬의 법호. 시문時文에 능했음.
2) 玉女옥녀 : 미녀美女. 남의 딸의 경칭. 선녀仙女. 여기서는 영호 화상을 가리킴.
3) 楊柳屋양류옥 : 버드나무가 서 있는 집.
4) 鳳凰봉황 : 상상의 서조瑞鳥. 성인聖人이 세상에 나오면 이에 응하여 나타난다고 함. 수컷은 봉鳳, 암컷은 황凰.
5) 竹外죽외 : 대밭 밖.
6) 人인 : 영호 화상.
7) 鬲격 : 隔격과 통용.
8) 秋思추사 : 가을철에 느끼는 쓸쓸한 생각.
9) 杳如年묘여년 : 아득히 여러 해를 지낸 것 같음.

완호 학사를 보내며
別玩豪學士

떠도는 부평초라 이별을 막지 못해
그대를 보내노니 오늘따라 국화 핀다
역정驛亭은 옛 그대로 슬픔만 남아 있어
하늘 끝의 가을 소리 못내 쓸쓸하여라

萍水[1] 蕭蕭不禁別
送君今日又黃花[2]
依舊驛亭[3] 惆悵[4] 在
天涯秋聲自相多[5]

---

1) 萍水평수 : 부평초가 뜬 물. 타향에서 만남을 비유. 왕발王勃의 등왕각서滕王閣序에 "萍水相逢 盡是他鄉之客"이라고 나온다.
2) 黃花황화 : 황색의 국화꽃 또는 평지의 꽃.
3) 驛亭역정 : 역참驛站과 같은 말. 역참은 역마驛馬를 교대하던 곳.
4) 惆悵추창 : 실망하여 탄식함. 또 그러는 모양.
5) 自相多자상다 : 스스로 많음. 상相은 의미 없음.

만화 화상을 대신하여 임향장을 조상함
代萬化[1]和尙挽林鄕長[2]

그대는 세상 버리고 천상으로 갔지만
인간에 남은 사람 스스로 슬퍼한다
세상 정은 늙어감에 눈물 자꾸 흘리고
때는 바로 국화철 진정 애를 끊는다
빈 가지의 까마귀에 슬픔의 말이 있고
부질없는 산수에 통곡 소리 길어라
지는 해는 공도公道라 그 누가 붙잡으리
가을철 비바람만 옷깃에 스며든다

君棄人間天上去
人間猶有自心傷
世情白髮不禁淚
歲事黃花正斷腸
哀詞[3]落木[4]寒鴉在
痛哭殘山剩水[5]長
公道斜陽莫可追[6]
秋風秋雨滿衣裳

---

1) 萬化만화 : 1850~1918. 조선 말기의 스님으로 속성은 정鄭, 본명은 관준寬俊. 만화는 그 법호. 13세에 출가했음.
2) 林鄕長임향장 : 임林은 성姓. 향장鄕長은 어떤 마을의 우두머리. 자세히는 알 수 없음.
3) 哀詞애사 : 슬픈 말. 추도사追悼詞.
4) 落木낙목 : 잎이 떨어진 나무.
5) 殘山剩水잔산잉수 : 산수山水의 남은 것. 즉 보잘것없는 작은 경치.
6) 莫可追막가추 : 따라잡을 수 없음.

가을밤의 비
秋夜雨

선상의 선의 맛은 물인 듯 담담하며
향불 다시 피우고 밤도 깊으려는데
오동잎새마다 쏟는 가을비 소리
빈 방의 얕은 꿈에 밤 기운이 추워라

床頭[1]禪味澹如水
吹起香灰[2]夜欲闌
萬葉梧桐秋雨急
虛窓殘夢[3]不勝寒

---

1) 床頭상두 : 책상 머리, 마룻가. 여기서는 선상禪床.
2) 香灰향회 : 향이 타고 난 재.
3) 殘夢잔몽 : 아직 다 꾸지 않은 꿈.

선방의 뒷동산에 올라
登禪房後園

두 언덕 고요하매 아무 일 없어
그윽함 즐기노라 돌아가지 못한다
절 안에는 실바람, 햇볕은 따가운데
갖가지 가을 향기 중 옷깃을 스친다

兩岸寥寥萬事稀
幽人[1]自賞未輕歸
院裡微風日欲煮
秋香無數撲禪衣[2]

---

1) 幽人유인 : 어지러운 세상을 피하여 그윽한 곳에 숨어 사는 사람. 은자隱者.
2) 禪衣선의 : 중의 옷. 선승禪僧이 입는 옷.

雨歇寥寥事稀幽人自賞
木輕歸院裡微風日欲煮
秋香無數撲禪衣

〈친필 한시「선방의 뒷동산에 올라」〉

피난 도중 비에 갇혀 머물면서
避亂途中滯雨有感

쌓인 세월 어느 새 연말 가까워
왜놈의 군대 소리 산골까지 들리어
천지를 뒤집는 듯 날아가고 싶나니
하늘 끝의 바람비도 정이 들어라

崢嶸[1] 歲色[2] 矮於人[3]
海國[4] 兵聲接絶嶙[5]
顚倒湖山飛欲去
天涯風雨亦相親

---

1) 崢嶸쟁영 : 험준하고 가파른 모양. 위험한 모양. 세월이 자꾸 쌓이는 모양.
2) 歲色세색 : 연말이 가까워 얼마 안 남은 세월.
3) 矮於人왜어인 : 사람보다 작음. 해가 얼마 남지 않았음.
4) 海國해국 : 사방이 바다로 둘러싸인 나라. 곧 일본.
5) 絶嶙절린 : 산이 깊고 높음.

석왕사에서 영호·유운 두 스님을 만나 시 두 수를 지음
釋王寺逢映湖乳雲兩和尙作 二首

1

뒤엉킨 반년 세월 나라 형세 갈리는데
가여워라, 못난이들, 우리 여기 모인 것이
하룻밤 등불 밑에 서로 만나 기뻐할 뿐
천고의 흥망이야 듣기조차 원치 않네
좌선을 다 마치어 인기척 사라졌고
외국에서 보낸 시를 기러기에 보내오네
등한한 성품이나 태평성세 좋음은 알아
부처님께 예배하며 상감의 복을 비네

半歲蒼黃[1]勢欲分
憐吾無用集如雲
一宵燈火喜相見
千古興亡不願聞
夜樓禪盡收人氣
異域詩來送雁群
疎慵[2]惟識昇平[3]好
禮拜金仙[4]祝聖君

---

1) 蒼黃창황 : 파래졌다 노래졌다 하는 황급한 모양.
2) 疎慵소용 : 조심성이 없고 게으름.
3) 昇平승평 : 태평한 세상.
4) 金仙금선 : 석가여래의 미칭美稱.

2

「대대로 친한 벗은 천하 공을 세운다」고
이 조그만 한마디 말 마음속에 바로 든다
영웅들 이야기로 긴 밤을 다 새우고
문장을 논하노니 맑은 바람 일어난다
풍교의 기러기는 꿈인 듯 사라지고
수옥의 외등불은 시를 따라 한창 탄다
다행히 때를 맞춰 풍경 이리 좋다면
우리 함께 담소하며 늙음으로 돌아가리

知己世爲天下功
片言直至肝膽中
漫說¹⁾英雄消永夜
更論文可到淸風
征雁楓橋如夢遠
孤燈水屋惑詩紅
幸敎²⁾烟月³⁾時時好
談笑同歸白髮翁

---

1) 漫說만설 : 깊이 생각지 않고 말함.
2) 敎교 : ~로 하여금 ~하게 함.
3) 烟月연월 : 안개 등이 끼어 흐릿하게 보이는 달. 경치.

영호 화상과 함께 유운 화상을 찾아갔다가 밤길을 같이 돌아옴
與映湖和尙訪乳雲和尙乘夜[1]同歸

우리 만나면 못내 뜻이 맞았기에
부질없이 이 밤에 찾아왔었네
눈 속에서 주고받는 심상한 말도
마치 밝은 물처럼 마음을 비춘 것을

相見甚相愛
無端[2]到夜來[3]
等閒[4]雪裡語
如水照靈臺[5]

---

1) 乘夜승야 : 밤을 탐. 밤을 이용함.
2) 無端무단 : 부질없이, 까닭없이.
3) 到夜來도야래 : 밤이 되어 찾아옴.
4) 等閒등한 : 마음에 두지 않거나 대수롭게 여기지 아니함. 서로 멀어짐.
5) 靈臺영대 : 마음, 정신.

산가의 새벽
山家曉日

자고 나니 창 밖에 첫눈 내리네
더구나 온산의 동트는 새벽이랴
고기잡이 마을집도 모두 그림과 같고
병중에 바득이는 시정詩情도 신기하네

山窓睡起雪初下
況復千林欲曙時
漁家野戶皆圖畵
病裡尋詩情亦奇

본 대로 느낀 대로(1)
卽事

산 밑에는 햇빛이 쨍쨍 빛나고
산 위에는 어지러이 눈이 날린다
음양은 제각기 이렇게 묘한 것을
시인은 부질없이 애를 끊나니……

山下日杲杲[1]
山上雪紛紛
陰陽各自妙
詩人空斷魂[2]

---

1) 杲杲고고 : 밝은 모양.
2) 斷魂단혼 : 단장斷腸과 같은 말. 몹시 슬퍼서 창자가 끊어지는 듯함.

한적 두 수
寒寂 二首

1

추위를 잘 못 견뎌 날마다 문을 닫고
산과 물을 제대로 찾아보지 못한다
눈바람은 집을 치고 사람은 발길 없어
선정은 봄 술인 듯 매화가 떨어진다

不善耐寒日閉戶
觀山聽水未能多
雪風埋屋人相寂
禪如春酒散梅花

2

날마다 한적한 집 추위만 느끼는데
앉아 있노라면 은산과 철벽이다
부끄럽다, 내 몸은 학보다 못하던가
마음은 못 깨치고 그저 바라볼 뿐이다

閑屋日日覺深寒

坐中鐵壁[1]復銀山[2]
却恥吾身不似鶴
禪心未破[3]空相看[4]

---

1) 鐵壁철벽 : 아주 견고한 성벽城壁.
2) 銀山은산 : 신선이 사는 산. 1)과 2)는 깨치지 못한 마음의 형용. 즉 손도 대어볼 수 없고 이도 안 들어간다는 뜻.
3) 禪心未破선심미파 : 선정禪定하는 마음. 즉 화두話頭를 깨치지 못함.
4) 空相看공상간 : 부질없이 바라봄. 상相은 의미 없음.

영호 화상의 시에 차운[1] 함(1)[2]
次映湖和尙

시와 술을 벗삼으매 병 많은 이 몸
글 잘하는 그대도 또한 늙어가누나
눈바람 치는 날에 편지 왔나니
두 사람의 깊은 정이 어지러이 뒤엉키네

詩酒人多病
文章客亦老
風雪來書字
兩情亂不少

---

1) 次韻차운 : 남이 지은 시의 운자韻字를 따서 시를 지음. 또는 그 시.
2) 第一句제일구는 자신을, 이구二句는 영호화상映湖和尙을 가리킴.

고향 생각(1)
思鄉

천리 먼 강나라 내 고향 떠나
글 속에서 어느 새 삼십 년이네
마음은 젊었으나 나이는 늙어
눈바람 속에 하늘 끝까지 왔네

江國一千里
文章三十年
心長髮已短
風雪到天邊

영호 화상의 시에 차운함(2)
次映湖和尙

종소리도 그치고 산에는 눈도 개여
향수와 시정詩情이 앞다투어 일어나네
새해 들어 핀 매화 처음으로 꿈에 들고
옛 친구 보낸 편지 그 시가 바로 선禪이네
부처 세계에 향이 짙어 마치 전생과 같고
경안經案에 낮이 고요해 연꽃이 피려 하네
이 속의 좋은 경치 함께 즐김직하나
선생의 못 닿는 인연 애달파 하네

鐘後千林雪後天
鄕情詩思自相先
侵歲梅花[1] 初入夢
故人[2] 書字卽爲禪
佛界[3] 香深如宿世[4]
經案晝靜欲生蓮[5]
此中有景可同賞
敬弔[6] 先生不及緣[7]

---

1) 侵歲梅花침세매화 : 새해를 침범한 매화, 즉 새해 들어 핀 매화.
2) 故人고인 : 옛 친구. 영호 화상을 가리킴.
3) 佛界불계 : 부처 세계.
4) 宿世숙세 : 전생의 세상, 즉 전세前世.
5) 欲生蓮욕생련 : 연꽃은 불교에서 진리에 비유되는 꽃이니, 진리의 눈이 열리려 한다는 말.
6) 敬弔경조 : 삼가 안타까워함. 존경하여 조상함.
7) 不及緣불급연 : 닿지 못한 인연. 함께 즐기지 못한다는 뜻.

풍아에서 주자가 동파의 운을 써서 매화를 읊은 것을 읽고 나도 그 운을 사용하여 매화를 노래함
讀風雅[1] 朱子[2] 用東坡[3] 韻賦梅花用其韻賦梅花

강남 외딴 마을에 저녁눈 내려
나무에는 겹겹이 시혼詩魂이 내린다
가지마다 변방 밖에 피리소리 듣고
초승달은 어슴푸레 어둠 그대로이다.
깊은 밤에 고요히 돌아가는 꿈
헛된 사귐 십 년 동안 고향을 저버렸다
봄바람의 많은 영욕 도리어 부끄러워
어떤 추위에도 절개를 안 고친다
예쁜 맵시 힘겨워 저녁비를 맞거니
새 뜻으로 어찌 참아 아침해를 맞이하랴
왼쪽 오른쪽의 송죽松竹을 함께 하고
일생 굳게 마음 지켜 문을 닫지 않는다
좋은 이름 사랑하여 시 짓기야 쉬워도
정작 아름다움이야 어찌 이루 다 말하리
그대나 나나 같이 세상 싫어하는 이
젊은 나이 가기 전에 함께 술잔을 들자

江南暮雪有孤村

---

1) 風雅풍아 : 『염락풍아집濂洛風雅集』의 준말. 송宋의 성리학자性理學者들의 시를 모은 책. 원元의 김이상金履祥의 편찬으로 모두 여섯 권.
2) 朱子주자 : 주희朱熹의 경칭敬稱.
3) 東坡동파 : 소식蘇軾. 동파는 그의 호. 송나라의 문장가. 당송팔대가唐宋八大家의 한 사람.

玉樹⁴⁾層層降詩魂
枝枝散入塞外笛⁵⁾
纖月蒼凉不染昏
夜杳連娟⁶⁾歸夢寂
十年虛盟負故園
却恥春風多榮辱
千寒萬寒不事溫
嬌態不勝帶晚雨
新意那堪向朝暾
左有左松右有竹
一世相守不掩門⁷⁾
雖愛高名易成句
深看佳處還無言
君我俱是厭世者
芳年未闌⁸⁾共對尊

---

4) 玉樹옥수 : 매화나무.
5) 枝枝散入塞外笛지지산입새외적 : 피리의 곡조에 '낙매화落梅花'가 있어 가지마다 피리소리를 내는 듯함을 연상한 것. 새외塞外는 변방의 바깥.
6) 連娟연연 : 눈썹이 고부장하여 아름다운 모양. 날씬하여 예쁜 모양.
7) 不掩門불엄문 : 문을 닫지 않음. 추위를 겁내지 않는다는 말.
8) 未闌미란 : 늦기 전, 가기 전.

또 옛 사람들이 매화를 두고 오언고시를 쓴 일이 없기에 호기심으로 시험삼아 읊어 봄
又古人梅題下不作五古余有好奇心試唫

매화가 어디 있는가
눈 쌓인 강촌에 많다
금생에 찬 얼음 뼈이거니
전생에는 백옥의 넋이리
그 맵시는 낮에도 기특하고
그 얼이야 밤엔들 어두우리
먼 바람길에 피리소리 흩어지고
따뜻한 날에는 선방에 향기롭다
한봄인데도 시구詩句는 차가웁고
긴 밤에는 술잔이 따스하다
흰 꽃은 어찌 밤의 달빛 띠었는가
빨간 그 꽃은 아침 햇살 맞이한다
그윽한 선비만 외로이 즐기나니
추위 견디며 문을 닫지 않는다
강남의 그 어지러운 일일랑
부디 이 벗에게는 말하지 말라
이 세상에는 지기의 벗이 적거니
이 벗을 마주하여 술잔을 기울이자

梅花何處在
雪裡多江村
今生寒氷骨
前身白玉魂
形容晝亦奇

精神夜不昏
長風散鐵笛
暖日入禪園
三春詩句冷[1]
遙夜酒盃溫
白何帶夜月
紅堁對朝暾
幽人抱孤賞
耐寒不掩門
江南事蒼黃
莫向梅友言
人間知己少
相對倒深尊[2]

---

1) 三春詩句冷삼춘시구냉 : 매화는 싸늘한 미를 지닌 꽃이므로, 그것을 노래한 시는 한봄인데도 찬 기운을 발산한다는 의미.
2) 尊준 : 준樽. 술 그릇.

새벽
曉日

먼 숲에 안개 끼어 실버들인 듯
눈 내린 고목에는 꽃이 피었네
무언의 시가 저절로 되었거니
천지의 조화는 어쩔 수 없네

遠林烟似柳
古木雪爲花
無言句[1]自得
不奈[2]天機[3]多

---

[1] 無言句무언구 : 말 없는 시구. 즉 자연의 시.
[2] 不奈불나 : 어쩔 수 없음.
[3] 天機천기 : 천지조화天地造化의 심오한 비밀.

영호 화상의 향적봉 시에 차운함
次映湖和尙香積韻

온 산이 썰렁한데 달빛만 밝아
푸른 구름 쌓인 눈이 밤마다 이루었다
다 거두어들일 수 없는 하많은 구슬이여
이 귀신 솜씨인가 아니면 그림인가

萬木森凉¹⁾孤月明
碧雲層雪夜生溟
十萬株玉²⁾收不得
不知是鬼是丹靑³⁾

---

1) 森凉삼량 : 나무가 우거져 썰렁하게 보이는 모양.
2) 十萬株玉십만주옥 : 나무마다 눈이 덮인 모양을 구슬에 비유한 것.
3) 丹靑단청 : 채색하여 그린 그림.

스스로를 고민함
自悶

잠이 들면 꿈은 어찌 그리도 괴로운고
달을 바라보면 생각 또한 한이 없네
한몸에 두 적의 침공받나니
아침 되니 모두 백발 되었네

枕上夢何苦
月中思亦長
一身受二敵[1)]
朝來[2)]鬢髮蒼[3)]

---

1) 二敵이적 : 괴로운 꿈과 괴로운 생각.
2) 朝來조래 : 아침이 되다. 來來은 뜻 없는 조자助字.
3) 蒼창 : 늙다, 연로하다.

스스로를 즐거워함
自樂

좋은 철이라 막걸리 기울이고
좋은 밤이라 시를 읊는다
내 몸과 세상일 다 함께 잊었어도
계절은 제 스스로 돌아가나니

佳辰[1] 傾白酒[2]
良夜賦新詩
身世兩忘去[3]
人間自四時

---

1) 佳辰가신 : 가일佳一, 길일吉日.
2) 白酒백주 : 막걸리, 탁주濁酒.
3) 去거 : 뜻 없는 조자助字.

달 구경
玩月

쓸쓸한 빈 산에 달이 하 밝아
나 혼자 가서 마음껏 노니나니
누구에게 멀리 달리는 마음인가
깊은 밤에 아득히 걷잡을 수 없네

空山多月色
孤往極淸遊
情緖爲誰遠
夜闌[1] 杳不收[2]

---

1) 闌란 : 늦음.
2) 杳不收묘불수 : 아득히 달리는 정을 거두어들일 수 없는 것.

연말에 차가운 비가 내림을 보고 느낌이 있기에
暮歲寒雨有感

차가운 빗발 하늘 끝을 지나가고
한해 저물어 흰 머리 또 생긴다
시름은 자라는데 뼈는 자꾸 작아 가고
온몸에는 온통 술 생각뿐
세모인데도 오는 술이 없어
그저 돌아가 이소경을 읽는다
사람들은 또한 괴이히 여겨
계행을 못 지킨다 나를 탓한다
눈을 들어 인간 세상 바라보나니
온 땅덩이가 또 바다로 변했구나

寒雨過天末
鬂邊暮歲生
愁高百骸[1] 低[2]
全身但酒情
歲寒酒不到
歸讀離騷經[3]
傍人亦何怪
罪我違淨行[4]

---

1) 百骸백해 : 몸에 있는 모든 뼈.
2) 低저 : 작아진다는 뜻인가.
3) 離騷經이소경 : 초楚나라의 굴원屈原이 지은 부賦의 이름. 참소讒訴를 당하여 임금을 만날 기회를 잃은 우사번민憂思煩悶의 심정을 읊은 서정적 대서사시大敍事詩, 초사楚辭의 기초가 됨.
4) 淨行정행 : 청정한 행위, 즉 계율.

縱目5)觀下界6)
盡地又滄溟7)

---

5) 縱目종목 : 눈을 돌려 마음껏 보는 것.
6) 下界하계 : 사람이 사는 이 세상.
7) 盡地又滄溟진지우창명 : 상전벽해桑田碧海의 고사를 인용한 것. 어떤 사람이 삼신산三神山에 가서 선녀 마고麻姑를 만났는데, 지금 둘이서 이야기하고 있는 동안에도 인간 세계에서는 동해가 세 번이나 뽕나무 밭으로 바뀌었다고 말했다는 것. 시세時勢의 변천이 심함을 이름. 시 「찬송讚頌」과 비교해 볼 것.

한가히 노닐며
閒遊

반평생의 세상살이에 도술도 없어
하늘 끝에 떨어져 한가히 노닐 뿐
어쩌다 시 얻으면 초가의 벽에 쓰고
또 밝은 달을 따라 봄언덕으로 간다
큰소리로 노래하다 천고의 일 생각하고
그윽한 흥 일어나면 온갖 시름 사라진다
밤이 깊어 돌아와 구름 속에 누웠으면
꿈은 마치 그림인 듯 걷잡을 수 없어라

半世風塵無道術
天涯淪落但淸遊
偶得新詩題白屋[1]
又隨明月到靑邱
高歌斷處思千古
幽興來時消百愁
夜闌歸臥白雲榻[2]
夢似丹靑自不收

---

1) 白屋백옥 : 초가草家. 가난한 집.
2) 榻탑 : 걸상, 침상.

달을 보고
見月

그윽한 사람 달을 바라보나니
하룻밤 내내 좋은 때이다
아무 소리도 없는 그 경지에 이르러
다시 뜻이 깊은 시를 찾는다

幽人見月色
一夜總佳期
聊到無聲處[1]
也[2]尋有意詩

---

1) 無聲處무성처 : 이론이나 언어가 끊어진 경지. 선가禪家의 이상이 곧 이것임.
2) 也야 : 또, 다시.

달이 돋으려 할 때
月欲生

뭇별들은 그 빛을 잃고
온갖 귀신은 놀음을 멈춘다
밤빛이 차츰 땅에서 사라지면
모든 숲들은 각기 제 몸 가눈다

衆星方奪[1]照[2]
百鬼皆停遊
夜色漸墜地[3]
千林各自收[4]

---

1) 奪탈 : 잃음.
2) 照조 : 별빛.
3) 墜地추지 : 땅바닥에 떨어짐. 쇠퇴함.
4) 收수 : 가누다.

달이 처음 뜰 때
月初生

산마루에서 백옥이 솟으면
푸른 시내에는 황금덩이 노닌다
산골 사람들 가난타 한탄말라
저 하늘 보배를 어찌 모두 거두리

蒼岡白玉¹⁾出
碧澗黃金²⁾遊
山家貧莫恨
天寶³⁾不勝收

---

1) 白玉백옥 : 달의 형용.
2) 黃金황금 : 달의 형용.
3) 天寶천보 : 하늘의 보배.

달이 하늘 한가운데 올 때
月方中

온 세계가 다 함께 바라보고
모든 사람 제각기 즐겨 노닌다
너무나 환하여 앗을 수 없고
높고 멀거니 어찌 잡으랴

萬國皆同觀
千人各自遊
皇皇[1]不可取
迢迢[2]那堪收

---

1) 皇皇황황 : 환한 모양.
2) 迢迢초초 : 먼 모양, 높은 모양.

달이 지려 할 때
月欲落

소나무 밑에 푸른 안개 사라지고
두루미 곁에 맑은 꿈이 한가하다
산은 가로눕고 고각소리 그쳤나니
찬 달빛은 정을 다 거둬 간다

松下蒼烟歇
鶴邊淸夢遊
山橫鼓角[1]罷
寒色[2]盡情收

---

1) 鼓角고각 : 군중에서 쓰는 북과 뿔피리.
2) 寒色한색 : 찬 달빛.

본 대로 느낀 대로(2)
卽事[1]

먹구름 흩어지고 외로운 달 기울어
찬 빛 속에 먼 나무들 역력히 나타난다
빈 산에 학이 떠나 지금은 꿈이 없고
누군가 잔설 밟고 밤에 가는 발자국 소리
홍매 핀 절방에는 중이 막 선정禪定에 들고
소나기 지난 뒤에 차는 반쯤 끓었다
호계까지란 공연한 짓, 그 또한 우스워라
가만히 생각하다 도연명을 그리워한다

烏雲散盡孤月橫
遠樹寒光歷歷生
空山鶴去今無夢
殘雪人歸夜有聲
紅梅開處禪初合
白雨[2]過時茶半淸
虛設[3]虎溪[4]亦自笑
停思[5]還憶陶淵明[6]

---

1) 卽事즉사 : 그 자리에서 듣고 본, 또는 가슴에 떠오른 일. 또 그 일을 내용으로 하여 당장에 시가 詩歌를 지음. 또 그 시가. '즉흥'시라 할 수 있음.
2) 白雨백우 : 소나기. 우박.
3) 虛設허설 : 공연히 그런 규칙을 만들어서.
4) 虎溪호계 : 호계삼소虎溪三笑의 고사. 진晉나라의 혜원법사慧遠法師가 도연명陶淵明과 육수정陸修靜 두 사람을 전송할 때에 이야기에 팔려 자기도 모르는 사이에 호계를 건너가 범하는 소리를 듣고 비로소 정신을 차리고 세 사람이 서로 대소大笑하였다는 고사.
5) 停思정사 : 유의하여 생각함.
6) 陶淵明도연명 : 본명은 도잠陶潛. 동진東晉의 자연시인. 연명은 자字. 주제주州祭酒으 비롯하여 뒤에 팽택彭澤의 영슈이 되었으나 팔십여 일 만에 「귀거래사歸去來辭」를 읊고 벼슬을 떠나 전원생활을 즐겼음. 그의 시는 기품이 높고, 생生에 대한 애정이 넘치는 것이 특색임.

고향 생각(2)
思鄕

한해 저문 쓸쓸한 창, 밤도 길어서
머리 숙인 채 잠 못 들고 몇 번이나 놀랐던가
구름 속의 으스름달, 겨우 이룬 외로운 꿈
창주로는 가지 않고 고향으로 달리네

歲暮寒窓方夜永
低頭不寢幾驚魂[1]
抹雲[2]淡月[3]成孤夢
不向滄洲[4]向故園

---

1) 驚魂경혼 : 깜짝 놀라다.
2) 抹雲말운 : 구름을 칠함, 곧 구름 속.
3) 淡月담월 : 으스름한 달, 흐린 달.
4) 滄洲창주 : 곧 창랑주滄浪洲로서, 동해에 있어 신선이 산다는 곳.

고향을 생각하는 괴로움
思鄕苦

심지를 긁지 않고 그대로 타는 등불
온몸의 살 빠지고 정신도 흐릿한데
꿈길에 든 매화꽃, 새로운 학이 되어
옷자락 당겨 잡고 고향 소식 얘기하네

寒燈未剔[1]紅連結
百髓[2]低低[3]未見魂
梅花入夢化新鶴
引把衣裳說故園

---

1) 未剔미척 : 등불의 심지를 따주지 않음.
2) 百髓백수 : 온몸의 뼈.
3) 低低저저 : 수그러짐.

스스로 시벽을 웃음
自笑詩癖

시에 빠짐 즐거우나 사람 목숨 빼앗아
젊은 얼굴 살 빠지고 입에는 진미 없다
나는 세속 뛰어났다 스스로 뽐내지만
가여워라 이름 병에 청춘을 다 잃었다

詩瘦¹⁾ 太酣²⁾ 反奪人
紅顔減肉口無珍
自說吾輩出世俗
可憐聲病³⁾ 失青春

---

1) 詩瘦시수 : 시를 쓰기에 열중하다가 야위는 것.
2) 太酣태감 : 매우 즐거움.
3) 聲病성병 : 명성의 병.

청 한
清寒

달을 기다리나니 매화는 학이런가
오동을 의지하나니 사람도 봉황이네
온밤 내내 추위는 그치지 않아
집 둘레에 쌓인 눈 산봉우리 되었네

待月梅何鶴[1]
依梧人亦鳳[2]
通宵[3]寒不盡
遶屋雪爲峰

---

1) 待月梅何鶴대월매하학 : 달을 기다리는 매화가 어찌 학인가. 예로부터 시에서 달과 매화와 학은 세속을 뛰어난 고상한 자태로 서로 깊은 인연이 있었다.
2) 依梧人亦鳳의오인역봉 : 봉황새는 아무 데나 앉지 않고 오동나무에만 앉는다는 전설이 있다.
3) 通宵통소 : 통석通夕. 밤새도록.

바람과 눈을 막고자 안팎의 문틈을 모두 바르고 책을 보다가 장난삼아 시 두 수를 지음
備風雪閉內外戶窓黑痣[1] 看書戲作 二首

1

들이치는 바람눈에 문틈마저 모두 발라
낮인데도 방안은 어둔 밤인 듯
책 펼쳐도 2자字 3자가 분별 안 되어
눈을 감고 남북방 어딘가를 생각했다

風雪撲飛重閉戶[2]
晝齋歷歷見宵光[3]
對書不辨二三字
闔眼[4]試思南北方

2

이 산집의 방문이 조화옹되어
열고 닫음을 따라 밤과 낮이 바뀌는데
제 집 밝고 어둠의 이치도 모르면서
도리어 인간의 달력 파는 사람을 웃네

---

1) 黑痣흑지 : 검은 흉터. 이 말이 전용되어 '좁은 것'을 의미하기도 하므로, 여기서는 '문의 틈'을 가리킨 듯.
2) 重閉戶중폐호 : 문을 겹으로 바름.
3) 見宵光견소광 : 밤빛을 봄.
4) 闔眼함안 : 눈을 감음.

山堂門戶化翁[5]作
開闔便看晝夜新
自家不解明暗理
還笑人間賣曆人

---

5) 化翁화옹 : 조화옹造化翁. 조물주. 닫으면 밤같이 어두워지고, 열면 낮이 되는 까닭에, 문을 조화옹에 비유한 것.

홀로 앉아
獨坐

북풍은 불다 멎고 깊어가는 긴 밤을
숲 건너 종소리에 혼자 문을 닫는다
등잔 앞 눈 소리에 추위는 불에서 생기고
붉은 종이 만드는 매화는 무늬에서 향기난다
석 자 거문고에 학으로 벗을 삼고
한칸 밝은 달에 구름을 함께 한다
어쩌다 먼 육조의 일 생각히어
말하고자 머리 돌려도 그대는 안 보인다

朔風[1]吹斷侵長夜
隔樹鐘聲獨閉門
靑燈聞雪寒生火[2]
紅帖[3]剪梅[4]香在文
三尺新琴伴以鶴
一間明月與之雲
偶然思得[5]六朝事[6]
欲說轉頭未見君[7]

---

1) 朔風삭풍 : 북풍.
2) 火화 : 등불.
3) 紅帖홍첩 : 붉은 종이.
4) 剪梅전매 : 매화를 마름질함. 즉 매화를 만든다. 아름다운 꽃의 형용으로 전재剪裁라는 말을 쓴다.
5) 思得사득 : 생각하다. 득得은 조자助字.
6) 六朝事육조사 : 육조 시대에는 이른바 청담淸談이 유행하였는바, 그때의 풍류에 관한 일.
7) 君군 : 그때 사람들.

동지
冬至

어제 저녁에 천둥이 울려
오늘 아침에 생각이 많다
궁벽한 산에는 한해 간 뒤요
이 나라에는 봄이 처음 생긴다
문을 열고는 새 복을 맞이하고
친구에게는 묵은 편지 보낸다
모든 변화가 다 발동하나니
고요히 바라보며 내 집을 사랑한다

昨夜雷聲至[1]
今朝意有餘[2]
窮山歲去後
故國春生初
開戶迓新福
向人送舊書[3]
群機[4]皆鼓動
靜觀愛吾廬

---

1) 雷聲至뇌성지 : 중국 사람은 그쳤던 뇌성이 동지冬至에 다시 시작된다고 생각했으며, 동지는 그걸 고비로 해가 다시 길어져 실질적인 새해의 시작으로 여겨졌던 것과 관계가 있다.
2) 意有餘의유여 : 동지를 맞아 생각이 많음.
3) 舊書구서 : 동지를 맞아 실질적으로는 해가 바뀌었기 때문에 전날에 써놓은 편지는 지난해에 쓴 편지가 됨.
4) 群機군기 : 모든 활동.

눈 내린 새벽
雪曉

어느새 새벽인가 판잣집이 밝구나
바삐 서둘러라 놀 수 없나니
층층한 성곽 위로 조각구름 떠가고
어지러운 봉우리는 남은 달을 삼킨다
차가운 마음은 옥나무를 감아 돌고
새로운 꿈은 창주를 지나간다
바람이 일어 종소리 급하나니
이 건곤은 분명 덧없는 것을

曉色通板屋
忽忽不可遊
層郭孤雲去
亂峰殘月收
寒情遶玉樹[1]
新夢過滄洲[2]
風起鐘聲急
乾坤歷歷浮[3]

---

1) 玉樹옥수 : 눈에 덮인 나무.
2) 滄洲창주 : 신선이 산다는 곳.
3) 浮부 : 덧없음.

고의
古意[1]

맑은 이 밤에 칼 짚고 섰나니
눈서리 앞에 아무것도 없다
꽃과 버들의 마음 상할까 하여
다시 머리 돌려 봄바람 맞이한다

淸宵依劍立
霜雪[2] 千秋空[3]
恐傷花柳意
回看迎春風

---

1) 古意고의 : 고풍古風의 취미.
2) 霜雪상설 : 예리한 칼날의 형용.
3) 千秋空천추공 : 천추의 영웅호걸은 안중에 없음.

한가히 읊음
閑唫

중년에서야 세계의 허무함 알고
산을 의지해 따로 집을 지었다
섣달을 지나서는 남은 눈의 시를 쓰고
봄을 맞이해서는 온갖 꽃을 논한다
빌어 오려면 열 개의 돌도 적고
없애버리려면 조각구름도 많다
마음 거의 반이나 학이 됐나니
이 밖에는 또 좌선하는 일이다

中歲知空劫[1]

依山別置家

經臘題殘雪

迎春論百花

借來十石少

除去一雲多[2]

將心半化鶴

此外又婆娑[3]

---

1) 空劫공겁 : 사겁四劫의 하나. 괴겁壞劫 다름의 세계가 완전히 소멸된 때로부터 다음의 성겁成劫에 이르기까지의 이십 중겁二十中劫 동안을 말한다. 여기서는 허무하다는 뜻으로 쓰임.
2) 借來~雲多차래~운다 : 자연 그대로에 맡겨둘 뿐, 구함이 없다는 뜻.
3) 婆娑파사 : 편안히 앉은 모양.

유운 화상의 병들어 누움에 대한 상심과 더불어 고향 그리는 마음
乳雲和尙病臥甚悶又添鄕愁

친구는 이제 병들어 누웠는데
기러기 편에 편지조차 없구나
그 시름 어찌 이리 많기도 한가
등불 밑에서 머리털만 희어간다

古人[1] 今臥病
春雁[2] 又無書
此愁何萬斛[3]
燈下千鬢疎[4]

---

1) 古人고인 : 고인故人과 같음. 오래 된 친구.
2) 春雁춘안 : 한漢의 소무蘇武가 흉노국匈奴國에 사신으로 갔다가 억류되기 19년, 편지를 써서 기러기발에 매달았던바, 어느 날 상림上林에서 사냥하던 천자天子가 한 기러기를 맞추니, 그것이 바로 소무의 편지를 지닌 기러기였다고 한다. 이런 까닭으로 기러기는 편지를 전하는 것으로 시에 자주 나온다.
3) 萬斛만곡 : 만 섬. 많다는 뜻.
4) 千鬢疎천빈소 : 귀밑머리가 성기어 간다는 것은 늙는다는 뜻.

추운 계절인데도 옷이 안 오기에 장난삼아 지어 봄
歲寒衣不到戲作

해는 바뀌었는데도 솜옷이 없어
한몸도 많은 줄을 비로소 깨달았네
이런 마음 아는 이 흔치 않거니
요즈음 범숙은 그 어떠한고

歲新無舊着[1]
自覺一身多[2]
少人知此意
范叔[3]近如何

---

1) 舊着구착 : 예전에 입던 솜옷.
2) 一身多일신다 : 몸 하나도 주체하기 어려움.
3) 范叔범숙 : 이름은 저雎이고, 숙叔은 그의 자字. 원래 위魏의 중대부中大夫 수가須賈를 섬겼는데, 수가가 오해로 범저를 혹형에 처했다. 범저는 죽은 흉내를 내었다가 탈출하여 진秦으로 망명하여, 그곳의 승상이 되어 장록張祿이라는 변명을 썼다. 후에 수가가 사신으로 진을 방문했는데, 이를 안 범저는 허름한 차림으로 그를 찾아갔다. 죽은 줄만 알았던 범저를 보자 수가는 놀랐으나 그 궁한 모습을 보고 동정하여 옷을 한 벌 주었다. 뒤에 범저가 수가를 논죄했으나 옷을 준 조그만 동정을 이유로 죽이지는 않았다.

본 대로 느낀 대로(3)
卽事

녹다 남은 눈에는 햇볕이 따스하고
먼 숲에는 봄 기운이 무르녹다
산 집에서 앓다가 비로소 일어나니
새로운 정회를 어쩔 수 없구나

殘雪日光動
遠林春意[1]過
山屋病初起
新情不奈何[2]

---

1) 春意춘의 : 이른 봄에 만물이 발생發生하려고 하는 기운.
2) 不奈何불나하 : 어쩔 수 없다.

눈 온 뒤에 한가히 읊음
雪後漫唫

유인도 적적하면 들 산책 나가나니
눈이 푸르고자 할 때는 정회가 매우 많네
큰 눈이 그치면 티끌 세상 멀어지고
온 산이 저물 때는 장한 마음 생기네
지난해 사귄 어초 모두 꿈에 보이고
추위 견딘 매죽도 또한 정에 걸리네
만고 영웅호걸들 한번 훑어본 뒤에
다시 천지 진동하는 봄소리 듣네

幽人寂寂每縱觀[1]
眼欲靑[2]時意不輕
大雪初晴塵世遠
萬山欲暮壯心生
經歲漁樵皆入夢
忍冬梅竹亦關情
萬古英雄一評[3]後
更聽四海動春聲

---

1) 縱觀종관 : 마음대로 봄. 종람縱覽.
2) 眼欲靑안욕청 : 곧 청안靑眼을 말하는데, 기뻐하거나 귀여워하는 눈이라는 뜻. 여기서는 좋은 경치를 반가워한다는 뜻.
3) 一評일평 : 한번 평함. 가볍게 평함.

병의 시름
病愁

푸른 산에 오두막 한 채
찾는 사람 적은데 병은 어찌 많은가
하많은 시름 어찌 끝이 있으랴
한낮에 가을꽃 핀다

靑山一白屋[1]
人少病何多
浩愁[2]不可極
白日生秋花

---

1) 白屋백옥 : 가난한 사람이 사는 초가집.
2) 浩愁호수 : 많은 시름.

한가함
詠閑

궁벽한 산에 그윽한 꿈을 붙여
높은 집에는 먼 상념 끊어졌다
찬 구름은 파란 시내에 생기고
초승 조각달은 산등성이 지나간다
아무 일 없어 도리어 정신 잃고
문득 이 한몸도 잊어버렸다

窮山寄幽夢
危屋[1]絶遠想
寒雲生碧澗
纖月[2]度蒼岡
曠然[3]還自失
一身却相忘

---

1) 危屋위옥 : 높이 있는 집.
2) 纖月섬월 : 초승달.
3) 曠然광연 : 무사한 모양. 광활하여 조망을 가리는 것이 없음. 곧 넓은 모양.

병을 읊음 두 수
病唫 二首

1

깊은 병 오래 끌어 일일이 다 급한데
창 밖의 바람눈은 미친 듯 날뛰어라
큰 생각 넓은 마음은 어찌 이리 역력한가
거울 속의 희어가는 머리털이 안타깝네

頑病[1]侵尋卽事黃[2]
窓前風雪太顚狂[3]
浩思蕩情何歷歷
不耐鏡中鬢髮蒼[4]

2

몸은 약한 버들 같고 병은 말과 같아서
아래 위에서 잡아매나니 진정 어떤고
비록 내 마음에 새삼 고통 없다한들
외로운 등불, 비바람치는 이 밤 차마 그냥 지나리

---

1) 頑病완병 : 잘 낫지 않는 병.
2) 卽事黃즉사황 : 일에 다다라 황급함.
3) 顚狂전광 : 미친 듯이 구는 것.
4) 髮蒼발창 : 늙는 모양.

身如弱柳病如馬
上下相繫⁵⁾正爾何⁶⁾
縱使我心無復苦
孤燈風雨忍虛過

---

5) 相繫상계 : 잡아맴. 몸에 병이 든 것을 버드나무에 말을 맨 것에 비유.
6) 正爾何정이하 : 진정 그 어찌하리. 이爾는 기基나 차此와 같음.

홀로 읊음
獨唫

산은 쓸쓸하고 해도 또한 저문데
아득하여라, 누구와 함께 하리
잠깐 이상한 새 울음소리 들려
고선마저도 완전한 공 안 된다

山寒天[1]亦盡
渺渺[2]與誰同
乍有奇鳴鳥
枯禪[3]全未空

---

1) 天천 : 해.
2) 渺渺묘묘 : 아득함.
3) 枯禪고선 : 선禪은 공空의 체득을 지향하지만, 공에 얽매이는 것은 또 하나의 집착이라 하여 배격한다. 이러한 공의 뜻을 잘못 알아서 한암고목寒岩枯木같이 된 것을 고선枯禪이라 한다.

나그네의 회포
旅懷

한해 지나도록 집에 가지 못하고
봄이 되자 다시 먼 나그네 된다
꽃을 보면 그래도 무심하지 못하여
산 밑에서 가끔 발길 멈춘다

竟歲未歸家
逢春爲遠客
看花不可空[1)]
山下奇幽跡[2)]

---

1) 不可空불가공 : 실체가 없다고 보지 못한다는 뜻.
2) 幽跡유적 : 숨어 사는 사람의 발길.

새벽 경치 세 수
曉景 三首

1

달은 높이 떠 있고 나무에서 구름 일고
저 먼 숲에는 새벽 먼동 터 온다
어지러이 들리던 종소리마저 그치나니
끊어졌던 외로운 시름 다시금 이어진다

月迥雲生木
高林殘夜[1]懸
撩落[2]鐘聲盡
孤情斷復連

2

산창에는 밤빛이 이미 다 걷혔으나
나는 누운 그대로 시를 읊는다
다시 꿈을 이루니 나비가 되어
매화 가지 위를 기뻐 날은다

---

1) 殘夜잔야 : 날샐녘.
2) 撩落요락 : 어지러운 울림.

山窓夜已盡
猶臥朗唫詩
栩然³⁾更做夢⁴⁾
復上梅花枝

3

산마다에는 외기러기 그림자
나무마다 얼마나 종소리 울렸던가
허름한 암자의 이 외로운 중이여
젊었어도 늙은이의 그 심정이네

千山一雁影
萬樹幾鐘聲
古屋獨僧在
芳年白首情

---

3) 栩然허연: 기뻐하는 모양.
4) 夢몽: 장자의 호접몽胡蝶夢을 가리킨 것. 장자는 꿈에 나비가 된 적이 있었는데, 그는 깨어서, "이 장자가 꿈속의 나비가 된 것인가, 아니면 꿈속의 나비가 이 장자로 바뀐 것인가" 라고 했다.

밤에 혼자 두 수
獨夜 二首

1

말간 하늘 끝에 밝은 달 넘어가고
외로운 베개 긴 밤에 솔소리를 듣는다
한 생각도 동문 밖을 나가지 않고
오직 산수 즐기는 마음뿐이다

天末無塵明月去
孤枕長夜聽松琴[1]
一念[2]不出洞門外
惟有千山萬水心

2

숲에는 이슬 맺고 달빛은 싸라기눈
물 건너 다듬이 소리에 아낙 마음이 차다
양쪽 언덕 푸른 산은 만고에 그냥인데
매화 처음 필 때 선승은 돌아가리

---

1) 松琴송금 : 솔소리를 거문고에 비유한 것.
2) 一念일념 : 찰나, 순간.

玉林³⁾垂露月如霰
隔水砧聲江女寒
兩岸靑山皆萬古
梅花初發定僧⁴⁾還

---

3) 玉林옥림 : 이슬이 맺힌 아름다운 숲.
4) 定僧정승 : 선승禪僧. 좌선坐禪하는 중.

본 대로 느낀 대로(4)
卽事

해를 몰아치는 듯 북풍이 부는 속에
나 혼자 강성을 마주하여 섰나니
외로운 연기발은 나무 따라 치솟고
옅은 황혼은 뜰에 내려 깔려 있다
천리의 산 모습은 물방울 떨어지고
또 한쪽에는 눈이라도 내릴 듯
시정은 이 변방을 뒤흔드는데
짝지은 기러기는 하늘을 지나간다

朔風吹白日
獨立對江城
孤烟接樹直
輕夕[1]落庭橫
千里山容滴
一方雪意生
詩思動邊塞
侶鴻過太淸[2]

---

1) 輕夕경석: 옅은 황혼.
2) 太淸태청: 하늘. 도가道家에서 쓰는 말.

회포를 읊음
懷啥

이 땅에는 기러기도 그리 적은가
날마다 기다려도 고향 소식 드물다
빈 숲에는 달 그림자 고요하고
추운 수자리에는 피리소리 요란하다
늙은 버드나무에 봄술을 생각하고
갸날픈 다듬이 소리에 묵은 옷 슬퍼한다
부평초 뜬 물에 섣달 햇빛 깔리나니
파란 산기운 속에서 반평생을 보냈구나

此地雁群少
鄕音[1]夜夜稀
空林月影寂
寒戍角聲[2]飛
衰柳思春酒
殘砧悲舊衣
歲色[3]落萍水[4]
浮生半翠微[5]

---

1) 鄕音향음 : 고향 소식.
2) 角聲각성 : 각角은 뿔로 만든 피리로서, 옛날 군대에서는 북과 함께 이것을 신호를 보내는 데 썼다.
3) 歲色세색 : 연말의 기색.
4) 萍水평수 : 부평초가 떠 있는 물. 유랑하는 신세임을 상징.
5) 翠微취미 : 파란 산기운.

높은 데에 오름
登高

어쩐지 한 번 조망하고 싶은 마음
저 높은 봉우리에 올라 보나니
청산 밖으로 어떤 사람 사라지고
소나기 속으로 돛배 한 척 떠간다
긴 강길이라 술 구하기 어려우리
쏟아지는 함박눈 시에 들어 녹는 것을
마른 오동나무에 바람 세게 몰아치고
저녁 햇빛은 머리털 비쳐 붉다

偶思一極目[1]
躋彼危岑東
人去靑山外
舟行白雨[2]中
長河遇酒少
大雪入詩空
風落枯桐急
殘陽映髮紅

---

1) 極目극목 : 시력이 미치는 한.
2) 白雨백우 : 소나기.

출정 군인 아내의 슬픔
征婦怨

내게 원래 없던 시름 님 위해 생긴 시름
해마다 삼추 같지 않은 날 없네
내 얼굴 야윔이야 애닯 것이 없지만
다만 님의 머리 백발 될까 두렵네
어젯밤엔 강에 나가 연밥 따다가
한밤 동안 흘린 눈물 물에 보탰네
구름에 기러기 없고 물에 고기 없거니
구름도 물도 모두 다 거들떠보지 않네
마음은 봄바람에 떨어지는 꽃 같고
꿈은 날으는 달을 따라 옥관을 지나가네
두 손 모아 정성껏 저 하늘에 비나니
우리 님 봄과 함께 말 타고 오시기를
님은 오지 않고 봄은 이미 저물어
하많은 바람비만 꽃수풀을 때리네
내 시름 어떠한가 굳이 묻지 말아라
봄 강물도 밤 호수도 깊다고 못하리라
한결 더한 마음에 한결 더한 이 시름
꽃도 달도 모두 팔아 무심을 배우고자

妾[1]本無愁郎有愁
年年無日不三秋[2]
紅顔憔悴亦何傷
只恐阿郎[3]又白頭
昨夜江南採蓮去
淚水一夜添江流
雲乎無雁水無魚[4]
雲水水雲共不看
心如落花謝[5]春風
夢隨飛月渡玉關[6]
雙手慇懃敬天祝
郎與春色一馬還
阿郎不到春已暮
風雨無數打花林
妾愁不必問多少
春江夜湖不言深
一層[7]有心一層愁
賣花賣月學無心[8]

---

1) 妾첩: 여자의 자칭.
2) 三秋삼추: 곧 일일삼추一日三秋. 하루만 만나지 않아도 아홉 달이나 만나지 않은 것같이 생각된다는 뜻으로, 사람을 사모하는 마음이 대단히 간절함을 이름.
3) 阿郎아랑: 남편을 부르는 말.
4) 雁·魚안·어: 모두 편지를 전해 주는 짐승이라는 전설이 있음.
5) 謝사: 떨어짐.
6) 玉關옥관: 옥문관玉門關, 감숙성甘肅省, 돈황燉煌 부근에 있던 서역西域에 통하는 관문關門.
7) 一層일층: 한결 더.
8) 無心무심: 사욕私慾이 없는 마음.

산중의 한낮
山晝

뭇봉우리 한데 모여 내 창에 다가서고
눈바람은 천연히 지난해 같다
나와 경계 고요하고 낮기운 차가운데
매화 지는 곳에 삼생이 다 공이다

群峰蝟集[1]到窓中
風雪凄然去歲同
人境[2]寥寥晝氣冷
梅花落處三生[3]空

---

1) 蝟集위집 : 고슴도치 털갈이 일시에 많이 모임.
2) 人境인경 : 주관과 객관. 즉 자기의 마음과 마음의 대상인 일체의 사물.
3) 三生삼생 : 전생前生·금생今生·후생後生을 이름.

멀리 생각함
遠思

남쪽에는 국화꽃 북쪽에는 기러기……
오늘 고요히 앉아 부질없는 생각뿐
눈 온 뒤 강산에는 달빛이 하도 밝고
바람 앞의 초목들은 모두 종소리이리
국경 밖 천리 벌에 꿈은 달려도
하늘 끝 구름정자에 몸은 누워 있구나
파리함과 추위 겪어 사람이 대 같거니
이 마음 공명이야 원래 바라지 않네

南國黃花北地雁
居然[1] 今日但空情[2]
雪後江山多月色
風前草木盡鐘聲
塞外夢飛千里野
天涯身臥一雲亭
歷瘦經寒人似竹
此心元不到功名

---

1) 居然거연 : 사물에 동하지 아니하는 모양. 또 앉아서 꼼짝하지 않는 모양.
2) 空情공정 : 헛된 정. 부질없는 생각.

본 대로 느낀 대로(5) 두 수
卽事 二首

1

이 암자는 어찌 이리도 고요한가
난간을 기대어 혼자 앉아 있노니
마른 나뭇잎은 서글픈 소리내고
굶주린 까마귀는 그 그림자 차다
지나는 구름은 오랜 나무를 끊고
지는 해는 반쯤 빈 산을 넘는다
온산에 쌓인 눈 혼자 바라보나니
맑은 봄 기운이 천지에 돌아온다

一庵何寂寞
塊坐[1]依欄干
枯葉作聲惡
飢鳥爲影寒
歸雲斷古木
落日半空山
獨對千峰雪
淑光[2]天地還

---

1) 塊坐괴좌 : 홀로 앉아 있음.
2) 淑光숙광 : 봄빛.

2

북쪽 바람에 기러기 자취 없고
한낮에 나그네의 시름은 차다
냉담한 눈초리로 천지를 관찰하면
만고에 한가한 것 구름뿐이다

北風雁影絶
白日客愁寒
冷眼[3]觀天地
一雲萬古閒

---

3) 冷眼냉안 : 냉담한 눈초리. 멸시하는 눈초리.

외로이 떠돎 두 수
孤遊 二首

1

일생에 뒤얽힌 일 하도 많나니
이 심정은 아마 천추에 다 같으리
참된 속마음은 밤달이 차가웁고
흰 머리털은 새벽 구름 사라진다
고국 강산 밖에 사람은 서 있는데
봄은 어김없이 천지에 찾아온다
기러기 비껴 날고 북두성 사라지고
눈서리 치는 변방의 강물이 흘러간다

一生多歷落[1]
此意千秋同
丹心夜月冷
蒼髮曉雲空
人立江山外
春來天地中
雁橫北斗沒
霜雪關河[2]通

---

1) 歷落역락 : 운명이 기구함.
2) 關河관하 : 국경을 이루는 강.

2

반평생에 뒤얽힌 운명을 만나
먼 북쪽 끝에서 쓸쓸히 떠도는 몸
차가운 집안에서 바람비를 말하나니
이 밤이 새면 머리털은 가을이리

半生遇歷落
窮北寂廖遊
冷齋說風雨
晝回鬢髮秋

내원암에 모란나무 오래된 가지가 있어 눈을 받아 꽃이 핀 것 같기에 읊음
內院庵[1]**有牧丹樹古枝受雪如花因唫**

눈은 고와 달 없어도 산빛과 섞여
마른 나무의 찬 꽃은 밤 향기를 다 모았다
분명한 가지 위의 차가운 저 정혼들
끝없는 내 시름과는 관계없나니

雪艶無月雜山光
枯樹寒花收[2]夜香
分明枝上冷精魄[3]
不入人愁萬里長

---

1) 內院庵내원암 : 강원도 오대산五臺山에 있는 암자.
2) 收수 : 거두어들임.
3) 精魄정백 : 영혼. 혼백. 정혼精魂.

영호·영운 두 선백과 밤에 읊음 두 수
與映湖乳雲兩伯夜唫 二首

1

불우한 우리들은 모두 오랜 벗인데
산방에 밤이 깊어 밝은 모임이 있다
말없이 타는 촛불 재는 다 식고
먼 종소리에 시의 시름 꿈과 같다

落拓[1]吾人皆古情
山房夜闌小遊淸
紅燭無言灰已冷
詩愁如夢隔鐘聲

2

한밤중에 글의 기세 무지개처럼 뻗어
붓 들자 시 이룬들 어찌 감히 교만하랴
오직 삼춘이 오른 하루 같아서
딴 세상의 풍경에 서로 손짓해 부르네

---

1) 落拓낙척 : 불우함.

中宵[2] 文氣[3] 通虹橋[4]
筆下成詩猶敢驕
只許三春如一日
別區[5] 烟月[6] 復招招[7]

---

2) 中宵중소 : 곧 중석中夕. 한밤중.
3) 文氣문기 : 문장의 기세.
4) 虹橋홍교 : 무지개. 무지개는 그 형상이 다리 같으므로 이렇게 이름.
5) 別區별구 : 딴 세상.
6) 烟月연월 : 안개 같은 것이 끼어 흐릿하게 보이는 달.
7) 招招초초 : 손을 들어 부르는 모양.

백화암을 찾아감
訪白華庵

깊숙한 오솔길을 봄날에 찾아드니
사방 모든 숲에 풍광이 흩어지네
가파른 길에 외로운 흥취 일어
멀리 바라보며 마음껏 시를 읊네

春日尋幽逕[1]
風光散四林[2]
窮途[3]孤興發
一望極淸唫

---

1) 幽逕유경 : 그윽한 오솔길.
2) 四林사림 : 사방의 숲.
3) 窮途궁도 : 가기 힘든 길.

시모노세키馬關의 배 안에서
馬關舟中

거센 바람 몰아치는 으스름 바다
다투듯 물결 일고 지는 해는 둥글다
보슬비 속으로 외로운 배 나그네여
한항아리 봄 술로 하늘 끝에 이르렀다

長風[1]吹盡侵輕夕[2]
萬水爭飛落日圓
遠客孤舟烟雨[3]裡
一壺春酒到天邊

---

1) 長風장풍 : 먼 데서 불어오는 거센 바람.
2) 輕夕경석 : 엷은 석양. 저녁 빛이 엷게 깔려 있을 때.
3) 烟雨연우 : 이슬비.

미야지마宮島의 배 안에서
宮島[1] 舟中

하늘 끝의 외로운 흥이 그대로 시름이 되어
배에 가득한 봄의 정서를 걷잡을 길이 없다
이것은 마치 이슬비 속의 도원과 같아
지는 꽃 새벽꿈에 영주를 지나간다

天涯孤興化爲愁
滿艇春心[2]自不收
恰似桃源[3]烟雨裡
落花餘夢[4]過瀛洲[5]

---

1) 宮島궁도 : 일본의 섬 이름. 미야지마.
2) 春心춘심 : 봄에 느끼는 정서.
3) 桃源도원 : 선경仙境. 별천지. 도연명陶淵明의 도화원기徒花源記에 나오는 말.
4) 餘夢여몽 : 잔몽殘夢. 아직 다 꾸지 않은 꿈.
5) 瀛洲영주 : 삼신산三神山의 하나. 동해 중에 있는 신선이 산다는 섬.

아사다和淺田 교수에게 화답함
- 아사다 후상이 참선시를 주었으므로 대답하다

和淺田[1] 敎授
- 淺田斧山遺以參禪詩故以此答

참 성품은 그대와 나 아무 차이 없건만
참선도 못해내는 가소롭다 내 삶이여
도리어 하도 많은 갈등속에 헤매나니
언제나 푸른 이내 산중으로 들어가리

天眞與我間無髮[2]
自笑吾生不耐探[3]
反入許多葛藤[4]裡
春山何日到晴嵐[5]

---

1) 淺田천전 : 아사다. 이름은 후상斧山이나 자세한 것은 모름.
2) 間無髮간무발 : 머리칼 하나만큼의 간격도 없는 것. 즉 하나와 같음.
3) 探탐 : 탐구探究.
4) 葛藤갈등 : 분란. 불화不和.
5) 晴嵐청람 : 갠 날에 보이는 푸른 산 기운. 깨달음의 상징인 듯.

갠 날을 읊음
晴唫

장맛비 개었는가 뜰에 나무 그림자
발에 드는 가을 기운 선과 함께 시원하다
고국 청산은 꿈에도 바로 거기인데
한낮이라 지는 꽃 소리도 전연 없다

庭樹落陰梅雨[1]晴
半簾秋氣和禪生[2]
故國靑山夢一髮[3]
落花深晝渾無聲

---

1) 梅雨매우 : 매실梅實이 익을 무렵에 오는 긴 장마.
2) 和禪生화선생 : 선禪과 어울려 생김.
3) 夢一髮몽일발 : 꿈에는 매우 가깝다는 것.

비오는 날 홀로 읊음
雨中獨唫

섬나라에는 바람 비 많아
높은 집이라 오월이 차다
생각이 있는 만 리 밖의 나그네
아무 말 없이 푸른 산 마주한다

海國[1] 多風雨
高堂五月寒
有心萬里客
無語對青巒[2]

---

1) 海國해국 : 섬나라. 일본을 가리킨 것.
2) 巒만 : 작고 뾰족한 산. 둥글고 낮은 산. 빙 둘러싼 산.

동경 여관에서 매미 소리를 듣고
東京旅館聽蟬

아름다운 나무 빛 물보다 맑고
사방 매미 소리는 초가와 같다
이 밖의 다른 일은 말하지 말라
나그네의 시름만 돋울 뿐이다

佳木淸於水
蟬聲似楚歌[1]
莫論此外事
偏入[2]客愁多

---

1) 楚歌초가 : 항우項羽가 해하垓下에서 한군漢軍에게 몇 겹으로 포위되었을 때, 어느 날 밤 사방의 적진에서 자기 고향인 초나라 노랫소리가 들려왔다. 항우는 놀라서 "한漢은 이미 초楚까지 빼앗았는가. 어찌 이리도 초인楚人이 많으냐"고 하였다. 여기서는 매미 소리가 사방에서 들리므로 이른 말.

2) 偏入편입 : 치우쳐 들어옴. 나그네 시름을 더한다는 뜻.

나비
蝴蝶

봄바람에 일은 온갖 꽃에 있거니
아마 이는 인간의 탕자의 무리이리
가여워라 부생의 꿈을 보탤 뿐임을
그때의 어떤 시름을 다 녹였던가

東風[1]事在百花[2]頭
恐是人間蕩子流[3]
可憐添做[4]浮生夢[5]
消了當年[6]第幾愁[7]

---

1) 東風동풍 : 동쪽에서 불어오는 바람. 또는 봄바람.
2) 百花백화 : 온갖 꽃.
3) 蕩子流탕자류 : 방탕한 사람의 무리.
4) 添做첨주 : 보태어 지음. 즉 뜬 삶의 꿈을 더 보탬.
5) 浮生夢부생몽 : 덧없는 인생의 꿈.
6) 當年당년 : 그 당시. 나비가 사람이던 그때.
7) 第幾愁제기수 : 몇 째의 꿈.

맑은 새벽
淸曉

다락에 홀로 앉아 온갖 생각 끊이는데
뜰 나무의 추위는 새벽 달 따라 생긴다
물 끼얹은 듯 온집은 인기척이 전혀 없고
시상은 으슴푸레 피리소리 따라 인다

高樓獨坐絶群情
庭樹寒從曉月生
一堂如水收人氣
詩思有無[1]和笛聲

---

1) 詩思有無시사유무 : 유무有無라는 말이 어색하나, 시정詩情이 있는 듯도 하고 없는 듯도 하여 미묘하다는 정도로 쓴 말인 듯.

봄 꿈
春夢

꿈은 지는 꽃인 양 지는 꽃은 꿈인 양
사람은 왜 나비가 되고 나비는 왜 사람인가
나비·꽃·꿈·사람 모두 마음 일인 것을
동군에게 호소해 이 봄을 붙들고자

夢似落花花似夢
人何胡蝶[1]蝶何人
蝶花人夢同心事[2]
往訴東君[3]留一春

---

1) 胡蝶호접 : 호접蝴蹀이라고도 함. 장자莊子의 호접몽蝴蹀夢을 염두에 두고 한 말, 장자는 꿈에 나비가 되었다가 깨어나서 말하기를 "내가 나비가 된 것인가, 아니면 나비가 지금 장자가 된 꿈을 꾸고 있는 것인가" 라고 했다.
2) 同心事동심사 : 모두가 다 마음의 작용이란 뜻. 불교에서의 만법유심萬法唯心이라 하여 모든 것을 마음에 돌리는 경향이 짙다.
3) 東君동군 : 봄을 맡고 있는 동쪽의 신.

조동종대학교 별원에서 읊은 두 수
曹洞宗大學校[1] 別院[2] 二首

1

온절이 고요하기 태고 같아서
이 세상과는 인연이 멀다
종소리 그친 뒤에 나무들 조용하고
차 향기 속에 햇빛이 한가하다
선의 마음은 마치 백옥 같은데
신기한 꿈은 이 청산에 이르렀다
다시 별다른 곳 찾아갔다가
우연히 새로운 시 얻어서 돌아왔다

一堂似太古
與世不相干
幽樹鐘聲後
閑光茶藹[3]間
禪心如白玉
奇夢到靑山
更尋別處去
偶得新詩還

---

1) 曹洞宗大學校조동종대학교 : 구택駒澤의 대학교. 이는 조동종의 종립宗立대학. 조동종은 선종禪定의 일파로서, 화두話頭를 배격하고 지관타좌只管打坐를 주장함.
2) 別院별원 : 본사本寺에서 나뉘어 나온 절. 여기서는 구택대학의 부속 사원.
3) 茶藹다애 : 애藹는 향기. 「초사楚辭」 구가九歌에 "懷椒聊之藹藹兮"가 있음.

2

절 안에는 아름다운 나무가 많아
낮이 음산하고 푸른 물결 떨어진다
그윽한 사람 막 잠이 깼는데
꽃은 떨어지고 경쇠소리가 높다

院裡多佳木
晝陰滴翠濤[4)]
幽人初破睡
花落磬聲高

---

4) 滴翠濤적취도 : 취도翠濤는 푸른 물결. 푸른 물결이 떨어진다는 것은 아마 잎사귀들의 물결치는 모양을 형용한 것.

고의(2)
古意

지고 이기는 모든 일이 빈 바둑판인 것을
천금을 허비하고 옛 맹세를 찾아왔네
호해처럼 넓은 마음 한가닥 이 머리칼
풍진의 부질없는 꿈 몇 삼생을 거듭했나
푸른 산의 누른 흙은 그 반이 사람의 뼈
물 위의 부평초는 이 세상 실정이네
책에서도 흥망구는 읽지 않노니
달 밝은 동창 앞에 말없이 누웠노라

輸贏[1] 萬事落空枰[2]
虛擲千金尋舊盟[3]
湖海蕩魂都一髮[4]
風塵餘夢幾三生[5]
靑山黃土半人骨
白水蒼萍共世情
對書不讀興亡句
無語東窓臥月明

---

1) 輸贏수영 : 지고 이김. 승부.
2) 空枰공평 : 빈 바둑판.
3) 舊盟구맹 : 친구나 우방友邦일 수도 있겠으나 예전에 약속했던 산천으로 봄이 타당.
4) 都一髮도일발 : 모두 보잘것없음.
5) 三生삼생 : 전생前生·금생今生·후생後生.

증상사
增上寺

경쇠소리 끝나서야 단에서 내려
다시 차를 따르어 난간에 기대 앉아
오랜 비 막 개고 서늘한 바람 일어
빈 발에 낮 기운이 수정처럼 차다

淸磬一聲初下壇
更添¹⁾新茗²⁾依欄干
舊雨纔晴輕凉動
空簾晝氣水晶寒

---

1) 添첨 : 더함. 보탬.
2) 茗명 : 차.

고향을 생각하는 밤에 빗소리를 듣고
思夜聽雨

동경은 팔월인데 편지는 오지 않고
아득한 가을 시름 기약할 길이 없네
외로운 등불 앞에 빗소리 차가운 밤
옛날 앓아누웠던 그때와 너무 같네

東京八月雁書[1]遲
秋思杳茫無處期
孤燈小雨[2]雨聲冷
太[3]似往年臥病時

---

1) 雁書안서 : 편지.
2) 小雨소우 : 보슬비.
3) 太태 : 매우.

지광선백에게 화답함
— 시문을 보내왔기에

和智光伯
— 遺以詩文故答

뛰어난 글과 글씨 향기 피우고
한폭의 그림인 양 내 간장 그려냈네
천산 만수 밖에 홀로 있나니
한치 내 마음의 긴 것을 벗만이 알아주네

文佳筆絶[1]卽生香
一幅畵寫九曲腸[2]
獨在千山萬水外
故人只許寸心長[3]

---

1) 筆絶필절 : 글씨가 뛰어남.
2) 九曲腸구곡장 : 꾸불꾸불한 밸. 마음의 비유.
3) 寸心長촌심장 : 한 치의 마음이 길다는 뜻.

닛코日光로 가는 도중
日光[1]道中

아녀자들 다투어 전하는 말 들으면
이 안에서 별천지가 있다고 한다
물 따라 차츰 가며 양쪽 언덕 살펴보면
아득해라, 고국산천 바로 닮았다

試聞[2]兒女爭相傳
報道[3]此中別有天[4]
逐水漸看兩岸去
杳然恰似舊山川[5]

---

1) 日光일광 : 일본의 명승지. 토쿠가와德川家康를 모신 도오쇼궁東照宮이 있다.
2) 報道보도 : 말함. 알림.
3) 試聞시문 : 듣자니.
4) 別有天별유천 : 별유천지別有天地의 준말. 딴 세상.
5) 舊山川구산천 : 고국의 산천.

닛코日光의 남호
日光南湖

신타산 그 속에 호수가 열려
산빛 물빛이 다 함께 배회하네
십여 척의 조각배 몇 개의 피리소리
어가를 부르면서 석양에 돌아오네

神佗山中湖水開
山光水色共徘徊
十數小船一兩笛
夕陽唱倒¹⁾漁歌來

---

1) 唱倒창도 : 일제히 소리 높여 부름. 도倒는 격렬한 동작을 나타내는 조자助字.

홀로 있는 방에서 비바람 소리 듣고
獨窓風雨

사천 리 밖에서 홀로 애태우나니
날마다 가을바람 흰 머리털 더하네
낮잠을 놀라 깨니 사람 안 보이고
뜰에 가득 바람비는 가을소리 울리네

四千里外獨傷情
日日秋風白髮生
驚罷晝眠人不見
滿庭風雨作秋聲

들길을 가면서 두 수
野行 二首

1

쓸쓸히 말을 몰아 석양길로 가나니
강 두둑의 버들 빛은 어느새 노래졌다
머리를 돌려 고국길은 보이지 않고
만 리 가을바람에 고향 생각한다

匹馬蕭蕭渡夕陽
江堤楊柳變新黃
回頭不見關山[1]路
萬里秋風憶故鄉

2

멋을 찾다 우연히 옛 나루를 지나나니
물 가득한 냇물에 잔고기들 헤엄치고
구름은 서풍 따라 흘러가는데
석양에 홀로 서서 가을을 본다.

---

1) 關山관산 : 고향에 있는 산. 의미가 전이(轉移)되어 고향.

尋趣²⁾偶過古渡頭³⁾
盈盈一水小魚游
汀雲⁴⁾已逐西風去
獨立斜陽見素秋⁵⁾

---

2) 尋趣심취 : 멋있는 곳을 찾음.
3) 渡頭도두 : 나루터.
4) 汀雲정운 : 물가에서 이는 구름.
5) 素秋소추 : 가을의 별칭. 오행설五行說에서 흰 빛이 가을에 해당하는 데서 나온 말.

가을밤에 빗소리를 듣고 느낌이 있어서
秋夜聽雨有感

영웅도 신선도 배우지 않으면서
국화와의 인연 약속 공연히 어기었다
등불 밑에 흰 머리칼 늘어만 가는 가을
서른 해의 나그네라 쓸쓸한 빗소리여

不學英雄不學仙
寒盟[1]虛負[2]黃花緣
靑燈華髮[3]秋無數
蕭雨雨聲三十年

---

1) 寒盟한맹 : 맹약盟約을 어김.
2) 虛負허부 : 헛되이 저버림.
3) 華髮화발 : 노년老年을 일컫는 말.

가을 새벽
秋曉

빈 방에 어찌 흰 기운 생기는가
은하수는 기울어 다락에 들어온다
가을바람은 옛 꿈을 자주 불고
새벽 달빛은 새 시름을 비춘다
잎 떨어진 나무 새로 등불 하나 보이고
오랜 못에는 차가운 물 흐른다
돌아가지 못하는 먼 나그네 생각하며
내일 아침이면 아마 흰머리 되리

虛室何生白[1]
星河[2]傾入樓
秋風吹舊夢[3]
曉月照新愁[4]
落木孤燈見
古塘寒水流
遙憶未歸客
明朝應白頭

---

1) 虛室何生白허실하생백:『장자莊子』인간세人間世에 "虛室生白"이라는 말이 나오는데 이를 인용한 것.
2) 星河성하 : 은하.
3) 舊夢구몽 : 옛 꿈. 고향에서 노니는 꿈.
4) 新愁신수 : 새 근심. 잠에서 깨어 느끼는 근심.

영호·금봉 두 선사와 시를 지음
― 종무원에서

與映湖錦峯兩伯作
― 在宗務院

지난날은 일마다 너무 소홀했지만
만 겁도 적적하기 한바탕 꿈인 것을
강남의 이른 봄 빛 보지 못하고
성동 눈바람 속에 누워서 책을 읽네

昔年事事不勝疎
萬劫¹⁾寥寥一夢餘
不見江南春色早
城東風雪臥看書

---

1) 萬劫만겁 : 한없이 긴 시간 영겁永劫.

서울에서 영호·금봉 두 선사와 만나 함께 읊음 두 수
京城逢映湖錦峯兩伯同唫 二首

1

쓸쓸한 짧은 머리로 티끌 속에 들었나니
덧없는 생의 느낌 날마다 새롭구나
눈 내린 모든 산도 모두 꿈에 들었거니
머리 돌려 육조 사람 부질없이 얘기하네

蕭蕭短髮[1] 入紅塵
感覺浮生日日新
雪後千山皆入夢
回頭漫說[2] 六朝人[3]

2

시를 슬퍼지고 술 취하면 뽐내지고
하룻밤 새 영웅들은 모두 초부 되었다
다만 저어하노니 아름다운 자연의 경치가
한바탕의 꿈인 듯 청산의 적막 속에 들 것을

---

1) 短髮단발 : 늙어서 짧아진 머리털.
2) 漫說만설 : 깊이 생각하지 않고 입에서 나오는 대로 아무렇게나 지껄이는 말.
3) 六朝人육조인 : 중국의 육조시대에는 죽림칠현竹林七賢을 비롯하여 많은 사람들이 청담清談을 즐기었다.

詩欲疎凉⁴⁾酒欲驕
英雄一夜盡樵蕘⁵⁾
只恐湖月無何處⁶⁾
一夢靑山入寂寥

---

4) 疎凉소량 : 소홀하고 슬퍼함.
5) 樵蕘초요 : 나무나 풀을 베는 사람. 나라가 망하자 명사名士들이 산야에 묻히게 되었다는 것.
6) 無何處무하처 : 무하유향無何有鄕의 준말. 아무것도 없는 시골이란 뜻으로, 세상의 번거로운 일이 없는 허무 자연의 낙토樂土를 이름.

소일
遣悶[1)]

봄 시름과 봄비가 못내 추워도
한항아리 봄 술로 온갖 고난 물리치네
봄 술에 한번 취해 봄꿈 꾸나니
겨자씨에 수미산을 넣어도 넉넉하네

春愁春雨不勝寒
春酒一壺排萬難
一酣春酒作春夢
須彌納芥[2)]亦復寬

---

1) 遣悶견민 : 소일消日. 심심파적.
2) 須彌納芥수미납개 : 수미須彌는 수미산인데 높이가 팔만 사천 유순由旬으로 대해 가운데 있다는 산이고, 개芥는 겨자씨. 극소의 겨자씨에 극대의 수미산을 담는다는 것은 「화엄경華嚴經」의 중중무진重重無盡의 법계연기法界緣起에서 온 비유. 일체의 것은 서로 겹겹으로 연관되어 있으므로 대大는 소小를, 소小는 대大를 포함한다는 생각.

양진암에서 봄을 보냄
養眞庵餞春

저녁 비 종소리로 봄을 또 보내나니
새로 생기는 흰 머리털 다시 견딜 수 없다
내 삶은 한도 많고 일도 많거니
어찌 지는 꽃의 주인 노릇을 하리

暮雨寒鐘伴送春
不堪蒼髮[1]又生新
吾生多恨亦多事
肯[2]將[3]殘花作主人

---

1) 蒼髮창발 : 백발.
2) 肯긍 : 어찌.
3) 將장 : 가지고.

양진암
養眞庵

깊고 그윽해 별천지이다
적막하여 마치 집도 없는 듯
꽃은 떨어지고 사람은 꿈속 같고
묵은 종소리에 해가 기운다

深深別有地
寂寂若無家
花落人如夢
古鐘白日斜

맑음 읊음
清唫

한줄기 물에 외로운 꽃이 멀고
몇 번 종소리에 대숲이 차다
선이 깨어진 것 알지 못하고
도리어 물건 처음 보듯 하느니

一水孤花逈
數鐘千竹寒
不知禪已破[1]
猶向物初看[2]

---

1) 禪已破선이파 : 선禪의 장벽이나 관문이 깨졌다는 뜻. 즉 깨달음.
2) 猶向物初看유향물초간 : 일상 보는 사물에서 그것을 처음 보는 듯한 신선한 인상을 받는다는 뜻.

구름과 물
雲水

흰 구름은 납의인 듯 해어지고
푸른 물은 활보다 더 짧다
이들 두고 어디로 자꾸 가는가
유연히 끝없음을 자세히 보라

白雲斷似衲[1]
綠水矮於弓
此外[2]一[3]何去
悠然看不窮[4]

---

1) 衲납 : 승려의 옷. 법의法衣.
2) 此外차외 : 이것들 외에, 구름과 물이 아닌.
3) 一일 : 한결같이.
4) 不窮불궁 : 다하지 않음. 구름과 물의 무궁한 모습.

양진암을 떠나면서 학명선사에게 줌 두 수
養眞庵臨發贈鶴鳴禪伯 二首

1

이 세상 밖에 천당은 없고
이 인간에게는 지옥이 많다
장대 끝에 우두커니 섰을 뿐으로
어찌 한 걸음 더 내딛지 않는가

世外天堂少
人間地獄多
佇立[1]竿頭[2]勢
不進一步何[3]

2

일에 다다르면 고생이 많고
사람을 만나면 이별이 있다

---

1) 佇立저립 : 우두커니 섬. 멈춤.
2) 竿頭간두 : 장대 끝.
3) 不進一步何부진일보하 : 어찌 한 걸음 더 내딛지 않는가. 이는 이른바 "백척간두진일보百尺竿頭進一步"의 선어禪語를 그대로 인용한 것. 백척간두란 우리가 노력으로 갈 수 있는 궁극의 경지를 상징하는 말인데, 그것만으로는 아직 미흡하여, 여기에서 대사일번大死一番하는 큰 용기가 필요하다는 뜻.

원래 세상 이치 이러하거니
남아라면 얽매임 없이 멋대로 살리

臨事多艱劇[4]
逢人足別離
世道固如此
男兒任所之[5]

---

4) 艱劇간극 : 고생.
5) 任所之임소지 : 가는 대로 맡김. 즉 마음 내키는 대로 행동할 뿐 구속받지 않음.

선암사에서 앓고 난 뒤에 두 수
仙巖寺病後作 二首

1

나그네 떠도나니 남쪽 땅의 끝인데
앓다 일어났나니 어느새 가을바람
언제나 천리 길을 혼자 가나니
힘드는 길 도리어 정이 있다.

客遊南地盡
病起秋風生
千里每孤往
窮途¹⁾還有情

2

첫가을에 병 핑계로 사람을 안 만나고
흰 머리털에 세월이 물결치네
꿈은 괴로운데 친구는 멀리 있고
더구나 잦은 찬비 못 견디겠네

---

1) 窮途궁도 : 곤궁하게 된 경우, 가기 힘든 길.

初秋人謝病[2]
蒼鬢[3]歲生波
夢苦人相遠
不堪寒雨多

---

[2] 謝病사병 : 병을 핑계로 거절함.
[3] 蒼鬢창빈 : 흰 귀밑머리. 백발과 거의 같은 뜻.

향로암에서 밤에 읊음
香爐庵夜唫

남국의 국화꽃은 아직 일러 안 피고
강호의 희미한 꿈 누대에 선하다
기러기 우는 강산에 사람은 갇혔는 듯
끝없는 가을 숲에 달이 막 떠오른다

南國黃花早未開
江湖薄夢入樓臺
雁影山河人似楚[1]
無邊秋樹月初來

---

1) 楚초 : 곧 초수楚囚. 원래는 타국에 사로잡힌 초나라 사람. 타국에 사로잡힌 자. 타향에서 고향 생각이 절실히 나는 사람.

南國氣花早失開 江湖痩梦
入枯塋鴈影山河人似梦無
邊秋樹月初来　　卍海

〈친필 한시「향로암에서 밤에 읊음」〉

금봉선사와 밤에 읊음
與錦峯伯夜唫

하늘 한쪽 끝에서 시와 술로 서로 만나
밤빛은 쓸쓸한데 생각 어이 이리 긴고
국화 있고 달 밝거니 꿈만이 없었다면
옛 절의 거친 가을도 이 또한 고향이리

詩酒相逢天一方[1]
蕭蕭夜色思何長
黃花明月若無夢
古寺荒秋亦故鄕

---

1) 天一方천일방 : 아주 먼 곳. 먼 타향.

선암사에 머물면서 매천의 시에 차운함
留仙巖寺次梅泉¹⁾韻

반평생을 쓸쓸히 마음에 차지 않아
하늘 끝에 떨어져 홀로 찾아 헤매다
앓고 난 뒤 흰 머리털 가을마다 성기리
난리 뒤에도 국화 피고 풀들도 무성하다
겁을 강하던 구름이 사라지자 흐르는 물소리 듣고
경을 듣던 사람이 떠나자 선계의 새가 내린다
온천지가 바로 풍진을 만난 이 때
어찌 서천의 두보의 시를 읊조리고 있으랴

半歲蕭蕭不滿心
天涯零落獨相尋[2]
病餘華髮秋將薄
亂後黃花草復深
講劫雲空聞逝水[3]
聽經人去下仙禽[4]
乾坤正當風塵節
肯數[5]西川杜甫[6]唫

---

1) 梅泉매천 : 황매천黃梅泉. 조선 말기의 시의 대가. 합방 소식을 듣고 순절했다. 「절명시絶命詩」 4수四首가 유명하다.
2) 獨相尋독상심 : 무엇을 찾는다는 뜻인가.
3) 逝水서수 : 서천逝川. 흘러가는 냇물. 한번 가면 다시 돌아오지 아니함의 비유.
4) 仙禽선금 : 선계仙界의 새.
5) 肯數긍수 : 어찌 …… 을 세리.
6) 西川杜甫서천두보 : 서천西川은 사천성四川省의 서부 지방으로, 당唐의 대시인 두보가 난을 피하여 이곳에 살면서 난리를 소재로 많은 명시를 지었음.

향로암에서 느낀 대로 씀
香爐庵卽事

중이 떠나가는 가을 산은 멀고
해오라기 날으는 들 물은 맑다
시원한 나무 그늘에 퍼지는 피리소리
나는 다시 삼청을 꿈꾸지 않으리라

僧去秋山逈
鷺飛野水明
樹凉一笛散
不復夢三淸[1]

---

1) 三淸삼청 : 신선이 산다는 옥청玉淸·상청上淸·태청太淸의 하늘 세계.

영산포의 배 안에서
榮山浦舟中

달 밝은 밤에 고기잡이 피리소리
양쪽 언덕 가을에 술집의 등불이다
외로운 돛배에 하늘은 물 같은데
사람은 갈대꽃 따라 자꾸 흐른다

漁笛一江月
酒燈兩岸秋
孤帆天似水
人逐荻[1]花流

---

1) 逐荻적화 : 갈대꽃.

지는 매화를 보고 느낌이 있어서
觀落梅有感

우주의 영원한 큰 활계로
매화는 옛 그대로 선원禪院에 가득 폈다
머리 돌려 삼생의 일을 물으렀더니
한 가을 유마세계 반은 꽃이 떨어졌다

宇宙百年大活計[1]
寒梅依舊滿禪家
回頭欲問三生事
一秩維磨[2]半落花[3]

---

1) 活計활계 : 살아갈 방도. 생계生計.
2) 維磨유마 : 인도의 거사. 대승경전의 하나인 『유마경』의 주인공으로, 그는 세속생활을 하면서도 보살행菩薩行의 큰 실천자였음.
3) 半落花반낙화 : 유마가 병들었을 때 석가가 문수보살文殊菩薩을 문병차 보냈는바, 이를 계기로 그들 사이에 문답이 벌어졌다. 그때 한 천녀天女가 나타나 그들에게 꽃을 뿌렸는데, 보살의 몸에 뿌려진 꽃은 곧 떨어졌으나 제자들의 것은 떨어지지 않았다. 그것은 꽃으로 몸을 장식하면 안 된다는 계율을 생각하여 마음이 꽃에 얽매인 까닭이라는 것이 경經의 설명. 따라서 여기서 반半이라 함은 현실적이 사실 외에 이러한 경經의 고사도 함축하고 있다고 하겠음.

범어사에서 비가 온 뒤에 생각을 말함
梵魚寺雨後述懷

하늘 끝에 봄비가 부슬거리고
옛 절에는 매화꽃이 차갑네
홀로 가면서 천고의 일 생각하나니
구름은 사라지고 머리털만 세었네

天涯春雨薄
古寺梅花寒
孤往思千載
雲空[1]髮已殘

---

1) 雲空운공 : 구름이 비다. 구름인 듯 사라진다는 뜻으로 세상일의 허무함을 말한 것.

봄 안방의 슬픔
春閨怨

한폭 원앙 수놓다 끝 못 냈는데
창 건너 어떤 속삭임에 봄 시름이 더해라
밤새껏 옷을 짓다 외로운 꿈 이루어
강남으로 달려가 돌아올 줄 모르네

一幅鴛鴦繡未了
隔窓微語[1]雜春愁
夜來[2]刀尺[3]成孤夢
行到江南不復收

---

1) 隔窓微語격창미어 : 창을 사이로 어느 부부의 속삼임 소리가 들리는 것.
2) 夜來야래 : 지난밤부터.
3) 刀尺도척 : 포목을 마르고 잼. 의복을 재봉함.

장마가 갬
新晴[1]

우는 새소리 꿈 저쪽에 차고
꽃향기도 선에 들어 사라진다
선도 꿈도 모두 잊는 곳
창 앞에 벽오동나무

禽聲隔夢冷
花氣入禪無[2]
禪夢復相忘
窓前一碧梧[3]

---

1) 新晴신청 : 오랫동안 날씨가 좋지 않다가 비로소 햇빛이 남.
2) 入禪無입선무 : 꽃향기가 선정禪定에 든 마음을 휘젓지 못하고 스러진다는 뜻.
3) 窓前一碧梧창전일벽오 : 조주趙州의 "정전백수자庭前柏樹子"를 연상시키는 말로써, 이론이 끊어진 실재實在 그대로의 제시.

어부의 피리소리
漁笛

안개 낀 가을 강에 외로운 돛배 한척
피리소리 가만히 갈대꽃 따라 흐른다
저녁 강 지는 해는 단풍나무 저쪽인데
반평생의 지음知音을 백구에게 물을까
울림이 끊어졌거니 둔세의 꿈을 어찌 견디리
가락이 끝났거니 애끊는 시름을 달랠 길 없다
차가운 가락 날려 사람의 가슴 치나니
천지에 가득한 쓸쓸함을 주체할 수 없구나

孤帆風烟一竹¹⁾秋
數聲暗逐荻花流
晚江落照隔紅樹²⁾
半世知音問白鷗
韻絶何堪遯世³⁾夢
曲終虛負斷腸愁
飄掩⁴⁾律呂⁵⁾撲人冷
滿地蕭蕭散不收

---

1) 一竹일죽: 대나무로 삿대를 삼음.
2) 紅樹홍수: 단풍든 나무.
3) 遯世둔세: 세상을 피해 삶. 둔세遁世.
4) 飄掩표엄: 날려서 뒤덮음.
5) 律呂율려: 육률六律과 육려六呂. 음악 도는 음조音調.

파릉 고기잡이의 뱃노래
巴陵[1] 漁父棹歌[2]

떠나가는 배에 하늘은 물 같은데
이 밖에 다시 맑은 노래 들려온다
가락은 밝은 달빛에 들어 사라지고
울림은 고요한 밤에 퍼져 어지럽다
누가 소리를 아는가 해오라기에 묻고
도롱이에 가득한 고향으로 달리는 꿈
그 위에 다시 창랑의 노래 듣고
갓끈 어루만지며 옛 풍파를 생각한다

舟行天似水
此外接淸歌
韻入月明寂
響飛夜靜多
知音問白鷺
歸夢滿淸蓑
更聽滄浪曲[3]
撫纓[4]憶舊波

---

1) 巴陵파릉 : 무릉武陵을 말함인 듯. 무릉도원武陵桃源은 도연명陶淵明이 도원행桃源行을 지은 이래 은사隱士가 사는 별천지로 알려졌음.
2) 棹歌도가 : 도창棹唱. 배를 저으며 노래함. 또는 뱃노래.
3) 滄浪曲창랑곡 : 원래는 『초사楚辭』와 『맹자孟子』에 실린 「창랑가滄浪歌」를 말하나 여기서는 굴원屈原의 「어부사漁父詞」를 가리킴.
4) 撫纓무영 : 영纓은 관관冠에 달린 끈. 관의 끈을 어루만진다는 것은 앞의 창랑곡을 배후에 간 행동.

안해주
安海州[1]

만 섬의 뜨거운 피 열 말의 담력
칼 한 자루 벼려 내니 칼집 속의 서릿발
벼락소리 갑자기 밤 적막을 깨쳤나니
어지러이 불꽃 튀고 가을 하늘 높아라

萬斛熱血十斗膽
淬[2]盡一劒霜有鞱[3]
霹靂忽破夜寂寞
鐵花[4]亂飛秋色高

---

1) 安海州안해주 : 안중근安重根 의사. 이 시는 그가 이등박문伊藤博文을 사살한 사건을 찬양한 것임.
2) 淬쉬 : 쇠붙이를 벼림.
3) 霜有鞱상유도 : 서리 같은 칼날이 칼집 속에 들어 있음. 그러나 칼날의 날카로움에 중점이 있고, 도鞱는 운韻을 맞추기 위한 것으로 구애받지 않아도 될 것.
4) 鐵花철화 : 총에서 나는 불꽃. 곧 이등박문을 사살한 불꽃.

황매천
黃梅泉[1]

의를 향해 조용히 나라 은혜 갚으려고
한 번 죽자 만고에 겁의 꽃이 새로워라
저승에서도 다 못 풀 한 남기지 말라
그 충절을 위로할 사람 절로 있으리

就義從容[2] 永報國
一瞑[3] 萬古劫花[4] 新
莫留不盡泉臺[5] 恨
大慰苦忠[6] 自有人

---

1) 黃梅泉황매천 : 본명은 황현黃玹. 호는 매천梅泉. 1910년 국치를 당하자 자살함. 저서에 『매천야록梅泉野錄』이 있으며, 「절명시絶命詩」 4수四首가 있음.
2) 從容종용 : 조용한 모양. 태연한 모양.
3) 一瞑일명 : 한 번 죽음.
4) 劫花겁화 : 영원의 꽃.
5) 泉臺천대 : 죽음의 세계.
6) 苦忠고충 : 고절苦節. 곤경을 당하여도 변하지 않는 굳은 절개.

화엄사에서 산보하며 두 수
華嚴寺散步 二首

1

옛 절에 봄이 되어 조망하기 알맞아
잔잔한 강 먼 물에 처음 물결 생긴다
머리 돌려 구름산 천 리 밖인들
백설가 화답할 이 어찌 없으랴

古寺逢春宜眺望
潺江遠水始生波
回首雲山千里外
奈無¹⁾人和²⁾白雪歌³⁾

2

둘이 와 시내 위의 돌에 앉노니
산골 시내 소리만 있고 물결은 안 보인다

---

1) 奈無나무 : 어찌 없겠는가.
2) 和화 : 남의 시에 화답和答함.
3) 白雪歌백설가 : 양춘백설陽春白雪이라는 노래. 송옥宋玉이 초왕楚王의 물음에 답하여, 어떤 이가 하리파인下里巴人과 양아해로陽阿薤露를 노래했던바 그에 화답하는 자가 각각 수천·수백에 달하였으나 양춘백설을 노래함에 있어서는 겨우 수십 명밖에 화답하지 못했다고 함. 즉 가장 고급의 노래나 시를 가리킴.

양쪽 언덕 푸른 산 지는 햇빛 밖으로
돌아오며 하는 얘기 저절로 노래된다

二人來坐溪上石
礧水有聲不見波
兩岸靑山斜陽外
歸語無心自成歌

구곡령을 지나며
過九曲嶺

섣달 눈을 다 지난 천리 나그네
지리산 속 봄볕을 찾아가노니
하늘에 닿은 듯한 구곡령의 길이여
돌고돌아도 내 마음의 길이만은 못하리

過盡臘雪千里客
智異山裡趁春陽
去天無尺[1]九曲路
轉回不及我心長

---

1) 去天無尺거천무척 : 산이 높아서 하늘과의 거리가 한자도 안 되는 것.

산가의 흥취
山家逸興[1]

물가에 두세 채 누구누구의 집인가
낮에도 사립 닫아 아롱진 놀 막았네
돌에 둘러앉으면 대숲 울리는 바둑 두는 소리요
구름속의 잔을 들어 꽃 보며 술 마시네
십 년의 한 켤레 신 아치雅致를 해칠 건가
모든 일 표주박 속 빈 것도 또한 좋네
나무 그늘 저녁 볕에 앉을 만도 하나니
온산의 신록 속에 초부의 피리소리

兩三傍水是誰家
晝掩板扉[2]隔彩霞
圍石有碁皆響竹
酌雲無酒不傾花[3]
十年一履高何妨
萬事半瓢[4]空亦佳
春樹斜陽堪可坐
滿山滴翠[5]聽樵笳[6]

---

1) 逸興일흥 : 세속을 떠난 뛰어난 흥취.
2) 板扉판비 : 널 조각으로 만든 문.
3) 無酒不傾花무주불경화 : 술치고 꽃을 보면 기울이지 않는 것이 없다. 즉 꽃을 보면 술을 마신다는 뜻.
4) 半瓢반표 : 박을 반으로 쪼개어 표주박을 만들므로 이른 말.
5) 滴翠적취 : 푸르름이 물방울처럼 떨어짐을 형용.
6) 樵笳초가 : 나무꾼이 부는 풀피리.

약사암 가는 길에
藥師庵途中

십 리 길도 오히려 반나절에 갈 만한데
구름 속 오솔길은 어이 이리 그윽한고
시내 따라 차츰 드는 물이 끝난 곳
우거진 숲 꽃 없어도 산이 절로 향기롭네

十里猶堪半日行
白雲有路何幽長
緣溪¹⁾ 轉入水窮處
深樹無花山自香

---
1) 緣溪 연계 : 시내를 따라.

구암사의 초가을
龜岩寺初秋

옛 절에 가을 들어 사람 절로 공空해지고
달빛 속에 높직이 박꽃은 피어 있다
서리 앞의 남쪽 산골 단풍 숲의 속삭임
두세 가지 꽃잎이 겨우 붉게 물들었다

古寺秋來人自空[1]
匏花高發月明中
霜前南峽楓林語
纔見[2]三枝數葉紅

---

1) 人自空인자공 : 사람의 마음이 스스로 공空해지는 것.
2) 纔見재견 : 겨우 보임. 겨우 봄.

회포를 말함
述懷

마음은 성긴 집에 빗장 지른 것 같아
어떤 일에도 미묘한 경지에 든 적이 없다
천리 밖 오늘 밤도 한바탕 꿈인 것을
달 밝은 밤 나뭇잎이 어지러이 떨어진다

心如疎屋[1]下關扉[2]
萬事曾無入妙微
千里今宵亦一夢
月明秋樹夜紛飛

---

1) 疎屋소옥 : 성긴 집, 거친 집.
2) 下關扉하관비 : 대문에 빗장을 지름.

구암폭
龜巖瀑

가을산 폭포 세차게 내리나니
덧없는 이 세상에 늙은 나이 부끄럽다
밤낮 흘러 어디로 가려 하는가
천고의 사람들을 돌이켜 생각한다

秋山暴沛急
浮世[1]愧殘春[2]
日夜欲何往
回看千古人

---

1) 浮世부세 : 덧없는 세상.
2) 殘春잔춘 : 쇠잔한 나이, 노년老年.

구암사에서 송청암 형제와 같이 읊음
龜巖寺與宋淸巖兄弟共唫

먼 나그네 빈산에 해 저무는데
성긴 머리털은 마치 엷은 놀과 같구나
앓기 전에 여라덩굴에 걸린 달 보았거니
좌선 끝난 뒤에도 국화꽃 안 피었네
철 늦은 버들은 누구 위해 그대로 남았는가
한가한 구름은 나처럼 다 같이 집이 없네
구리낙타와 가시나무 어느 것이 꿈 아니랴
옛날의 영웅들은 부질없이 뽐내었네

遠客空山秋日斜
澹霞疎髮隔如紗[1]
病前已見碧蘿月
禪後未開黃菊花
晚柳爲誰偏有緖[2]
閒雲與我共無家
銅駝荊棘[3]孰非夢
終古[4]英雄漫自誇

---

1) 隔如紗격여사 : 엷은 놀과 성긴 머리칼은 그 차이가 비단 같음. 머리가 놀과 같다는 뜻.
2) 偏有緖편유서 : 못내 정이 있음. 그대로 남아 있음.
3) 銅駝荊棘동타형극 : 낙양洛陽의 왕궁 남쪽 길에 낙타의 동상이 세워져 있었다. 서진西晉의 오행학자五行學者 삭정索靖이 천하의 혼란을 예상하여 그 동타를 가리키면서 "지금은 궁문 앞에 있는 너를 곧 가시나무가 우거진 폐허에서 보게 되리라"고 했는데, 곧 오호五胡의 침입으로 낙양은 반 넘어 폐허가 되었음.
4) 終古종고 : 평상, 평상시.

쌍계루
雙溪樓

이 누대가 속을 떠나 마치 고승 같나니
이루려도 인력으로 결코 될 바 아니다
학은 하늘로 오르기 전에 향이 이미 내려왔고
내 이제 나그네 되었거니 가을이 먼저 깊다
낭떠러지는 마치 소나기가 단풍 숲에 쏟아지는 듯
나무에 걸린 구름이 없어 산골짝 물이 맑다
이 나라의 형제와 나 또한 있나니
다음날 다함께 즐겨 오르길 기약한다

一樓絶俗似高僧
欲致[1]定[2]非力以能
鶴[3](有鶴巖)未歸天香已下
人今爲客秋先增
懸崖[4]如雨楓林急
穿樹[5]無雲澗水澄
海內[6]弟兄[7]吾亦有(時宋淸巖兄弟共登此樓)
大期他日盡歡登

---

1) 欲致욕치 : 이루려고 함.
2) 定정 : 결코.
3) 鶴학 : 작자의 주)에 의하면 학은 학암鶴巖을 가리킨 것.
4) 懸崖현애 : 낭떠러지.
5) 穿樹천수 : 나무를 뚫음.
6) 海內해내 : 사해四海의 안이라는 뜻으로 국내 또는 천하를 이름.
7) 弟兄제형 : 작자의 주에 따르면, 송청암 형제임을 알 수 있다.

남형우에게 줌
贈南亨祐

가을산 지는 해에 바라보면 창창한데
홀로 서서 노랫소리 팔황을 다 울리네
몇 가닥 흰 머리털 흘러간 물이지만
수많은 국화꽃은 밤서리 맞이하네
먼 편지는 아니 와도 벌레들은 속삭이고
고목은 무심해도 이끼 절로 향기롭네
출가한 지 어느덧 사십 년인데
부끄럽다 옛 그대로 빈 선상을 지키나니

秋山落日望蒼蒼[1]
獨立高歌響八荒[2]
白髮數莖東逝水[3]
黃花萬本夜迎霜
遠書不至虫猶語
古木無心苔自香
四十年來出世[4]事
慚愧依舊坐空床[5]

---

1) 蒼蒼창창 : 어둑어둑한 모양.
2) 八荒팔황 : 팔방의 끝. 먼 곳.
3) 東逝水동서수 : 흐르는 물에 인생을 비유한 것.
4) 出世출세 : 출가出家, 즉 세속을 떠나 중 노릇을 하는 것.
5) 床상 : 선상禪床. 좌선하는 의자 같은 것. 우리나라 선종에선 사용치 않음.

송청암에게 줌
贈宋淸巖

만나면 으레 못내 반가워
둘이 함께 가을 산을 찾아들었네
해 뜨면 흰 구름을 바라다보고
밤이 되면 달빛 속을 거닐기도 하였네
돌멩이들이야 본래 아무 말이 없지만
오랜 오동나무는 스스로 소리 있네
이 땅이 바로 극락정토이거니
구태여 삼청세계 바라지 말게

相逢輒[1]驚喜
共作秋山行
日出看雲白
夜來步月明
小石本無語
古桐[2]自有聲
大塊[3]一樂土
不必求三淸[4] (時宋求仙)

---

1) 輒첩 : 으레. 문득.
2) 古桐고동 : 오래된 오동나무로 거문고를 만들면 좋은 소리가 난다고 함.
3) 大塊대괴 : 대지, 지구, 또 천지. 조화造化 또는 조물주.
4) 三淸삼청 : 도교道敎에서 말하는 옥청玉淸·상청上淸·태청太淸의 삼천三天을 이름.

서울에서 오세암으로 돌아와 박한영에게 보냄
自京歸五歲庵贈朴漢永[1]

저 온하늘에 달이 밝은데 그대는 어디 있는가
온산에 단풍인데 나만 혼자 돌아왔네
밝은 달과 이 단풍은 잊을 수가 있어도
오직 내 마음만은 그대와 함께 노니네

一天[2]明月君何在
滿地丹楓我獨來
明月丹楓雖相忘
唯有我心共徘徊

---

1) 朴漢永박한영 : 호는 영호映湖. 근대 불교계에서 일대一代를 풍미한 석학.
2) 一天일천 : 온하늘.

중양
重陽[1]

구월 구일 백담사의 중양일이여
모든 나뭇잎은 지고 내 병도 다 나았다
구름이 떠돌거니 그 누가 나그네가 아니며
국화꽃 피었는데 나는 그 누구인가
시냇물 말라 돌은 마치 옥 같은데
기러기 나는 가을 하늘 티끌이 없이 멀다
한낮 방석 위에 일어나앉았나니
첩첩한 푸른 산이 창으로 들어온다

九月九日百潭寺
萬樹歸根[2]病離身
閒雲不定孰非客
黃花已發我何人
溪磵水落[3]晴有玉
鴻雁秋高逈無塵
午來更起蒲團[4]上
千峰入戶碧嶙峋[5]

---

1) 重陽중양 : 음력 구월 구일의 명절.
2) 歸根귀근 : 근본으로 돌아감. 여기서는 잎이 지는 것을 비유.
3) 水落수락 : 물의 양이 줄어드는 것은 이름.
4) 蒲團포단 : 부들로 만든 둥근 자리.
5) 嶙峋인순 : 산이 첩첩이 싸여 깊숙한 모양.

정사년 12월 3일 밤 10시경 좌선 중에 갑자기 바람이 불어 무슨 물건인가를 떨구는 소리를 듣고, 의심하는 마음이 씻은 듯 풀렸다. 이에 시 한 수를 지음
丁巳十二月三日 夜十時頃坐禪中 忽聞風打墜物聲 疑情頓釋仍得一詩

남아가 간 곳마다 바로 고향인 것을
그 몇이나 객수 속에 오래 있었나
한소리 크게 질러 삼천세계 깨뜨리니
눈 속에 복사꽃이 조각조각 붉었구나

男兒到處是故鄕[1]
幾人長在客愁[2]中
一聲喝破[3]三千界[4]
雪裡桃花片片紅

---

1) 故鄕고향 : 마음의 고향을 말하는 것으로 본원적인 도道의 세계.
2) 客愁객수 : 나그네의 시름.
3) 喝破갈파 : 원래의 뜻은 큰소리로 꾸짖는 것이나 여기서는 선종의 할喝을 가리킴. 이른바 선문답禪問答에서는 대답 대신 봉棒·할喝을 가끔 쓴다. 진리는 언어나 논리를 초월한 것이기에 그 근원적 모습을 체득시키고자 소리를 크게 지르는 것이 곧 할이다. 파破는 강조의 역할을 하는 조자助字.
4) 三千界삼천계 : 삼천세계三千世界. 즉 중천세계中天世界 천 개가 모인 것을 이르는데, '우주' 정도를 뜻함.

오세암
五歲庵

구름 있고 물이 있어 이웃이 넉넉하고
…… 하물며 인仁일 건가
저자 멀어 약 대신에 솔잎차를 달이고
산이 깊어 고기와 새 사람 보기 드물다
아무 일도 없음이 고요함이 아니오
첫마음 안 고침이 바로 새로움이다
비 맞아도 끄덕없는 파초만 같다면
난들 무얼 꺼리리 티끌 속 달리기를

有雲有水足相隣
○○○○¹⁾況復仁
市遠松茶堪煎藥
山窮魚鳥忽逢人
絶無一事還非靜
莫負初盟是爲新
倘²⁾若芭蕉雨後立
此身何厭走黃塵³⁾

---

1) 이 부분은 결자缺字.
2) 倘당 : 만일.
3) 黃塵황진 : 누런 먼지. 속사俗事.

어느날 이웃방과 이야기하다가 간수에게 들켜 두 손을 2분 동안 가볍게 묶이었다. 이에 즉석에서 읊음

一日與隣房通話爲看守窃聽雙手被輕縛二分間卽唫

농산의 앵무새는 말을 곧잘 한다는데
그 새보다 훨씬 못한 이 몸이 부끄럽다
웅변은 은이요 침묵이 금이라면
그 금으로 자유의 꽃 몽땅 사리라

隴山¹⁾鸚鵡能言語
愧我不及彼鳥多
雄辯銀兮沈黙金
此金買盡自由花

以下獄中作

---

1) 隴山농산 : 섬서성陝西省에 있는 산 이름.

옥중의 감회
獄中感懷

한 생각만 깨달으면 티끌 없이 깨끗해
철창의 밝은 달이 스스로 새로운 걸
우락은 본래 공이요 마음에 있거니
석가불도 원래는 예사 사람이었네

一念但覺淨無塵
鐵窓明月自生新
憂樂本空唯心在
釋迦原來尋常人[1]

---

1) 尋常人심상인 : 평범한 사람.

어느 학생에게 줌
寄學生

기와로 완전하면 삶이 치욕이 되고
옥으로 부서지면 죽음도 아름답다
천지에 가득한 가시나무를 베면
긴 휘파람에 달빛이 하 많으리

瓦全[1]生爲恥
玉碎[2]死亦佳
滿天斬荊棘
長嘯[3]月明多

---

1) 瓦全와전 : 기와로서 완전히 있는 것이 원 뜻이나, 아무 하는 것 없이 겨우 신명身命만 보전하는 것을 말함.
2) 玉碎옥쇄 : 부서져 옥이 된다는 뜻으로 공을 세우고 죽거나 충성을 다하고 깨끗이 죽음을 이름. 1)과 반대.
3) 長嘯장소 : 소리를 길게 빼어 읊음.

가을비
秋雨

가을비는 어찌 이리도 쓸쓸한가
으스스한 추위에 절로 놀라네
생각은 날으는 학인 양하여
구름을 따라 서울에 들어가네

秋雨何蕭瑟[1]
微寒[2]空自驚
有思如飛鶴
隨雲入帝京[3]

---

1) 蕭瑟소슬 : 쓸쓸한 모양.
2) 微寒미한 : 약간 추운 추위.
3) 帝京제경 : 제왕이 계신 서울.

가을 회포
秋懷

십 년을 나라 위한 칼이 헛되어
한몸만이 옥중에 갇혀 있을 뿐
기쁜 소식 오지 않고 벌레울음 요란한데
몇 가닥 흰 머리털에 또 가을 바람이네

十年報國劒全空[1]
只許一身在獄中
捷使[2]不來虫語急
數莖白髮又秋風

---

1) 劒全空검전공 : 칼을 들어 싸우는 일이 아주 헛되게 되었음.
2) 捷使첩사 : 싸움의 승리를 알리는 사자使者.

눈오는 밤
雪夜

감옥 둘레 산에는 눈이 바다 같은데
쇠처럼 이불 차고 꿈도 차갑다
철창도 오히려 잠그지 못하는가
어디서 오는 밤에 듣는 종소리

四山[1]圍獄雪如海
衾寒如鐵夢如灰[2]
鐵窓猶有鎖不得
夜聞鐘聲何處來

---

1) 四山사산 : 사방의 산.
2) 如灰여회 : 삭은 재와 같다는 것.

벚꽃을 보고 느낌이 있어서
見櫻花有感

지난겨울 그 눈은 꽃과 같더니
이 봄에 핀 꽃이 되려 눈 같네
눈도 꽃도 그 모두 참이 아닌데
이 마음 왜 이리 찢어지려 하는가

昨冬雪如花
今春花如雪
雪花共非眞[1)]
如何心欲裂

---

1) 非眞비진 : 참이 아님. 일체는 실체가 없다는 뜻.

기러기를 읊음 두 수
詠雁 二首

1

날아가는 외기러기에 가을소리 멀고
별도 몇 개 반짝여 밤빛이 짙어간다
등불은 사위어도 아직 잠 못 드는데
언제 집에 가는가고 간수가 묻는다

一雁秋聲遠
數星夜色多
燈深[1]猶未宿
獄吏問歸家

2

아득한 하늘 끝의 외기러기 울음에
옥에 가득 가을소리 깊어만 가네
갈대꽃을 비추는 달 말하는 외에
또 무슨 원설상이 따로 있는가

---

1) 燈深등심 : 등불이 꺼져감.

天涯一雁叫
滿獄秋聲長
道破[2]蘆月外
有何圓舌相[3]

---

2) 道破도파 : 설파說破. 내용을 밝히어 말함.
3) 圓舌相원설상 : 진리를 원만하고 모자람 없이 말하는 부처님의 특징.

병감의 후원
病監後園

선을 말하는 사람 그 또한 속물이요
그물을 뜨는 나 어찌 중이랴
나뭇잎 떨어짐이 가장 섧거니
가을 못 오게 잡아맬 노끈 없는가

談禪人亦俗
結網¹⁾我何僧
最憐黃葉落
繫秋原無繩

---

1) 結網결망 : 그물을 뜸. 즉 그물을 뜬다는 것은 인연을 자꾸 만들어 간다는 것으로, 승려로서 인연을 끊고 초월하지 못함을 함축한 말.

고우에게 주는 선화
贈古友[1]禪話[2]

어여쁜 꽃을 모두 다 보고
안개 속 향기론 풀 이리저리 다 누볐다
한 나무 매화꽃은 아직 못 가졌는데
천지에 가득한 눈바람 그 어찌할꼬

看盡百花[3]正可愛
縱橫芳草[4]踏烟霞[5]
一樹寒梅[6]將不得
其如滿地風雪何[7]

---

1) 古友고우 : 최린崔麟의 호.
2) 禪話선화 : 선의 이야기. 즉 선禪의 취지를 나타내는 말.
3) 百花백화와
4) 芳草방초 : 이론으로 갈 수 있는 데까진 다 갔다는 것.
5) 烟霞연하 : 안개와 노을, 즉 자연의 경치.
6) 寒梅한매 : 이론을 넘어선 진리 자체를 비유한 것.
7) 其如~何 : ~를 어찌하랴. 기其는 의미 없는 조자助字.

다듬이 소리
砧聲

어디서 들려오는 다듬이 소리인가
이 옥 안에 저절로 추위 생긴다
하늘옷이 따뜻하다 이르지 말라
뼈에 사무치는 이 추위와 어떠한고

何處砧聲至
滿獄自生寒
莫道天衣¹⁾煖
孰如²⁾徹骨寒

---

1) 天衣천의 : 하늘나라 사람의 옷.
2) 孰如숙여 : 숙약孰若. 두 가지 대상을 이 말의 앞뒤에 들어 그 중 어느 쪽이 나으냐고 묻는 말인데, 묻는 사람은 뒤의 것이 낫다고 생각하고 하는 말.

등불 그림자를 읊음
咏**燈影**[1)]

밤이 차가우매 창도 물과 같은데
등불 그림자 누워서 바라본다
두 눈으로 미치지 못하는 곳 있나니
여전한 선승 모습 부끄러워라

夜冷窓如水
臥看第二燈[2)]
雙光[3)]不到處
依舊愧禪僧

---

1) 燈影등영 : 등잔불 또는 촛불의 빛 또 그 그림자.
2) 第二燈제2등 : 등불의 그림자를 가리킴.
3) 雙光쌍광 : 두 눈.

송별
贈別[1)]

천하에서 만나기도 쉽지 않은데
옥중에서 헤어짐도 별다르구나
옛 맹세 아직도 식지 않았거든
국화철의 기약을 저버리지 말게나

天下逢未易
獄中別亦奇
舊盟[2)] 猶未冷
莫負黃花期

以上在獄中作

---

1) 贈別증별 : 송별함. 사람이 멀리 떠날 때 시문을 지어 주거나 물품을 보내어 석별의 정을 표함.
2) 舊盟구맹 : 옛 맹세. 국화를 보며 즐기겠다는 약속.

한강
漢江

찾아온 한강이여 강물 길구나
물은 깊어 말이 없고 가을빛 어리었다
들국화는 어디인가 알 수 없지만
때때로 바람결에 가만히 향기 온다

行到漢江江水長
深深無語見秋光
野菊不知何處在
西風時有暗[1] 傳香[2]

---

1) 暗암 : 가만히, 몰래.
2) 傳香전향 : 향기를 전해준다. 이는 옛 맹세를 지키고 있는 이가 어딘가 있을 것이라는 작자의 느낌을 표현한 것이다.

눈 오는 밤 그림을 보고 느낌이 있어서
雪夜看畵有感

한밤중 눈바람은 그치지 않아
사람 마음과 세월 모습은 모두 변덕스럽다
나서부터 금의 저버림을 익히 받았고
늙어가며 술의 속임을 참으며 산다
추위 스미는 매화향기는 스러지기 쉬운데
사위는 등불, 노인의 꿈은 기약하기 어렵다
그림 속의 고기잡이 저 늙은이 참으로 부럽구나
봄물의 파란 잔물살을 앉아 바라보느니

風雪中宵不盡吹
人情歲色共參差[1]
生來[2]慣被黃金負[3]
老去忍從白酒欺[4]
寒透殘梅香易失
燈深[5]華髮[6]夢難期
畵裡漁翁眞可羨
坐看春水綠生漪[7]

---

1) 參差참차 : 가지런하지 않은 모양.
2) 生來생래 : 출생한 이후. 나면서부터.
3) 慣被黃金負관피황금부 : 황금에 저버림당하는 데에 익숙해 있음. 곧 가난에 익숙하다는 것.
4) 忍從白酒欺인종백주기 : 막걸리의 속임에 참고 따름. 곧 환히 알면서도 술에 속고 산다는 것. 백주白酒는 막걸리.
5) 燈深등심 : 등불이 사위어 감. 심深은 거의 다한다는 뜻.
6) 華髮화발 : 노년을 일컬음.
7) 漪의 : 잔물결.

무제(1) 여덟 수
無題 八首

1

시름이 일매 고요한 밤이 싫고
술이 다하매 추울까 겁이 난다
천리 밖의 사람을 못내 생각하나니
마음은 가면서도 정은 가지 못한다

愁來厭夜靜
酒盡怯寒生
千里懷人急
心隨未到情[1]

2

석양의 머리털은 어느새 짧았건만
해바라기 마음은 되레 길어라
산 집의 눈은 아직 녹지 않았는데
매화는 피어 봄밤이 향기롭다

---

1) 心隨未到情심수미도정 : 마음은 가면서도 직접 만나지 못한다는 뜻.

桑楡²⁾髮已短
葵藿³⁾心猶長
山家雪未消
梅發春屑香

3

구름 끊기어 시는 가락 이루고
눈이 쏟아져 술이 향기 풍긴다
서성거리며 천고 일을 생각하노니
언제나 푸른 하늘 밝은 달이여

雲斷詩成韻
雪來酒動香
縱步⁴⁾思千古
靑天明月長

---

2) 桑楡상유 : 해가 지는 곳. 전轉하여 해질녘의 해의 그림자. 지는 해의 그림자가 뽕나무와 느릅나무 가지 끝에 남아 있다는 뜻에서 이름. 더 나아가 말년末年. 노인의 사기死期, 동쪽에 대해 서쪽, 아침에 대해 저녁을 뜻하기도 함.
3) 葵藿규곽 : 해바라기. 임금이나 나라를 위한 마음을 비유.
4) 縱步종보 : 멋대로 걸음.

4

땅이 야위어 구름발이 가늘고
집이 가난해 매화꽃이 더디 핀다
유인의 마음은 사슴 같아서
언제나 개 닭들과 함께 노닌다

地瘠雲生細
家貧梅發遲
幽人心似鹿
鷄犬每相隨

5

언덕의 대숲은 옥인 양 서 있는데
시내 구름은 옷인 듯 누워 있다
아마도 저 산에 눈이 오려는가 보다
이따금 날아가는 찬 까마귀 보인다

岸竹立千玉[5)]
磵雲臥一衣
他山雪意重
時見寒鴉飛

6

흐르는 물은 영웅의 눈물이요
지는 꽃은 재자의 시름이거니
청산을 좋다고 이르지 말라
시내 숲의 절반은 해골인 것을

流水英雄淚
落花才子[6)]愁
莫道靑山好
溪林半髑髏

---

5) 玉옥 : 대숲에서 내린 눈빛의 형용.
6) 才子재자 : 재사才士.

7

시내 소리는 돌에 부딪힘이요
달의 흐름은 구름 탓이 많은데
그대 그리는 내 마음만 달려가서
한해가 다 가도록 떨어질 줄 모른다

溪響每因石
月陰半借雲
思君心獨往
抵歲不相分

8

매화의 달을 학이 지키고
송백 바람에 옥이 흐른다
애달파라 그 마음 대나무를 배우면서
진을 얻으려다 공에서 잃었구나

鶴守梅花月

玉流⁷⁾松柏風
堪憐心學竹⁸⁾
得眞⁹⁾失之空¹⁰⁾

---

7) 玉流옥류 : 바람소리의 형용.
8) 學竹학죽 : 대나무의 속이 비어 있음을 배운다는 것.
9) 得眞득진 : 자연계에서 참된 것을 배움.
10) 得眞失之空득진실지공 : 대의 절개만 배우고 그 속이 빈 것은 배우지 못한다는 뜻인가. 또는 진을 얻고 보니 실實은 공이다. 실失을 실實로 보면 어떨까?

무제(2) 두 수
無題 二首

1

날로 몹시 추위 느껴 문 밖을 안 났는데
시내 돌이 옥이 되어 살쪘다 한다
공중에 길 없거니 새는 어디로 가나
산속에 집 있는데 구름은 아니 온다
억지 술로 시름 삭이려는 그 계략 졸렬하고
굳이 잠들어 꿈꾸려는 그 방법 또한 틀렸다
하늘 가득 눈바람에 미인은 멀었거니
온통 흰 머리로 저녁볕 지고 섰다

日覺甚寒不出扉
報言[1] 澗石玉爲肥[2]
空中無路鳥何去
山裡有家雲未歸
勒酒[3] 消愁計已拙
强眼[4] 做夢術且違
一天風雪美人[5] 遠

---

1) 報言보언 : 알려주는 말.
2) 玉爲肥옥위비 : 눈이 돌에 내려 그 모양이 구슬이 살쪘다는 것.
3) 勒酒늑주 : 억지로 마시는 술.
4) 强眼강면 : 굳이 자는 잠. 억지로 자는 것.
5) 美人미인 : 생각하는 사람. 여인에 한하지 않음.

華髮滿題負夕暉[6]

2

명검은 갈기 전에 이미 잘 들고
좋은 꽃은 진 뒤에도 향기롭나니
어여쁘다 천상의 저 밝은 달만이
내 마음의 긴 시름을 홀로 비추네

名劒磨前快
好花落後香
可憐天上月
獨照片心長

---

6) 夕暉석휘: 석양.

신문 폐간
新聞廢刊

붓이 꺾이고 먹이 날아 낮에도 놀고
재갈 물려 사람들 흩어지는 서울의 가을
말없는 한강물은 그 또한 흐느끼며
연지에는 들지 않고 바다 향해 흘러간다

筆絶墨飛[1]白日休
銜枚[2]人散古城秋
漢江之水亦嗚咽
不入硯池[3]向海流

---

1) 筆絶墨飛필절묵비 : 신문이 폐간됨으로써 민족의 의사를 표현할 길이 막혔다는 것.
2) 銜枚함매 : 옛날에 진군할 때 군졸이나 말이 소리를 내지 못하도록 입에 나무를 물리던 일. 枚는 젓가락같이 생긴 나무.
3) 硯池연지 : 벼루에서 먹물이 담기는 오목한 부분. 묵지墨池.

회갑날의 즉흥
— 1939년 7월 12일 청량사에서

周甲日卽興

— 一九三九, 七, 十二, 於淸凉寺

총총히도 지나간 예순에 한 해
인간에선 이것을 소겁이라 하나니
세월은 흰 머리를 짧게 했지만
풍상도 일편단심을 어쩌지 못해
가난을 받아들여 범골이 바뀐 듯
병을 버려두거니 묘한 방문方文 누가 알리
흐르는 물 내 여생을 그대는 묻지 말라
숲에 가득 매미 소리에 사양으로 달리느니

忽忽六十一年光
云是人間小劫桑[1]
歲月縱令白髮短
風霜無奈丹心長
聽[2]貧已覺換凡骨
任病誰知得妙方
流水餘生君莫問
蟬聲萬樹趁斜陽

---

1) 小劫桑소겁상 : 해석이 곤란한 구절임. 겁상劫桑을 이 겁수劫樹 또는 겁파수劫波樹로 번역된 Kalpatara인지도 모르겠으나 단정키 어려우며, 문맥상으로도 맞지 않음. 따라서 소겁小劫으로 봄이 적당할 듯. 겁은 인도인의 시간 단위로 거의 무한에 가까운 긴 시간이어서, 대겁·중겁에 대하여 소겁이라 해도 매우 긴 시간을 말하매, 육십일 년도 인간계에선 아주 긴 수명으로 친다는 뜻으로 봄이 타당.

2) 聽청 : 들어줌. 받아들임. 순종함.

삼가 계초 선생의 생신을 축하함
謹賀啓礎[1]**先生晬辰**[2]

서쪽에서 온 한 기운이 참으로 기이하여
비와 구름을 부리는 조화는 그때를 맞추었다
서까래 같은 큰 붓은 살활이 자재自在하고
대숲 같은 영재들은 자질이 각기 달랐다
용과 호랑이 쳐잡기 실로 마음대로이거니
학이나 갈매기를 벗할 날도 기약할 수 있으리
「남산처럼 수하시라」 축수하는 한수 위에
봄 삼월의 새 복이 참으로 넉넉하다

西來一氣[3] 正堪奇
覆雨飜雲[4] 自有時
大筆如椽[5] 能殺活[6]
英才似竹又參差
屠龍搏虎固任意
訪鶴問鷗亦可期
祝壽南山[7] 漢水上
陽春三月足新禧[8]

---

1) 啓礎계초 : 방응모方應謨씨의 아호. 조선일보 사장이었고, 6·25 때 납북.
2) 晬辰수신 : 생신, 생일.
3) 西來一氣서래일기 : 계초는 평안도 출신인데, 평안도는 예부터 관서關西로 불러왔음.
4) 覆雨飜雲복우번운 : 비를 뒤엎고 구름을 날림. 곧 조화를 부림.
5) 椽연 : 서까래.
6) 殺活살활 : 죽임과 살림.
7) 祝壽南山축수남산 : 남산지수南山之壽. 종남산終南山이 무궁토록 이 세상에 있듯이, 오래도록 장수長壽하기를 축원하는 말.
8) 新禧신희 : 새해의 복. 여기서는 새로운 복.

무제[1] (3) 두 수
無題 二首

1

서리 온 뒤 울타리 가에 귤이 누르니
누군가 이것이 법 중의 왕이라 이르더라
삼현 삼요를 다 말하지 말아라.
한 점이 도리어 일찍 斷常에 떨어졌다.

霜後籬邊橘子黃
人傳便是法中王
三玄[2] 三要[3] 部休說
一點還曾落斷常[4]

2

항상 도장에 앉아서 십 겁을 지나니,

---

1) 위의 시는 한용운의 친필로 쓰여져 송광사松廣寺 박물관에 족자로 소장된 것임.
2) 三玄삼현 : ① 노자, 장자, 주역, 세 가지를 말함. 현중현玄中玄, 구중현句中玄, 체중현體中玄 『임제록』
3) 三要삼요 : ① 세 가지 큰일. 체體본질, 상相현상, 용用작용. ② 임제가 주창하는 세 가지 기관機關. 기관은 공안公案이나 일봉一棒의 뜻.
4) 斷常단상 : "단상이견斷常二見"의 준말. 만유는 무상하여 실패하지 않는 것과 같이 사람이 죽으면 몸과 마음이 모두 없어진다는 단견斷見과 모든 것이 영원히 변치 않는 것과 이 몸도 죽었다가 다시 태어나서 끝없이 지금의 상태를 계속한다고 주장하는 상견常見을 말함.

일일이 머리를 좇아 누설되더라.
많거나 적거나 세간에 표말을 지키는 사람이
몽둥이를 들고 하늘가의 달을 치려 하더라.

燕坐道場經十劫
一一從頭俱漏洩
多少世間守株人
掉棒擬打天邊月

곽암 십우송을 차운하다
次廓庵十牛頌韻

1. 소를 찾아나서다
尋牛

원래 이 물건 찾지 못할 건 아니나
산속엔 흰 구름 짙게 끼어 있어
깊은 골 높은 벼랑 잡아 오를 수 없네
바람이 일고 호랑이 우니 용마저 우짖누나

此物元非無處尋
山中但覺白雲深
絶壑斷崖攀不得
風生處嘯復龍唫

2. 소의 자취를 보다
見跡

여우 살쾡이 우글대는 산을 넘다
고개 돌려 다시 묻노니 이 대체 무엇인가
홀연 풀을 헤치고 꽃 자취를 밟아가노니
다른 곳에서 다른 걸 찾을 필요 있을 것인가

狐狸滿山凡幾多
回頭又問是甚麽
忽看披艸踏花跡
別徑何須更覓他

3. 소를 보다
見牛

지금 다시 울음소리를 들을 필요 있을까
떨치고 가는 흰 소, 푸른 풀을 밟고 있네
한 걸음도 꼼짝 않고 저놈을 보노라니
저 털 저 뿔 에서 이뤄진 것 아니로구나

至今何必更聞聲
拂白白兮踏靑靑
不離一步立看彼
毛角元非到此成

4. 소를 얻다
得牛

보고서도 못 얻을까 더욱 의심 내나니
흔들리는 터럭 마음 끊어내기 어려워라
그 고삐 내 손에 있음 문득 깨치고 나니
이는 분명 내게서 떨어진 적 없었던 듯

已見更疑不得渠
擾擾毛心亦難除
頓覺其轡已在手
大似元來不難居

5. 소를 방목하다
牧牛

꼴 먹이고 길들이기 이 몸에 더하노니
행여 야성이 되살아날까 두려워했나니
어느덧 멍에 씌워 기다릴 필요 없었으니
온갖 일 따르게 하기 사람의 손에 있나니

飼養馴致兩加身
恐彼野性逸入塵
片時不得羈與絆

萬事於今必須人

6. 소를 타고 돌아오다
騎牛歸家

채찍 그림자 쓰지 않고 집으로 돌아간다네
안개 놀이 무어고 산과 물이 가로 막겠는가
저물녘 먼 길 가며 길가의 풀 먹어 치우니
봄바람도 못 보네 풀 향기 입에 드는 걸

不費鞭影任歸家
溪山何妨隔烟霞
斜日吃盡長程艸
春風未見香入牙

7. 소를 잊은 사람
忘牛存人

강과 산으로 마음껏 뛰어 노네
녹수청산은 대낮인데도 한가로워라

복사꽃 숲과 들은 벌써 잊었다 해도
조각 꿈은 창 아래 아직도 머물고 있네

自任逸蹄水復山
綠水靑山白日閒
雖然已忘桃林野
片夢猶在小窓間

8. 소와 사람을 다 잊다
人牛俱忘

색은 공이요 공 또한 공이라 했거늘
이미 막힘도 없으니 통할 것도 있을쏘냐
티끌 하나 않지 못할 천검에 의지하니
천추에 조종祖宗이 있음을 어찌 허용하리

非徒色空空亦空
已無塞處又無通
纖塵不立依天劍
肯許千秋有祖宗

9. 근원으로 돌아오다
返本還源

삼명육통三明六通[1]은 공력으로 될 일이 아니거늘
어찌 소경이나 또 귀머거리처럼 할 것인가
고개 돌리니 털도 뿔도 나지 않은 곳에
봄이 돌아오니 여전히 백화가 만발하는구나

三明六通元非功
何似若盲復如聾
回首毛角未生外
春來依舊百花紅

10. 저잣거리로 돌아오다
入廛垂手

---

1) 삼명육통三明六通 : 삼명三明이란 아라한과를 성취한 성자에게 갖추어진 불가사의한 능력으로 세 가지에 대해 밝게 아는 것인데, 즉 천안명, 숙명명, 누진명이며, 육통六通은 천안통, 천이통, 타심통, 숙명통, 신족통, 누진통 등 여섯 가지 신통력을 말하는 것으로 삼명에 세 가지를 더 추가한 것을 말한다. 삼명이 세계를 보는 세계관이나 또는 지혜의 눈이라는 측면이 강한 반면 육통은 어떤 불가사의한 능력, 부처님이나 아라한에게 갖추어진 자유자재한 권능이라는 측면이 강하다고 할 수 있다.

진흙탕도 물속도 마음대로 드나들면서도
울고 웃는 얼굴에는 흔적도 없다네
다른 날 아득한 고통의 바다 속에서도
또다시 연꽃을 불꽃 속에 피어나게 하리라

入泥入水任去來
哭笑無端不盈腮
他日茫茫苦海裏
更敎蓮花火中開

제3부

기타 詩

心

心은 心이니라.
心만 心이 아니라 非心도 心이니 心外에는 何物도 無하니라.
生도 心이오 死도 心이니라.
無窮花도 心이오 薔薇花도 心이니라.
好漢도 心이오 賤丈夫도 心이니라.
蜃樓[1]도 心이오 空華[2]도 心이니라.
物質界도 心이오 無形界도 心이니라.
空間도 心이오 時間도 心이니라.
心이 生하면 萬有가 起하고 心이 息하면 一空[3]도 無하니라.
心은 無의 實在오, 有의 眞空[4]이니라.
心은 人에게 淚도 與하고 笑도 與하나니라.
心의 墟에는 天堂의 棟樑[5]도 有하고 地獄의 基礎도 有하니라.
心의 野에는 成功의 頌德碑도 立하고 退敗의 紀念品도 陣列하나니라.
心은 自然戰爭의 總司令官이며 講和使니라.
金剛山의 上峯에는 魚鰕[6]의 化石이 有하고 大西洋의 海底에는 噴火口가 有하니라.
心은 何時라도 何事何物에라도 心 自體뿐이니라.

---

1) 蜃樓신루 : 신기루. 신기루는 ① 바다나 사막에서 기온의 이상한 분포 때문에 광선이 굴절하여 먼 데 있는 물체가 보이는 현상. ② 공중에 누각을 짓는 것처럼 근거나 현실적으로 토대가 없는 헛된 공상이나 존재. 여기서는 ②의 뜻.
2) 空華공화 : 불교용어. 허공화虛空華. 사물의 실체가 없음을 비유하는 말.
3) 一空일공 : 텅 비어 아무것도 없는 상태.
4) 眞空진공 : 불교용어. 진여眞如의 이성理性이 모든 미혹된 소견所見·상相을 떠나는 일. 또는 비공非空의 공空. 대승의 지극至極을 말함.
5) 棟樑동량 : 마룻대와 들보. 여기서는 기둥의 의미로 사용.
6) 魚鰕어하 : 물고기와 새우, 물고기들을 통칭하는 말.

心은 絶對며 自由며 萬能이니라.

『惟心』제1호 1918년 9월호

一莖艸[1]의 生命

江上 數峰의 푸른 빛 너머로 白牧丹花 같은 한 쪼각 구름이 오른다.

무엇보다도 敏速[2]한 나의 腦가 무엇을 느끼랴다가 미처 느끼지 못한 그 刹那 구름은 벌써 솜뭉치같이 피여서 한편 하늘을 덮어 온다.

仙娥[3]야 그 솜뭉치 좀 빌려라. 가벼운 추위를 견디지 못하는 보드러운 싹을 싸주자.

仙娥는 沈黙이다. 그러나 넘칠 듯한 愛嬌 나를 向하야 同情을 드러붓는 듯하다.

어느 겨를에 그리 晴明하든 蒼空, 水墨色의 帳幕을 편 듯하다.

벼개 위에 오랴는 낮 졸음을 쫓는 沛然[4]한 소리, 大旱[5]의 野에 活水[6]가 낫도다.

아아, 나의 感謝를 表하는 親線 새삼스럽게 벌써 개인 江上의 數峰에 대인다.

제 아모리 惡魔라도 어찌 막으랴, 焦土[7]의 中에서도 金石을 뚫을 듯한 眞生命을 가졌든 그 풀의 勃然[8]을.

사랑스럽다. 鬼의 斧[9]로도 魔의 牙[10]로도 어찌지 못할 一莖草의 生命.

『惟心』제2호, 1918년 10월호

---

1) 一莖艸일경초 : 한해살이 풀.
2) 敏速민속 : 민첩하고 빠름.
3) 仙娥선아 : ① 선녀. ② 달月을 달리 이르는 말. 여기서는 ①의 뜻.
4) 沛然패연 : ① 성대한 모양. ② 비가 몹시 내리는 모양. 여기서는 ②의 뜻. 갑자기 소나기가 쏟아짐을 이르는 말.
5) 大旱대한 : 크게 가뭄.
6) 活水활수 : 흘러 내려가거나 이리저리 움직이는 물.
7) 焦土초토 : 불에 타서 황폐해진 땅.
8) 勃然발연 : 부쩍 일어나는 모양. 여기서는 풀이 새싹을 피우는 것을 말함.
9) 斧부 : 도끼.
10) 牙아 : 이빨.

가갸날[1]에 對하야

아아 가갸날.
참되고 어질고 아름다워요.
「축일(祝日)」「제일(祭日)」
「데―」[2]「씨즌」[3] 이 위에
가갸날이 낫서요, 가갸날.
끝없는 바다에 쑥 솟아오르는 해처럼
힘 있고 빛나고 두렷한 가갸날.
「데―」보다 읽기 좋고「씨즌」보다 알기 쉬워요.
입으로 젖꼭지를 물고 손으로 다른 젖꼭지를 만지는 어엽분 아기도 일러줄 수 있어요.
「가갸」로 말을 하고 글을 써셔요.
혀 끝에서 물결이 솟고 붓 아래에 꽃이 피여요.
그 속엔 우리의 향기로운 목숨이 살아 움직입니다.
그 속엔 낯익은 사람의 실마리가 풀리면서 감겨 있어요.
굳세게 생각하고 아름답게 노래하야요.
검[4]이어, 우리는 서슴지 않고 소리쳐
「가갸날」을 자랑하겠습니다.
검이여, 가갸날로 검의 가장 좋은 날을 삼어 주서요.
온 누리의 모든 사람으로「가갸날」을 노래하게 하야 주서요.

---

1) 가갸날 : 한글날의 제정 당시의 이름. 세종대왕이 창제한 훈민정음의 반포를 기념하고 널리 보급 연구를 장려하기 위해 정한 날. 훈민정음 원본原本에 적힌 서문 끝의 "정통正統 11년 9월 상한上澣"을 반포의 시기로 보고 양력으로 환산하여 10월 9일로 정함.
2) 데― : day.
3) 씨즌 : season.
4) 검 : '신神', '신령神靈', 민간신앙의 신神으로 풀이할 수 있다.

가갸날, 오오, 가갸날이여.

觀音窟에서
『東亞日報』1926년 12월 7일

成佛과 往生[1]

부처님 되랴거든
　衆生을 여의지 마라.
極樂을 가려거든
　地獄을 避치[2] 마라
成佛과 往生의 길은
　衆生과 地獄[3]

『회광回光』창간호, 1928년 12월 28일

---

1) 往生왕생 : 이 세상을 버리고 저승으로 감.
2) 避피치 : 피하지.
3) 衆生중생과 地獄지옥 : 중생과 지옥이 있어야 성불成佛도 할 수 있고, 왕생往生도 할 수 있다는 뜻.

바다

쓰ㄱ[1] 가티푸른바다는
잔잔하면서 움직인다
도라오는 돗대들은
개인빗을 배불리바더서
저진돗폭을쓰ㄱ이면서
가벼웁게 도라온다

×

거치는구름을 ㅆㅏ러서
여긔저긔 나타나는
조그만씩한 바다하늘은
엇지도그리 푸르냐

멀고가갑고적고큰섬[島]들은
어데로 나러가랴느냐
발적여드디고[2] 옷독서서
쓰ㄱ츠처잡을수가 업고나

『조선일보』1929년 8월 18일

---

1) 쪽. 여뀟과의 한해살이풀. 중국 원산. 줄기 높이 60~70cm 가량, 잎은 타원형, 여름에 붉은 꽃이 피고, 잎은 남藍빛의 물감으로 씀.
2) 발적여드듸고. 발을 저겨디디다. 제겨디디다. 발끝이나 뒤꿈치만으로 땅을 디디다.

모래를 파서

모래를 파서 새암[1]을 만드니
새암위에는 뫼가된다
어엽븐 물결은
소리도업시 가만히와서
한 손으로 새암을메고[2]
ㅆㅗ한손으로 뫼를짓는다

×

모래를모아 뫼를만드니
뫼아래에 새암이된다
짓구진 물결은
햇죽햇죽 우스면서
한발로 뫼를차고
한발로 새암을짓는다

『조선일보』1929년 8월 18일

---

1) 새암, 샘.
2) 메다. 메우다. 채우다.

갈매기

어엽분 바닷새야
너어대로 나러오나
공중의 어느곳이
너의길이 아니런만
길이라 다못오리라
잠든나를 세워라

× ×

갈마귀[1] 가는곳에
나도가티 가고지고
가다가 못가거든
달아래서 자고가자
둘의슈ㅁ 깊흔새야
네나내나 다르리

『조선일보』 1929년 8월 21일

---

1) 갈마귀. 갈매기.

明沙十里[1]

그립는 明沙十里
보고나니 後海로다
첫정이 드나자마
리별이란 무삼이냐
다른ᄯᅢ 다시만나
남은회포 풀리라

『조선일보』1929년 8월 22일

---

[1] 명사십리明沙十里. 함경남도 원산에 있는 모래톱. 해당화가 많이 피어 있는 해수욕장으로 유명하다.

가신 님 심은 나무

가신님 심은나무
녯등걸에 이시ㅣ로다
當年의 푸른빗은
霜雪¹⁾을 누르[壓]더니
견듸어 남은해를
비바람에 맥기리²⁾

『조선일보』 1929년 8월 23일

---

1) 상설霜雪. 서리와 눈.
2) 맥기리. 맡기다.

聖誕

부처님의 나심은
온누리의 빛이오
뭇[1] 삶의 목숨이라.

빛에 있어서 밖[外]이 없고
목숨은 때[時]를 넘나니,
이곳과 저 땅에
밝고 어둠이 없고,
너와 나에
살고 죽음이 없어라.

거룩한 부처님
나신 날이 왔도다.
향을 태워 받들고
기旗를 들어 외치세.

꽃머리와 풀 위에
부처님 계셔라.
공경하야 공양供養하니
산 높고 물 푸르도다.

『불교』제84·85합호, 1931년 7월호

---

1) 뭇 : 모든. 다른 모든.

비바람

밤에 온 비바람은
구슬 같은 꽃숲풀을
가엽시도 짓처[1] 노았다.

꽃이 피는 대로 핀들
봄이 몇날이나 되랴만은

비바람이 무슨 마음이냐.
아름다운 꽃밭이 아니면
바람 불고 비올 데가 없더냐.

『불교』제86호, 1931년 8월호

---

1) 짓처 : 충남 방언에서 '짓다'는 '썻다'의 뜻이다. 만해 시에서 '짓처'는 여기서밖에 없으므로 확실한 의미를 단정할 수 없으나, 문맥상 '찢어' 또는 '짓이겨'의 의미라 보아야 할 것 같다.

반달과 少女

옛 버들의 새 가지에
흔들려 비치는 부서진 빛은
구름 사이의 반달이었다.

뜰에서 놀든 어엽분 少女는
「저게 내 빗[梳]¹⁾이여」하고 소리쳤다.
발꿈치를 제겨드듸고²⁾
고사리 같은 손을 힘 있게 들어
반달을 따려고 강장강장 뛰었다.³⁾

따려다 따지 못하고
눈을 할낏⁴⁾ 흘기며 손을 놀렸다.
무릇각시⁵⁾의 머리를 씨다듬으며
「자장자장」하더라.

『불교』제87호, 1931년 9월호

---

1) 빗[梳] : 머리를 빗는 빗[梳]. 부서진 달빛의 상징적 표현.
2) 제겨드듸고 : '제거디디고,' 발꿈치나 발끝만 땅에 닿게 디딘다는 뜻.
3) 강장강장 뛰었다. : '깡충깡충 뛰었다'의 작은 표현.
4) 할낏 : 힐끗.
5) 무릇각시 : 어린 소년들이 가지고 노는 각시 인형의 한 종류.

山村의 여름 저녁

산 그림자는 집과 집을 덮고
풀밭에는 이슬 기운이 난다.
질동이[1]를 이고 물짓는 *處女*는
걸음걸음 넘치는 물에 귀밑을 적신다.

올감자[2]를 캐여 지고 오는 사람은
서쪽 하늘을 자주 보면서 바쁜 걸음을 친다.
살진 풀에 배부른 송아지는
게을리 누워서 일어나지 않는다.

등거리[3]만 입은 아이들은
서로 다투어 나무를 안아 들인다.

하나씩 둘씩 돌아가는 가마귀는 어데로 가는지 알 수가 없다.

『불교』제88호, 1931년 10월호

---

1) 질동이 : 진흙으로 만든 물동이.
2) 올감자 : 보통 감자보다 철 이르게 되는 감자.
3) 등거리 : 홑적삼 모양으로 일할 때에 등에 걸치는 베옷. 조끼처럼 깃이 없고 주머니를 달기도 하며, 소매는 짧게 하거나 아주 없게 만듦.

歲暮

산 밑 작은 집에
두어나무의 매화가 있고
주인은 참선하는 중이다.

그들을 둘러싼 첫 겹은
흰눈 찬바람 혹은 따스한 빛이다.

그 다음의 겹과 겹은
生活苦, 戰爭, 主義, 革命 等
가장 힘 있게 進展되는 것은
强者와 債權者의 權利行使다.

해는 저물었다.
모든 것을 자취로 남겨두고
올해는 저물었다.

『불교』제90호, 1931년 12월호

淺日[1]

지는 해는
成功한 英雄의 末路같이 아름답기도 하고 슬프기도 하다.

蒼蒼한 남은 빛이
높은 산과 먼 물을 비쳐서 絢爛[2]한 最後를 莊嚴하더니,
忽然히 엷은 구름의 붉은 소매로
두려운 얼굴을 슬쩍 가리며
訣別의 微笑를 띠운다.

큰 강의 급한 물결은 輓歌[3]를 부르고
뭇산의 비낀[4] 그림자는 臨終의 歷史를 쓴다.

『조선일보』1932년 3월 28일

---

1) 淺日천일 : 얕은 해. 즉 지는 해를 말함.
2) 絢爛현란 : 번쩍번쩍 빛나 아름다움.
3) 輓歌만가 : ① 상여 메고 갈 때 부르는 노래. ② 죽은 사람을 애도하는 노래.
4) 비낀 : 기본형은 '비끼다.' '비끼다'는 '옆으로 비스듬하게 비치다'는 뜻.

산넘어언니

저기저기 저산넘어
우리언니 사신단다
낫이며는 나물캐고
밤이며는 질쌈하야
나물팔고 베를 팔어
닷냥두냥 모아다가
우리동생 학교갈ㅆㅐ
공책사고 연필사서
책가방에 너주신다
우리동생 조아라고
ㅅㅏ치거름 뛰어가서
선생님께 자랑하면
선생님이 엡부다고
곱게곱게 비슨머리
쓰다듬어 주신단다

『동아일보』 1933년 3월 26일

籠[1]의 小鳥

1
어엽분 적은새야
너는 언니도업고나
작구만 혼저울고
바엔 혼저자는고나
엠부고 불상하다
너는 언니도업고나

2
어엽분 적은새야
작구 울지를말어요
어엽분 우리아기
잠을 깨우지말어요
언니도 업는새야
너는 가엽기도하다

3
잠자는 우리아기
깨면 너에게주리라
잘ㅼㅐ는 우리아기
ㅅㅐ면 너의언니란다
작구만 울지마라

---

1) 농籠. 새장.

너는 언니가잇단다

『동아일보』1933년 3월 26일

달님

저기 저 저 달 속에
방아 찢는 옥톡기야
무슨방아 찌어내나
약방아를 찌어낸다
고무풍선 타고가서
그약세봉 얻어다가
한봉을낭 아버님께
한봉을낭 어머님께
또한봉은 내가먹고
우리부모 모시고서
천년만년 살고지고

『동아일보』1933년 3월 26일

달님

초승달님 어린달님
우리동생 시집가고
금은달님[1] 늙은달님
우리언니 시집가고
보름달님 젊은달님
누가누가 시집가나
언년이도 아니되고
갓난이도 못간단다
보름달님 젊은달님
누가누가 시집가나
짱게뽀이[2] 아이꼬데쇼[3]

『동아일보』1933년 3월 26일

---

1) 금음달님. 그믐달님.
2) 짱께뽀이. '가위 바위 보'의 일본말.
3) 아이꼬데쇼. '비겼네요'의 일본말.

달님

달님달님 저달님
밝은달님 엡버요
밝은달님 저달님
등잔보다 밝아요
물ㅆㅓ노은 대야에
저달님이 빠지면
팔을것고 건저서
오리옵바 책상에
걸어노아 드려요

『동아일보』 1933년 3월 26일

山居[1]

띠끌 세상을 떠나면
모든 것을 잊는다 하기에
산을 깎아 집을 짓고
돌을 뚫어 새암을 팠다.
구름은 손인 양하야
스스로 왔다 스스로 가고
달은 파수꾼도 아니언만
밤을 새워 문을 지킨다.
새소리를 노래라 하고
솔―바람을 거문고라 하는 것은
옛사람을 두고 쓰는 말이다.

님 기루어 잠 못 이루는
오고 가지 않는 근심은
오직 작은 벼개가 알 뿐이다.

空山[2]의 寂寞이여,
어대서 한가한 근심을 가져오는가.
차라리 杜鵑聲[3]도 없이,
고요히 근심을 가져오는
오오, 空山의 寂寞이여.

『조선일보』1936년 3월 27일

---

1) 山居산거 : 산속에서의 삶.
2) 空山공산 : 사람이 없는 빈 산.
3) 杜鵑聲두견성 : 두견새의 울음소리.

산골 물

산골 물아
어대서 나서 어대로 가는가.
무슨 일로 그리 쉬지 않고 가는가.
가면 다시 오려는가, 아니 오려는가.

물은 아무 말이 없이
수없이 얼크러진 등댕담이¹⁾ 칡던줄²⁾ 속으로
작은 돌은 넘어가고
큰 돌은 돌아가면서
쫄쫄 꼴꼴 쇄³⁾ 소리가
兩岸靑山⁴⁾에 反響한다.

그러면
산에서 나서 바다에 이르는 成功의 秘訣이
이렇다는 말인가.
물이야 무슨 마음이 있으랴마는
世間의 劣敗者인 나는
이렇게 說法을 듣노라.

『조선일보』1936년 3월 27일

---

1) 등댕담이 : 댕댕이 덩굴. 산기슭 양지나 들에 자생하는 덩굴들의 일종.
2) 칡던줄 : 칡넝굴.
3) 쇄 : '쏴' 소리. 의성어.
4) 兩岸靑山양안청산 : 시내 양쪽의 푸른 산.

矛盾

좋은 달은 이울기¹⁾ 쉽고
아름다운 꽃엔 風雨가 많다.
그것을 矛盾이라 하는가.

어진 이는 滿月을 警戒하고
詩人은 落花를 讚美하느니
그것은 矛盾의 矛盾이다.

矛盾의 矛盾이라면
矛盾의 矛盾은 非矛盾이다.
矛盾이냐 非矛盾이냐.
矛盾은 存在가 아니고 主觀的이다.

矛盾의 속에서 非矛盾을 찾는 可憐한 인생.
矛盾은 사람을 矛盾이라 하나니 아는가.

『조선일보』 1936년 3월 28일

---

1) 이울기 : 기본형은 이울다. 이울다는 ① 꽃잎이나 잎이 차차 시들다. ② 차차 쇠약하여지다. 여기서는 ②의 뜻.

쥐[鼠]

나는 아무리 좋은 뜻으로 너를 말하야도
너는 적고 방정맞고 얄미운 쥐라고밖에 할 수가 없다.
너는 사람의 結婚衣裳과 宴會服을 낱낱이 쏘서 놓았다.
너는 쌀궤와 팟멱사리[1]를 다 쏘고 물어내었다.
그 외에 모든 器具를 다 쏘서 놓았다.
나는 쥐덫을 만들고 고양이를 길러서 너를 잡겠다.
이 적고 방정맞고 얄미운 쥐야.

그렇다, 나는 적고 방정맞고 얄미운 쥐다.
나는 너희가 만든 쥐덫과 너희가 기른 고양이에게 잡힐 줄을 안다.
만일 내가 너희 衣欌[2]과 倉庫를 통거리채[3] 빼앗고,
또 너희 집과 너희 나라를 빼앗으면,
너희는 허리를 굽혀서 절하고 나의 功德을 讚美할 것이다.
그리고 너희들의 歷史에 나의 이 뜻을 크게 쓸 것이다.
그러나 나는 그러한 큰 죄를 지을만한 힘이 없다.
다만 너희들의 먹고 입고 쓰고 남은 것을 조금씩 얻어먹는다.
그래서 너희는 나를 적고 방정맞고 얄미운 쥐라고 하며,
쥐덫을 만들고 고양이를 길러서 나를 잡으려 한다.
나는 그것이 너희들의 哲學이오, 道德인 줄을 안다.
그러나 쥐덫이 나의 덜미에 벼락을 치고 고양이의 발톱이 나의 옆구리에 새암을 팔 때까지,

---

1) 팟멱사리 : 팥멱서리. 멱서리는 짚으로 만든 곡식을 담는 데 쓰는 용기의 일종.
2) 衣欌의장 : 옷을 넣는 장.
3) 통거리채 : 송두리째. 통거리는 모두 또는 온통. 전부. 가릴 것을 가리지 않고 그냥 모두.

나는 먹고 마시고 뛰고 놀겠다.
이 크고 점잔하고 귀염성 있는 사람들아.

『조선일보』1936년 3월 31일

日出

어머니의 품과 같이
大地를 덮어서 단잠 재우든[1] 어둠의 帳幕이
東으로부터 西로
西으로부터 다시 알지 못하는 곳으로 점점 자최를 감춘다.
하늘에 비낀[2] 연분홍의 구름은
그를 歡迎하는 仙女의 치마는 아니다.
가늘게 춤추는 바다 물결은
고요한 가운데 音樂을 調節하면서
붉은 구름에 反映되였다.

물인지 하늘인지
自然의 藝術인지 人生의 꿈인지
도모지 알 수 없는 그 가운데로
솟아오르는 해님의 얼골은
거룩도 하고 感謝도 하다.
그는 崇嚴, 神秘, 慈愛의 化現[3]이다.

눈도 깜짝이지 않고 바라보는 나는
어느 刹那에 해님의 품으로 들어가 버렸다.

---

1) 재우든 : 재우던. 만해 시에서는 '든'(선택형 어미)과 '던'(과거시제를 나타내는 어미)의 구별이 없고 거의 모두 '든'으로 표기.
2) 비낀 : 기본형은 비끼다. 비끼다는 옆으로 비스듬하게 비치다 라는 뜻.
3) 化現화현 : 불·보살이 중생을 교화하고 구제하기 위한 수단으로 여러 가지 모습으로 세상에 나타나는 일.

어대서인지 우는 꾸꿍이¹⁾ 소리가
건너 산에 反響된다.

『조선일보』1936년 4월 2일

---

1) 꾸꿍이 : 꾸꾸기. 꾸꾸기는 뻐꾸기나 두견새를 말함.

海村의 夕陽

夕陽은 갈대 지붕을 비쳐서
적은 언덕 잔디밭에 反射되었다.
山기슬기[1] 길로 물 길러 가는 處女는
한 손으로 부신 눈을 가리고 동동[2] 걸음을 친다.
반쯤 찡그린 그의 이마엔 저녁 늦은 근심이 가늘게 눈썹을 눌렀다.

낚시대를 메고 돌아오는 漁父는
갯가에서 선 老婆를 만나서
멀리 오는 돛대를 가리키면서
무슨 말인지 그칠 줄을 모른다.

西天에 지는 해는
바다의 告別音樂을 들으면서
짐짓 머뭇머뭇한다.

『조선일보』1936년 4월 2일

---

1) 山기슬기 : 山기슭의.
2) 동동 : 종종. 구개음화가 되지 않은 형.

江배

저녁 빛을 배불리 받고
거슬러 오는 적은 배는
온 江의 맑은 바람을
한 돛에 가득히 실었다.
구슬픈 노 젓는 소리는
봄 하늘에 사라지는데
江가의 술집에서
어떤 사람이 손짓을 한다.

『조선일보』1936년 4월 3일

落花

떨어진 꽃이 힘없이 大地의 품에 안길 때
애처로운 남은 香氣가 어대로 가는 줄을 나는 안다.
가는 바람이 적은 풀과 속삭이는 곳으로 가는 줄을 안다.

떨어진 꽃이 굴러서 알지도 못하는 집의 울타리 새이로 들어갈 때에,
쇠잔한 붉은 빛이 어대로 가는 줄을 나는 안다.

떨어진 꽃이 날려서 적은 언덕을 넘어갈 때에,
가엾은 그림자가 어대로 가는 줄을 나는 안다.
봄을 빼앗아 가는 惡魔의 발밑으로 사라지는 줄을 안다

『**조선일보**』1936년 4월 3일

一莖草[1]

나는 소나무 아래서 놀다가
지팽이로 한줄기 풀을 부질렀다.
풀은 아모 反抗도 怨望도 없다.
나는 부러진 풀을 슯어한다.
부러진 풀은 永遠히 이어지지 못한다.

내가 지팽이로 부질러지 아니 하였으면
풀은 맑은 바람에 춤도 추고 노래도 하며
銀같은 이슬에 잠자고 키쓰도 하리라.

모진 바람과 찬 서리에 겪이는 것이야 어찌하랴마는
나로 말미암아 꺾어진 풀을 슯어한다.

사람은 사람의 죽음을 슯어한다.
仁人志士[2] 英雄豪傑의 죽음을 더 슯어한다.
나는 죽으면서도 아무 反抗도 怨望도 없는 한줄기 풀을 슯어한다.

『조선일보』 1936년 4월 3일

---

1) 一莖草일경초 : 한해살이 풀.
2) 仁人志士인인지사 : 어진 사람과 뜻 있는 사람.

모기

모기여 그대는 범의 발톱이 없고
코끼리의 코가 없으나 날카로운 입이 있다.
그대는 다리도 길고 부리도 길고 날개도 쩌르지는[1] 아니하다.
그대는 춤도 잘추고, 노래도 잘하고 피의 술도 잘도 잘먹는다.

사람은 사람의 피를 서로서로 먹는데
그대는 同族의 피를 먹지 아니하고 사람의 피를 먹는다.

  아아, 天下萬世를 爲하야 바다같이 흘리는 仁人志士의 피도 그대에게 맡겼거든
  하물며 區區[2]한 小丈夫의 쓸데없는 피야 무엇을 아끼리요.

『조선일보』1936년 4월 5일

---

1) 쩌르지는 : 짧지는. '쩌르다'는 만해의 독특한 개인個人 표기.
2) 區區구구 : 구차하고 창피스러움.

파리

이 적고 더럽고 밉살스런 파리야.
너는 썩은 쥐인지 饅頭[1]인지 분간을 못하는 더러운 파리다.
너의 흰옷에는 검은 똥칠을 하고
검은 옷에는 흰 똥칠을 한다.
너는 더위에 시달려서 자는 사람의 단꿈을 깨워 놓는다.
너는 이 세상에 없어도 조금도 不可할 것이 없다.
너는 한 눈 깜짝할 새에 파리채에 피칠하는 작은 생명이다.

그렇다. 나는 적고 더럽고 밉살스런 파리요, 너는 고귀한 사람이다.
그러나 나는 어엽분 여왕의 입술에 똥칠을 한다.
나는 황금을 짓밟고 탁주에 발을 씻는다.
세상에 寶劍이 산같이 있어도 나의 털끝도 건드리지 못한다.
나는 설렁탕 집으로 宮中宴會에까지 上賓이 되어서 술도 먹고 노래도 부른다.
세상 사람은 나를 위하여 궁전도 짓고 음식도 만든다.
사람은 貧富貴賤을 물론하고 파리를 위하여 생긴 것이다.

너희는 나를 더럽다고 하지마는
너희들의 마음이야말로 나보다도 더욱 더러운 것이다.
그리하여 나는 마음이 없는 죽은 사람을 좋아한다.

『조선일보』1936년 4월 5일

---

1) 饅頭만두 : 제갈공명이 남만南蠻을 정벌할 때부터 유래한 음식이라 함.

半月과 小女[1]

산넘어로 돗어오는 반달이
옛버들의 새가지에 걸녓다
玉으로 만든 빗[梳]인줄 아는
어엽분少女
발꿈치를 적여드듸고[2]
고사리가튼 손을 힘잇게 들어서
반달을 따라고 강장강장 뛰다가
눈을 핼끗하고 손을 돌리어
무릇각씨의 머리를 씨다듬으며
「자장자장」하더라

『조선일보』1936년 4월 5일

---

1) '반달과 소녀'라는 제목으로 『불교』 제87호(1931. 9.)에 발표한 시.
2) 적여드듸고. 저겨디디다. 제겨디디다. 발끝이나 뒤꿈치만으로 땅을 디디다.

失題

빗긴볏 소등 위에
피리부는 저야해야
너의소 일없거든
나의근심 시러주렴
싯기는 어렵지안하나
부릴곳이 없노라

『삼천리』, 1936년 6월

제4부

시조

尋牛莊[1]

잃은 소 없건만은
찾을손[2] 우습도다.
만일 잃을씨[3] 분명타 하면
찾은들 지닐소냐
차라리 찾지 말면
또 잃지나 않으리라

『新佛敎』제9집, 1937년 12호

---

1) 심우장尋牛莊 : 만해가 만년에 기거하던 곳. 1933년 방응모方應謨, 박광朴洸 등 몇 분의 성금으로 성북동에 지었다. 총독부 청사가 보기 싫어 반대 방향으로 지었다는 유명한 이야기가 있다.
2) 찾을 손 : 찾는 것은, 찾으려고 하는 것은. '~ㄹ 손'은 '~ㄹ 것은'의 고어형古語形.
3) 잃을씨 : 잃을 것이. '~ㄹ씨'는 추측하여 판단한 사실이 틀림없음을 나타내는 연결어미.

還家

갔다가 다시 온들
츰¹⁾ 맘이야 변하리까
가져올 것 다 못 가져와
다시 올 수 없지만는
님께서 주시는 사랑
하²⁾ 기루어 다시 와요

『佛敎』제84·85합호 1931년 7월호

---

1) 츰 : 처음. 만해의 시에서 '처음'은 거의가 '츰'으로 표기됨.
2) 하 : 많이, 크게, 너무 등의 뜻. 부사

禪友[1]에게

天下의 善知識[2]아
너의 家風[3] 高峻[4]한다
바위 밑에 喝[5]—喝과
구름 새의 痛棒[6]이라
묻노라 苦海衆生
누가 濟空[7]하리오

『선원禪苑』 제3호 1932년 8월

---

1) 禪友선우 : 참선하는 사이의 벗.
2) 善知識선지식 : 불교에서 불도 높은 중을 일컫는 말.
3) 家風가풍 : 한집안의 기율과 풍습을 뜻하는 것. 여기서는 선가禪家를 뜻한다.
4) 高峻고준 : 높고 준열함.
5) 喝할 : ① 선승들 사이에서 말이나 글로 나타낼 수 없는 도리를 나타내는 소리. ② 사견邪見, 망상을 꾸짖어 반성하게 하는 소리. 여기서 喝—喝이란 할喝을 거듭한다는 뜻.
6) 痛棒통방 : 봉棒의 음音은 여기서는 방으로 읽어야 함. 역시 선가禪家에서 쓰이는 말로 몽둥이로 때려서 도리를 깨우쳐 주는 한 방법. 할喝과 대응한다.
7) 濟空제공 : 공空의 세계를 건너감. 여기서는 해탈의 뜻인 듯.

早春

1

이른 봄 적은[1] 언덕
쌓인 눈을 저어 마소[2]
제 아무리 차다기로
돋는 엄[3]을 어이 하리
봄옷을 새로 지어
가신 님께 보내고저

2

새 봄이 오단말가
매화야 물어 보자.
눈바람에 막힌 길을
제 어이 오단말가.
매화는 말이 없고
봉오리만 맺더라

3

---

1) 적은 : 작은. 만해 시萬海 詩에서 '작은'은 '적은'으로 표기.
2) 저어 마소 : 원문은 "점허마소"로 표기. 저어하지 마소의 뜻으로 보는 것이 타당한 듯. 저어하다는 두려워하다의 뜻.
3) 엄 : 움. 새싹의 고투형 표기.

봄동산 눈이 녹아
꽃뿌리를 적시도다.
찬바람에 못견대는
어엽분[4] 꽃나무야
간[5] 겨울 나리든 눈이
봄의 使徒이니라.

---

4) 어엽분 : 어여쁜.
5) 간 : 지난, 지난겨울의 뜻.

春畵

1

따슨 볕 등에 지고
維摩經[1] 읽노라니
가벼웁게 나는 꽃이
글자를 가리운다
구태여 꽃 밑 글자를
읽어 무삼 하리오

2

봄날이 고요키로
향을 피고 앉았더니
쌉쌀개 꿈을 꾸고
거미는 줄을 친다
어디서 꾸꿍이 소리[2]
산을 넘어 오더라

---

1) 維摩經유마경 : 유마거사와 문수보살의 대승大乘의 깊은 뜻에 대한 문답을 기록한 불경. 유마는 석가여래와 같은 시대의 사람으로 보살의 행업行業을 닦고 있었음.
2) 꾸꿍이 소리 : 꾸꿍이는 꾸꾸기의 방언. 꾸꾸기는 뻐꾸기나 두견새를 이르는 말.

禪境

가마귀 검다 말고
해오라기 희다 마라
검은들 모자라며
희다고 남을소냐
일없는 사람들은
올타글타[1] 하더라

---

[1] 올타글타 : 옳다, 그르다의 축약.

秋夜短

가을밤 기다기에
잠긴 회포 풀쟀더니
첫 구비도 못 찾어서
새벽빛이 새로워라
그럴 줄 알았다면
더 감지나 말 것을

春朝

간 밤의 가는 비가
그다지도 무겁드냐
빗방울에 눌리운 채
눕고 못 이는[1] 어린 풀아
아침 볕 가벼운 키쓰
네 받을 줄 왜 모르나

---

1) 못 이는 : 못 일어나는의 뜻.

코스모스

가벼운 갈바람에
나부끼는 코스모스
꽃잎이 날개이냐
날개가 꽃잎이냐
아마도 너의 魂은
蝴蝶[1]인가 하노라

---

1) 蝴蝶호접 : 나비.

漁翁

1

푸른 산 맑은 물에
고기 낚는 저 늙은이
갈삿갓[1] 숙여 쓰고
무슨 꿈을 꾸엇든가
웃부다[2] 새소리에 놀래어
낚시대를 드는고녀

2

세상 일 잊은 양하고
낚시 드린 저 漁翁아
그대게도 무슨 근심 있어
턱을 괴고 한숨짓노
蒼波에 白髮이 비치기로
그를 슲어 하노라.

---

1) 갈삿갓 : 갈대로 만든 삿갓.
2) 웃부다 : 우습다의 영탄조 표기인 듯.

男兒

사나이 되얏으니
무슨 일을 하야 볼까
밭을 팔아 책을 살까
책을 덮고 칼을 갈까
아마도 칼 차고 글 읽는 것이
대장분가 하노라

成功

百里를 갈 양이면
九十里가 半이라네[1]
始作이 半이라는
우리들은 그르도다
뉘라서 열나흘 달을
왼달[2]이라 하든가

---

1) 구십리九十里가 반半이라네 : 시작을 반이라는 속담을 역설적으로 말한 것. 성공을 하는 것은 마지막 순간이 중요하다는 것. "열나흘 달"도 같은 문맥에서 사용되었다.
2) 왼달 : 온달. 보름달.

秋花

山집의 일없는 사람
가을꽃을 어엽비 여겨
지는 햇볕 받으랴고
울타리를 짤넛더니
西風이 넘어 와서
꽃가지를 꺾더라

職業婦人

첫새벽 굽은 길을
곧게 가는 저 마누라
工場人心 어떻튼고
후하든가 박하든가
말없이 손만 젓고
더욱 빨리 가더라

漂娥[1]

맑은 물 흰 돌 위에
비단 빠는 저 아씨야
그대 치마 무명이오
그대 수건 삼베로다
묻노니 그 비단은
누를 위해 빠는가

---

1) 漂娥표아 : 빨래하는 아가씨.

秋夜夢

1

가을밤 비소리에
놀라 깨니 꿈이로다
오셨든 님 간 곳 없고
등잔불만 흐리고나
그 꿈을 또 꾸라한들
잠 못 이뤄 하노라

2

야속다 그 비소리
공연히 꿈을 깨노
님의 손길 어대 가고
이불귀만 잡았는가
벼개 위 눈물 흔적
씻어 무삼 하리오

3

꿈이어든 깨지 말자
백번이나 별렀건만
꿈 깨자 님 보내니

허망할손 맹서로다
이후는 꿈은 깰지라도
잡은 손은 안 노리라

4

님의 발자최에
놀라 깨어 내다 보니
달그림자 기운 뜰에
오동닢이 떠러졌다.
바람아 어대가 못 불어서
님 없는 집에 부더냐

漢江에서

술 싣고 계집 싣고
돛 가득히 바람 싣고
물 거슬러 노질하야
가고갈 줄 알았더니
산 돌고 물 굽은 곳에서
다시 돌처[1] 오더라

---

[1] 돌처 : 만해시萬海詩에서 '돌처'의 용례는 이곳밖에 보이지 않는다. 돌쳐서다라는 말이 있는데 이 뜻은 돌아서다는 뜻이다. 따라서 의미상으로 보면 '돌처'는 돌아서라는 의미로 추정할 수 있다.

사랑

봄물보다 깊으니라
갈산[秋山]보다 높으니라
달보다 빛나리라
돌보다 굳으리라
사랑을 묻는 이 있거든
이대로만 말하리

우리 님

대실로 비단 짜고
솔잎으로 바늘 삼어
萬古靑靑[1] 수를 놓아
옷을 지어 두엇다가
어집어[2] 해가 차거든
우리 님께 드리리라

---

1) 萬古靑靑만고청청 : 원래의 뜻은 오래고 오랜 세월 동안 변하지 않고 푸르다는 뜻이나 이 시조時調에서는 오래고 오랜 세월을 뜻함.
2) 어집어 : 어즈버의 옛스런 표현. 어즈버는 아아 슬프다는 뜻의 시조時調의 종장에서 상투적으로 쓰이는 감탄사.

無題[1] 一四수

1

가며는 못 갈소냐
물과 뫼가 많기로
건너고 또 넘으면
못 갈 리 없나니라
사람이 제 안이 가고
길이 멀다 하더라

2

물이 깊다해도
재이면[2] 밑이 있고
뫼가 높다해도
헤아리면 위가 있다
그보다 높고도 깊은 것은
님뿐인가 하노라

---

1) 여기 수록된 열네 수는 연작시조는 아니다.「무제無題」로 표기된 시조를 한데 모았다.
2) 재이면 : 기본형은 재다. 재다는 높이, 길이, 깊이, 너비 따위를 알아본다는 뜻.

3

개구리 우는 소리
비오실 줄 알았건만
님께서 오실 줄 알고
새 옷 입고 나갔더니
님보다 비 먼저 오시니
그를 슲어 하노라

4

靑山이 萬古라면
流水는 몇 날인고
물을 좇아 산에 드니
오간 사람 몇이런고
靑山은 말이 없고
물만 흘러 가더라

5

山에가 玉을 캘까

바다에 가 眞珠 캘까
하늘에 가 별을 딸까
잠에 들어 꿈을 꿀까
두어라 님의 품에서
기룬 회포 풀리라

6

저승길 머다한들
하나밖에 더 잇는가
사람마다 끊어내면
하룻길도 못 되리라
가다가 길이 없거든
도라올까 하노라

7

李舜臣 사공 삼고
乙支文德 마부 삼아

破邪釖[3] 높이 들고
南船北馬 하야 볼까
아마도 님 찾는 길은
그뿐인가 하노라

8

산중에 해가 길고
시내 위에 꽃이 진다
풀밭에 홀로 누워
萬古興亡 잊재더니
어디서 두서너 소리
「벅국벅국」 하더라

9

물이 흐르기로
豆滿江이 말을 것가

---

[3] 破邪釖파사검 : 파사破邪의 원 뜻은 부처의 가르침을 말하여 나쁜 사람이나 나쁜 교범을 꺾어 굴복시킨다는 것이나 여기서 파사검이라 함은 위력적인 칼을 말함.

뫼가 솟앗기로
白頭山이 무너지랴
그 사이 오가는 사람이야
일러 무엇 하리오

10

비낀⁴⁾ 볕 소등 위에
피리 부는 저 아해야
너의 소 일 없거든
나의 근심 실어주렴
실기야 어렵지 않지만
부릴 곳이 없노라

11

離別로 죽은 사람
응당히 많으리라
그 무덤의 풀을 베여

---
4) 비낀 : 기본형은 비끼다. 비끼다는 옆으로 비스듬하게 비치다는 뜻.

그 풀로 칼 만들어
고적한 긴 그 밤을
도막도막 끊으리라

12

밤에 온 비바람이
얼마나 모지든고
많고 적은 꽃송이가
가엽시도 떨어졌다
어찌타 비바람은
꽃필 때에 많은고

13

시내의 물소리에
간 밤 비를 알리로다
먼 산의 꽃 소식이
어제와 다르리라
술 빚고 봄옷 지어
오시는 님을 맞을까

14

꽃이 봄이라면
바람도 봄이리라
꽃 피자 바람 부니
그럴듯도 하다마는
어지타 저 바람은
꽃을 지워 가는고

無窮花 심으과저
— 獄中詩

달아 달아 밝은 달아
네나라에 비춘 달아
쇠창을 넘어 와서
나의 마음 비춘 달아
계수桂樹나무 베어 내고
무궁화無窮花를 심으과저.

달아 달아 밝은 달아
님의 거울 비춘 달아
쇠창을 넘어 와서
나의 품에 안긴 달아
이지러짐 있을 때에
사랑으로 도우고자.

달아 달아 밝은 달아
가이 없이 비친 달아
쇠창을 넘어 와서
나의 넋을 쏘는 달아
구름재[嶺]를 넘어 가서
너의 빛을 따르고자.

『開闢』27호 1922년 9월호

부 록

작가연보
작품연보
연구자료총목록

■ 한용운 연보 ■
1879~1944

1879년 8월 29일(고종 16년, 己卯, 음력 7월 12일)
충남 홍성군 결성면 성곡리 491번지에서 한응준의 차남으로 태어나다. 모친은 온양방씨溫陽方氏, 본관은 청주淸州, 자字는 진옥眞玉, 속명俗名은 유천裕天, 득도得度 때의 계명戒名은 봉완奉玩, 법명法名은 용운龍雲, 법호法號는 卍(萬)海.

1884년(6세)
향리의 서당에서 『계몽편啟蒙篇』, 『소학小學』, 『통감通鑑』 등을 배우다.

1887년(9세)
『서상기西廂記』를 독파하고 『통감通鑑』, 『서경書經』, 기삼백주朞三百註를 통달하여 신동神童으로 불리다.

1892년(14세)
고향에서 천안天安 전씨全氏(정숙貞淑)와 결혼하다.

1896년(18세)
숙사塾師가 되어 동네 아이들을 가르치다.

1897년(19세)
의병의 실패로 몸을 피해 고향을 떠나다.
1899년(21세)

강원도, 설악산, 백담사百潭寺 등지를 전전하다.

1903년(25세)
세계여행을 계획하고 원산을 거쳐 블라디보스톡으로 건너갔으나 구사일생의 위기 끝에 곧 돌아오다.

1904년(26세)
봄에 다시 고향인 홍성으로 내려가 수개월 머물다. 12월 21일, 맏아들 보국保國 태어나다.

1905년(27세)
1월 26일, 백담사에서 금연곡사金蓮谷師에게서 득도得度하다. 1월, 백담사에서 전영제사全泳濟師에 의하여 수계受戒하다. 4월, 백담사에서 이학암사李鶴庵師에게서 『기신론起信論』, 『능엄경楞嚴經』, 『원각경圓覺經』을 수료하다.

1907년(29세)
4월 15, 강원도 건봉사乾鳳寺에서 수선안거首禪安居를 성취하다.

1908년(30세)
4월, 강원도 유점사楡岾寺에서 서월화사徐月華師에게서 『화엄경華嚴經』을 수학修學하다. 4월, 일본의 마관馬關(하관下關), 궁도宮島, 경도京都, 동경東京, 일광日光 등지를 순유巡遊하여 신문물을 시찰하다. 동경 조동종대학曹洞種大學에서 불교와 서양철학을 청강, 일본인 淺田 교수와 교유하고 10월 귀국. 10월, 건봉사乾鳳寺 이학암사李鶴庵師에게서 『반야경般若經』을 수료하다. 12월 10일, 서울에 경성 명진측량강습소明進測量講習所를 개설, 소장에 취임하다.

1909년(31세)
7월 30일, 금강산 표훈사表訓寺 불교강사에 취임하다.

1910년(32세)
9월 20일, 경기도 장단군 화산강숙華山講塾에 강사로 취임하다. 「조선불교유신론朝鮮佛敎維新論」을 백담사에서 탈고하다.

1911년(33세)
박한영, 진진응, 김종래, 장금봉 등과 순천 송광사松廣寺, 동래 범어사梵魚寺에서 승려 궐기대회를 개최, 한일불교동맹조약의 체결을 분쇄하다. 범어사梵魚寺에 조선임제종朝鮮臨濟宗 종무원宗務院을 설치하여 3월 15일 서무부장, 3월 16일 조선임제종朝鮮臨濟宗 관장에 취임하다.

1912년(34세)
경전 대중화의 방편으로 『불교대전佛敎大典』을 편찬하기 위해 경남 양산 통도사通度寺의 고려대장경高麗大藏經 1,511부 6,802권을 열람하다. 장단군 화장사華藏寺에서 「여자단발론女子斷髮論」을 탈고하다.(원고는 현재 전하지 않음)

1913년(35세)
4월, 불교강연회佛敎講演會 총재에 취임. 박한영·장금봉 등과 불교종무원佛敎宗務院을 창설하다. 5월 19일, 통도사通度寺 불교강사에 취임. 「조선불교유신론朝鮮佛敎維新論」을 발표하다.

1914년(36세)
8월, 조선불교회 회장에 취임하다. 범어사梵魚寺에서 대장경을 열람하고 이를 간추려 『불교대전佛敎大典』을 발간하다.

1915년(37세)
12월, 조선선종중앙포교당朝鮮禪宗中央布敎堂 포교사布敎師에 취임하다. 이 해부터 1916년 사이에 영호남 지방의 사찰을 순례하며 동지를 규합하고 대강연회를 개최하다.

1917년(39세)
12월 3일, 밤 10쯤 오세암五歲庵에서 좌선하던 중 바람에 물건이 떨어지는 소리를 듣고 문득 진리를 깨우치다.

1918년(40세)
9월, 서울에서 월간교양잡지『유심惟心』을 창간하여 편집·발행인이 되다.(12월호까지 3호를 발간하고 중단) 중앙학림中央學林 강사에 취임하다.『유심惟心』誌 1호에 첫 詩「心」, 첫 수필「고학생苦學生」등을 발표하다.

1919년(41세)
3·1운동의 주동자가 되어 최남선이 작성한「독립선언서」의 문장을 수정하고 공약삼장公約三章을 첨가하다. 3월 1일, 경성 명월관지점明月舘支店에서 33인을 대표하여 독립선언 연설을 하고 투옥될 때에는 변호사·사식·보석을 거부할 것을 결의하고 거사 후 일경에게 체포되다. 7월 10일, 서대문형무소에서 일본 검사의 심문에 대한 답변으로「조선 독립에 대한 감상의 개요」를 기초하여 제출. 8월 9일, 경성 지방법원 제일형사부에서 유죄판결을 받다.

1920년(42세)
투옥 중 일제가 3·1운동을 회개하는 참회서를 써내면 사면해 주겠다고 회유했으니 이를 거부하다.

1921년(43세)
12월 22일 가출옥을 처분받고 출옥하다.

1922년(44세)
3월 24일, 법보회法寶會를 발기하다. 5월, 조선불교청년회를 주최로「철창철학」이라는 연제演題로 강연하다. 10월, 조선학생회 주최로 천도교회관에서「육바라밀六波羅密」이라는 연제演題로 독립사상에 대한 강연을 하다.

1923년(45세)
2월, 물산장려운동을 적극 지원하다. 4월, 민립대학民立大學 설립운동을 지원하는 강연 「자조自助」라는 연제演題로 발표하다.

1925년(47세)
6월 7일, 오세암五歲庵에서 「십현담주해十玄談註解」를, 음력 8월 9일(양력 10월 10일), 오세암五歲庵에서 「님의 沈默」을 탈고하다.

1926년(48세)
5월 20일, 「님의 沈默」을 회동회관滙東會舘에서 간행하다. 6·10만세 운동 무렵 일시 검속되다.

1927년(49세)
1월, 신간회를 발기하다. 5월, 신간회 중앙집행위원 겸 경성지회장에 피선되다. 조선불교청년회를 조선불교총동맹으로 조직 체제를 개편하다.

1929년(51세)
12월, 광주학생의거를 조병옥, 김병로, 김무삼, 이인, 이원혁 등과 전국적으로 확대, 민중대회 개최를 계획하다. 일제의 제지로 뜻을 이루지 못하고 신간회 간부들과 경찰서에 유치되었다가 석방되다.

1931년(53세)
6월, 『불교佛敎』誌를 인수하여 사장에 취임하고, 많은 논설을 발표하다. 7월, 전북 전주 안심사安心寺에 보관되어 있던 한글 경판經板 원판原版(금강경金剛經, 원각경圓覺經, 은중경恩重經, 및 류합類合·천자문千字文)을 발견, 조사하다. 9월 24일, 나병구제연구회를 조직하고 여수, 대구, 부산 등지에 간이수용소 설치를 결의하다. 김법린, 김상호, 이용조, 최범술 등이 조직한 청년법려비밀결사 만당卍黨의 영수領首로 추대되다.

1933년(55세)
유숙원 씨와 재혼하다. 벽산碧山스님의 집터를 기증하고 방응모, 박광 등 몇 분의 성금으로 성북동에 심우장尋牛莊을 짓다. 『불교佛敎』지誌를 휴간하다.

1934년(56세)
9월 1일, 딸 영숙英淑 출생하다.

1936년(58세)
단재 신채호의 묘비를 세우다.(글씨는 오세창이 쓰다.) 7월 16일, 정인보, 안재홍 등과 경성 공평동 태서관太西舘에서 다산 정약용의 서세백년기념회逝世百年紀念會를 개최하다.

1937년(59세)
3월 1일, 『불교佛敎』지誌를 속간하여 『신불교』 제1집을 내다. 3월 3일, 광복운동의 선구자 일송 김동삼이 옥사하자 유해를 심우장尋牛莊에 모셔다가 오일장五日葬을 지내다.

1938년(60세)
만당卍黨 당원들이 일경에 피검되자 더욱 감시를 받다.

1939년(61세)
7월 12일(음), 회갑을 맞아 서울 청량사淸凉寺에서 회갑연을 벌이다. 이때 오세창, 권동진, 이병우, 안종원 등 20여 명이 참석하다.

1940년(62세)
창씨개명에 대하여 박광, 이동하 등과 반대운동을 벌이다.

1943년(65세)
조선인학병의 출정에 반대하다. 만년의 중풍으로 고생하던 끝에 겹친 영양실조 등으로 겨울부터 운신運身하기 어려울 정도가 되다.

1944년(66세)
6월 29일(음 5월 9일), 심우장尋牛莊에서 입적入寂하다. 유해는 미아리 화장장에서 다비茶毘한 후 망우리 공동묘지에 안장되다. 세수世壽 66, 법납法臘 39.

1962년
대한민국 건국공로훈장 중장이 수여되다.

1967년
10월, 「용운당만해대선사비龍雲堂萬海大禪師碑」 파고다공원에 건립되다.

1970년
한용운의 중편소설 「죽음」이 계간지 『창작과비평』(1970, 가을호)에 소개되다.

1973년
『한용운전집韓龍雲全集』 전 6권(신구문화사)에서 간행되다.

1981년
성북동 심우장尋牛莊에 만해기념관이 개관되다.

1985년
충남 홍성에 만해 한용운 동상이 건립되다.

1990년
성북동 심우장尋牛莊의 만해기념관을 남한산성 내로 이전하여 다시 개관하다.

1995년
제1회 '만해제'가 만해학회 및 홍선문화원 주최로 홍성에서 열리고, 만해 추모사당 '만해사萬海祠'가 준공되다.

1996년
「님의 침묵」 프랑스 출간(오트르탕출판사,「표제 : Le Silence de Nim」, 김현주, 매기석(Pierre Mesini, 파리외방전교회 소속 신부) 불역佛譯) 되다.

1996년
설악산 신흥사 회주 무악霧嶽 조오현曺五絃 스님이 주도하여 만해축전추진위원회가 결성되다. 11월, 만해 한용운의 사상과 철학을 기리기 위한 '만해상' 제정하다.

1997년
만해기념관이 백담사百潭寺에 건립되다.

1999년
제1회 만해축전이 만해축전추진위원회 주최로 백담사에서 주최되다.

2002년
장편소설「흑풍黑風」(사랑과나무간刊, 전2권) 재출간되다.

2003년
강원도 인제 백담사 부근에 만해마을 조성되다.

2004년
2월, 종로구 계동 한영운 선생의 옛집이 서울시지정 문화재로 지정되다. 4월, 만해 한용운 시비가 충남 홍성군 결성면사무소 광장에 세워지다.

2005년
「님의 침묵」 5개국어 번역 시집 출간되다. (만해학술원)

2007년
홍성군 만해생가 앞에 만해체험관 개관되다.

2008년
영문으로 된 『만해 한용운 선집』(표제 : Selected Writings of Han Yongun, 영국 글로벌 오리엔틸사) 출판되다.

2011년
한용운 문학전집 간행되다. (태학사, 권영민 엮음)

2012년
한용운 선생 묘소 문화재 지정되다.

2021년
10월 10일, 남한산성 만해기념관 입구에 만해 추모비 건립하다.

(김종해, 임중빈, 전보삼, 만해기념관 등에서 작성한 연보를 참고하여 재작성 : 편자)

▣ 작품 연보 ▣

게재일	제 목	게재지 및 출판사	비고
1912.	『佛教漢文讀本』	毛筆本	教材
1913. 4. ~ 5.	原僧侶之團體	朝鮮佛教月報	논문
1913. 5. 25.	『朝鮮佛教維新論』	佛教書館	논저
1914. 4. 30.	『佛教大典』	범어사	편찬
1917. 4. 6.	『精選講義 菜根譚』	新文館	편저
1918. 9. 1.	朝鮮青年과 修養·前路를 擇하여 進하라	惟心 1호	논문
1918. 9. 1.	苦學生	惟心 1호	수필
1918. 9. 1.	心	惟心 1호	시
1918. 10. 10.	苦痛과 快樂·自我를 解說하라	惟心 2호	논문
1918. 12. 20.	遷延의 害·毀譽	惟心 3호	논문
1918. 12. 20.	無用의 勞心·前家의 梧桐	惟心 3호	수필
1919. 7. 10.	朝鮮獨立의 書		선언서
1919. 11. 4.	朝鮮獨立에 對한 感想	독립신문	논문
1922. 9. 1.	無窮花 심으과저	開闢 27호	시
1923. 1.	朝鮮及朝鮮人의 煩悶	東亞日報	논설
1924. 3.	내가 믿는 佛教	開闢	논문
1924. 10. 24.	죽음		단편소설
1925. 6. 7.	『十玄淡註解』	法寶會	
1926. 5. 20.	『님의 沈默』	滙東書館	시집
1926. 12.	가갸날에 대하여	東亞日報	수필
1927. 7.	女性의 自覺	東亞日報	수필
1927. 8. 17.	죽었다가 다시 살아난 이야기	別乾坤	수필

1928. 1.	天下名妓 黃眞伊	別乾坤	수필
1928. 6. 1.	專門知識을 갖추자	別乾坤	논설
1929. 5. 10.	작은 일부터	權友 1호	수필
1929. 6. 12.	漢詩(聞砧聲 외 8수)	三千里 1호	시
1930. 1.	小作農民의 覺悟	朝鮮農民	논설
1930. 1.	남모르는 나의 아들	別乾坤	수필
1930. 9. 1.	萬有가 佛敎로 돌아간다	三千里	수필
1931. 7. ~ 9.	漫話	佛敎	수필
1931. 8.	佛敎靑年總同盟에 대하여	佛敎	논설
1931. 8.	비바람	佛敎	수필
1931. 9.	政敎를 分立하라	佛敎	논설
1931. 9.	印度 佛敎運動의 片信·國寶的 한글 經板의 發見經路	佛敎	雜組
1931. 10.	中國佛敎의 現象	佛敎	논문
1931. 10.	朝鮮佛敎의 改革案·佛敎改新에 대하여	佛敎	雜組
1931. 10. ~ 1932. 9.	聞葛藤	佛敎	雜組
1931. 12.	中國革命과 宗敎의 受難	佛敎	雜組
1931. 12.	宇宙의 因果律	佛敎	雜組
1931. 12.	歸鄕小曲	佛敎	시
1931. 12.	겨울 밤 나의 生活	彗星	수필
1932. 1. 1.	원숭이와 佛敎·卷頭言	佛敎	雜組
1932. 1. 1.	寺法改正에 對하여	佛敎	논설
1932. 1.	平生 못잊을 傷處	朝鮮日報	수필
1932. 2. 1.	禪과 人生	佛敎	雜組
1932. 3. 1.	世界宗敎界의 回顧	佛敎	雜組
1932. 4. 1.	新年度의 佛敎事業은 어떠할까	佛敎	雜組
1932. 4. 14.	祝辭	한글	雜組
1932. 5. 1.	佛敎新任 中央幹部에게	佛敎	雜組
1932. 8. 1.	朝鮮佛敎의 海外發展을 要望함	佛敎	논설

1932. 9. 1.	敎團의 權威를 確保하라·佛敎靑年運動에 對하여·信仰에 대하여	佛敎	논설
1932. 10. 1.	海印寺 巡禮記	佛敎	수필
1932. 10. 1.	月明夜에	三千里	시
1932. 10. 1.	西伯利亞의 移農	三千里	雜俎
1933. 1. 1.	佛敎事業의 旣定方針을 實行하라	佛敎	논설
1933. 1. 1.	한글經 印出을 마치고	佛敎	雜俎
1933. 2. 1.	宗憲發布紀念式을 보고	佛敎	雜俎
1933. 3. 1.	現代 아메리카의 宗敎	佛敎	논설
1933. 3. 26.	달님 달님 달님	東亞日報	시
1933. 4. 1.	敎政硏究會 創立에 對하여	佛敎	논설
1933. 6.	禪과 自我	佛敎	논문
1933. 9. 1.	明沙十里	三千里	한시
1933. 9. 1.	西伯利亞를 거쳐 서울로	三千里	수필
1933. 10. 1.	自立力行의 精神을 普及시키라	新興朝鮮	수필
1935. 1. 1.	最後의 五分間	朝光	수필
1935. 3. 8. ~ 13.	北大陸의 하룻밤	朝鮮日報	수필
1935. 4.	꿈과 근심	新人文學 6호	시
1935. 4. 9. ~ 1936. 2. 1.	黑風	朝鮮日報	장편소설
1936. 3. 27.	尋牛莊散詩①(山居·산꿀물)	朝鮮日報	시
1936. 3. 28.	尋牛莊散詩②(矛盾·淺日)	朝鮮日報	시
1936. 3. 31.	尋牛莊散詩③(쥐)	朝鮮日報	시
1936. 4. 2.	尋牛莊散詩④(日出·海邊의 夕陽)	朝鮮日報	시
1936. 4. 3.	尋牛莊散詩⑤(江배·落花·莖草)	朝鮮日報	시
1936. 4. 4.	尋牛莊散詩⑥(早春咏·海綿)	朝鮮日報	시
1936. 4. 5.	尋牛莊散詩⑦(파리·모기·半月과 少女)	朝鮮日報	시
1936. 6. 1.	失題	三千里	시
1936. 10.	暮鐘晨梵無我境	朝光	

1936. 12. 1.	採根譚講義	三千里	
1936.	後悔(50회 연재중 폐간)	朝鮮中央日報	장편소설
1937. 3. 1	「佛教」 續刊에 대하여	新佛敎 1호	雜組
1937. 3. 3. ~ 4. 1.	鐵血美人	新佛敎 1~2호	단편소설
1937. 4. 1.	愛情設問	朝光	
1937. 4. 1.	朝鮮佛敎統制案	新佛敎 2호	논문
1937. 4. 1.	卷頭言	新佛敎 2호	雜組
1937. 5. 1.	譯經의 急務	新佛敎 3호	논문
1937. 6. 1	住持選擇에 대하여	新佛敎 4호	논문
1937. 6. 1	尋牛莊說	新佛敎 4호	수필
1937. 7. 1	選外禪	新佛敎 5호	논문
1937. 8. 1	精進	新佛敎 6호	논문
1937. 10. 1	戒言	新佛敎 7호	논문
1937. 10. ~ 1938. 9.	山莊寸墨	新佛敎	수필
1937. 11. 1.	제논의 飛失不動論과 僧肇의 物不遷論	新佛敎 8호	논문
1937. 12. 1.	朝鮮佛敎에 대한 過去一年의 回顧와 新年의 展望	新佛敎 9호	수필
1938. 2. 1.	佛敎靑年運動을 復活하라	新佛敎 10호	논문
1938. 3. 1.	共産主義의 反宗教운동은 과연 실현될 것인가	新佛敎 11호	논문
1938. 5. 1.	나치스 獨逸의 宗教	新佛敎 12호	논문
1938. 5. 1.	反宗教運動의 批判	三千里	논문
1938. 5. 18. ~ 1939. 3. 10.	薄命	朝鮮日報	장편소설
1938. 6. 1.	불교와 효행	新佛敎 13호	雜組
1938. 7. 1.	忍耐	新佛敎 14호	雜組
1938. 8. 1.	三本山會議 展望함	新佛敎 15호	논문
1938. 11. 1.	總本山 創設에 對한 再認識	新佛敎 17호	논문
1938. 12.	漁翁	野談	시

1939. 11. 1. ~ 1940. 1. 1.	三國誌	朝鮮日報	번역소설
1940. 2. 1.	불교의 과거와 미래	新佛敎	논문
1940. 5. 30.	明沙十里	半島山河	수필
1962. 8.	人生殘高와 旅券	現代文學	수필
1967. 12.	알 수 없어요	現代文學	시
1970. 가을호.	죽음	創作과批評	소설
1970.	朝鮮獨立理由書	創作과批評	
1973.	『韓龍雲全集』	新丘文化社刊	전집

■ 연구자료 총목록 ■
1926. 5. ~ 2022. 4.

1. 『님의 침묵』 1차 문헌자료

한용운, 『님의 침묵』, 회동서관, 1934.
_____, 『님의 침묵』, 한성도서, 1934.
_____, 『님의 침묵』, 한성도서, 1950.
_____, 『님의 침묵』, 진명문화, 1950.
_____, 『님의 침묵』, 한성도서, 1952.
_____, 『님의 침묵』, 한성도서, 1953.
_____, 『님의 침묵』, 이준범 편, 정연사, 1966.
_____, 『님의 침묵』, 향원 편, 문창사, 1971.
_____, 『님의 침묵』, 진명문화사, 1972.
_____, 『님의 침묵』, 서경수 편역, 삼성문화재단, 1972.
_____, 『님의 침묵』, 정음사, 1973.
_____, 『님의 침묵·속(續) 님의 침묵』, 을유문화사, 1974.
_____, 『만해선생시집』, 대동문화연구원 편, 보련각, 1975.
_____, 『님의 침묵』, 삼중당, 1975.
_____, 『님의 침묵』, 서림문화사, 1977.
_____, 『님의 침묵』, 문화공론사, 1977.
_____, 『님의 침묵』, 동서문화사, 1977.

_____,『님의 침묵』, 만해사상연구회 편, 민족사, 1980.

_____,『님의 침묵』, 혜원출판사, 1980.

_____,『님의 침묵』, 민음사, 1980.

_____,『님의 침묵』, 서문당, 1980.

_____,『님의 침묵』, 혜림출판사, 1982.

_____,『님의 침묵』, 문공사, 1982.

_____,『님의 침묵』, 삼중당, 1983.

_____,『님의 침묵』, 정음문화사, 1983.

_____,『님의 침묵』, 범우사, 1983.

_____,『님의 침묵』, 정음사, 1983.

_____,『님의 침묵』, 우리극단마당 편, 정음사, 1984.

_____,『님의 침묵』, 동서문화사, 1984.

_____,『님의 침묵』, 서경수 편역, 삼성미술문화재단출판부, 1984.

_____,『님의 침묵』, 민족문화사, 1985.

_____,『님의 침묵』, 문지사, 1985.

_____,『님의 침묵』, 덕우출판사, 1985.

_____,『님의 침묵』, 한미출판사, 1986.

_____,『님의 침묵』, 양우당, 1986.

_____,『님의 침묵』, 명지사, 1986.

_____,『님의 침묵』, 을유문화사, 1986.

_____,『님의 침묵』, 청목사, 1986.

_____,『님의 침묵』, 자유문학사, 1987.

_____,『님의 침묵』, 민중서각, 1987.

_____,『님의 침묵』, 문장, 1987.

_____,『님의 침묵』, 한국학연구소, 1987.

_____,『님의 침묵』, 오성출판사, 1987.

_____,『님의 침묵』, 학원사, 1987.

_____,『님의 침묵』, 열음사, 1988.

_____,『님의 침묵』, 풍림출판사, 1989.

_____, 『한용운 시전집』, 최동호 편, 문학사상사, 1989.
_____, 『한용운 산문 선집』, 정해렴 편, 현대실학사, 1991.
_____, 『님의 침묵』, 상아, 1991.
_____, 『님의 침묵』, 서문당, 1993.
_____, 『님의 침묵』, 범우사, 1993.
_____, 『님의 침묵』, 신구미디어, 1993.
_____, 『님의 침묵』, 을유문화사, 1994.
_____, 『님의 침묵』, 학원사, 1994.
_____, 『님의 침묵』, 시와시학사, 1996.
_____, 『님의 침묵』, 소담출판사, 1996.
_____, 『님의 침묵』, 상아, 1996.
_____, 『님의 침묵』, 인문출판사, 1996.
_____, 『님의 침묵』, 전보삼 편, 수창출판사, 1996.
_____, 『한용운의 님의 침묵』, 한계전 편, 서울대출판부, 1996.
_____, 『명사십리』, 범우사, 1997.
_____, 『님의 침묵』, 혜원출판사, 1997.
_____, 『님의 침묵』, 세손, 1997.
_____, 『님의 침묵』, 선영사, 1997.
_____, 『님의 침묵』, 동해, 1997.
_____, 『님의 침묵』, 신라출판사, 1998.
_____, 『님의 침묵』, 하서출판사, 1998.
_____, 『한용운 시전집』, 만해사상실천선양회 편, 장승, 1998.
_____, 『님의 침묵』, 신라출판사, 1999.
_____, 『님의 침묵』, 문학과현실사, 1999.
_____, 『님의 침묵』, 태학당출판사, 1999.
_____, 『님의 침묵』, 예가, 1999.
_____, 『님의 침묵』, 동해, 1999.
_____, 『님의 침묵』, 고은 편, 민음사, 1999.
_____, 『님의 침묵 : 한극근대시인총서 2』, 동서문화원 편, 한국인문과학원,

　　　　1999.

_____, 『만해 한용운 한시선』, 서정주 편, 민음사, 1999.

_____, 『님의 침묵』, 노벨, 2001.

_____, 『한용운 작품 선집』, 서준섭 편, 강원대출판부, 2001.

_____, 『한용운 시집』, 일신서적출판사, 2001.

_____, 『님의 침묵』, 미래사, 2002.

_____, 『님의 침묵』, 청목사, 2002.

_____, 『님의 침묵』, 청개구리(청동거울), 2002.

_____, 『님의 침묵』, 황금북, 2002.

_____, 『님의 침묵』, 문학과현실사, 2002.

_____, 『님의 침묵』, 범우사, 2002.

_____, 『님의 침묵』, 작가문화, 2003.

_____, 『님의 침묵』, 책만드는집, 2003.

_____, 『님의 침묵』, 미래사, 2003.

_____, 『님의 침묵』, 열린책들, 2004.

_____, 『님의 침묵 번역시선 Selected Poems From the Silence of My Love』, 김재홍 편, 만해학술원, 2005.

_____, 『님의 침묵 외』, 종합출판범우, 2006.

_____, 『님의 침묵』, 하서, 2006.

_____, 『님의 침묵』, 시학, 2006.

_____, 『한용운의 님의 침묵』, 예가, 2008.

_____, 『원본 한용운 시집 : 『님의 침묵』 원본 및 주석본』, 김용직 편, 깊은샘, 2009.

_____, 『한용운 시전집』, 최동호 편, 서정시학, 2009.

_____, 『님의 침묵』, 창작시대, 2011.

_____, 『조선 독립의 서』, 범우사, 2011.

_____, 『한용운 문학전집』, 태학사, 2011.

_____, 『님의 침묵』, 지식을만드는지식, 2011.

_____, 『채근담』, 돌을새김, 2012.

_____, 『님의 침묵』, 시인생각, 2012.
_____, 『님의 침묵』, 책만드는집, 2012.
_____, 『알 수 없어요』, 비타민북, 2013.
_____, 『님의 침묵 : 큰글 시문학선』, 큰글, 2013.
_____, 『국어과 선생님이 뽑은 한용운 명시 님의 침묵 & 나룻배와 행인 & 알 수 없어요 외』, 북앤북, 2014.
_____, 『한용운 시전집(개정증보판)』, 최동호 편, 서정시학, 2014.
_____, 『님의 침묵』, 범우사, 2015.
_____, 『조선불교유신론』, 민족사, 2015.
_____, 『님의 침묵』, 글로벌콘텐츠, 2015.
_____, 『한용운과 필사하기』, 스타북스, 2016.
_____, 『님의 침묵 초판본』, 더스토리, 2016.
_____, 『필사의 즐거움 : 한용운처럼 시를 쓰다』, 북스테이, 2016.
_____, 『님의 침묵』, 팬덤북스, 2016.
_____, 『초판본 님의 침묵』, 소와다리, 2016.
_____, 『초판본 님의 침묵』, 지식인하우스, 2016.
_____, 『님의 침묵』, 북오션, 2016.
_____, 『한용운의 님의 침묵』, 달콤미디어, 2016.
_____, 『만해 한용운 시선집』, 만해사상실천선양회 편, 참글세상, 2016.
_____, 『미니북 초판본 님의 침묵』, 더스토리, 2016.
_____, 『필사의 힘 : 한용운처럼 님의 침묵 따라쓰기』, 미르북컴퍼니, 2016.
_____, 『현대어판 님의 침묵』, 더스토리, 2016.
_____, 『미니북 초판본 님의 침묵』, 더스토리, 2017.
_____, 『님의 침묵』, 신현림 편, 사과꽃, 2017.
_____, 『님의 침묵』, 디자인이음, 2018.
_____, 『한용운 시집 : 님의 침묵』, 부크크, 2018.
_____, 『초판본 님의 침묵』, 지식인하우스, 2018.
_____, 『님의 침묵』, 맹문재 편, 푸른생각, 2019.
_____, 『한용운 시집』, 부크크, 2019.

_____, 『님의 침묵』, 자화상, 2019.

_____, 『님의 침묵(미니북)』, 자화상, 2019.

_____, 『님의 침묵』, 지식인하우스, 2020.

_____, 『님의 침묵(큰글씨책)』, 정씨책방, 2020.

_____, 『님의 침묵』, 미니책방, 2020.

_____, 『님의 침묵(미니북)』, 자화상, 2020.

_____, 『님의 침묵』, 와이앤엠, 2020.

_____, 『한용운의 님의 침묵』, 부크크, 2020.

_____, 『한용운 시집 1~5』, 키메이커, 2020.

_____, 『님의 침묵』, 한국학자료원, 2021.

_____, 『초판본 님의 침묵』, 더스토리, 2021.

_____, 『읽고 쓰는 님의 침묵』, 모든 북스, 2021.

_____, 『님의 침묵』, 창작시대, 2021.

2. 단행본

김소운, 『조선시집』 동경 : 흥풍관, 1943.
이하윤, 『현대국문학정수』, 중앙문화협회, 1946.
서정주, 『현대조선명시선』, 온문사, 1950.
장만영, 『애정시감상』, 향문사, 1953.
김소운, 『조선시집』, 岩波書店, 1954.
박영종, 『구름의 서정시』, 박영사, 1957.
박노준·인권환, 『한용운 연구』, 통문관, 1960.
Peter Hyun, *Voice of the Dawn : A Selection of Korean Poetry from the Sixth Century to the Present Day*, Lodon : John Murray, 1960.
김춘수, 『사랑의 시감상』, 성봉각, 1961. 9. 20.
박봉우, 『흘러간 사랑의 시인상 : 작고시인의 생와 문학』, 백문사, 1962.
송 욱, 『시학평전』, 일조각, 1963.
정태용, 『한용운 : 미완성의 의지』, 박영사, 1964.
문덕수, 『한용운의 생애와 문학』, 정음사, 1965, 1974, 1980.
서정주, 『작고시인선』, 정음사, 1965.
박노준·임종국, 『한용운론 : 흘러간 성좌』, 국제문화사, 1966.
신동문, 『님의 언어, 저항의 언어, 한국의 인간상』, 신구문화사, 1967. 10.
정한모, 『한국시개관』, 한국신시 60년기념사업회(한국시선), 1968. 10.
조연현, 『한국현대문학사(제2부)』, 인문사, 1968. 5. 15.
최 현, 『한국현대시해부』, 성문각, 1968.
강용흘, *Meditation of the Lover*, 연세대학교 출판부, 1970.
정광호, 『만해 한용운 : 한국근대인물평전』, 다리, 1970.
문덕수, 『현대한국시론』, 선명문화사, 1971.
김민성, 『한국현대시인론』, 금강출판사, 1973.
김영기, 『한국문학과 전통』, 현대문학사, 1973.

백　철,『시인 한용운의 소설』, 한용운 전집 5, 1973.
송　욱,『시인 한용운의 세계』, 한용운 전집, 1973.
임중빈,『님의 시인 한용운』, 정음사, 1973.
조명기,『만해 한용운의 저서와 불교사상』, 한용운 전집 3, 1973.
한국대학생불교연합회,『만해 한용운 선사 : 그 웅지를 영원의 지표로 삼자』,
　　　　한국대학생불교연합회, 1973.
한용운전집편찬위원회,『한용운전집』1~6권, 신구문화사, 1973.
김윤식,『한국근대작가논고』, 일지사, 1974.
김학동,『한국근대시인연구』, 일조각, 1974.
김현승,『작고 시인선』, 정음사, 1974.
문덕수,『한용운의 생애와 문학』(정음문고 141), 정음사, 1974.
송　욱,『전편해설『님의 침묵』, 과학사, 1974.
임중빈,『만해 한용운 : 위대한 한국인 9』, 태극출판사, 1974.
　　　　,『한용운일대기』, 정음사, 1974.
고　은,『한용운 평전』, 민음사, 1975.
김우창,「『님의 침묵』」,『교양명저 60선(문학편)』, 1975.
김윤식,『한국현대시론비판』, 일지사, 1975.
조종현,『만해 한용운』, 현암사, 1975.
이민수,「한용운」,『독립운동가 30인 저 : 서문문고 196』, 1975.
조종현,『만해 한용운』, 현암사, 1975.
조현종,「만해 한용운」,『한국의 사상가 12인』, 현암사, 1975.
Houlahan, John Christopher, *The Life and Work of Han Yongun*,
　　　　University of London, 1977.
J. C. Houlhan, *The Life and Work of Han Young-un*, London University,
　　　　1977.
안병직,『한용운』, 한길사, 1979/1992.
이인복,『죽음의식을 통해 본 소월과 만해』, 숙명여대출판부, 1979.
만해사상연구회,『한용운사상연구(제1집)』, 민족사, 1980.
심명호, *The Making of Early Mordern Korean Poetry*, University of

London, 1980.

한종만,『한국근대 민중불교의 이념과 전개』, 한길사, 1980.

만해사상연구회,『한용운 사상 연구(제2집)』, 민족사, 1981.

김열규·신동욱,『한용운 연구』, 새문사, 1982.

김재홍,『한용운 문학연구』, 일지사, 1982. 5.

김종균,『매천, 만해, 지훈의 시인의식 : 한국 전통시 의식의 탐구 1』, 박영사, 1982.

김학동, 김열규, 신동욱,『한용운 연구』, 새문사, 1982.

송 혁,『한국불교시문학론』, 동국대출판부, 1982.

염무웅,『한용운(한국현대시문학대계(2))』, 지식산업사, 1982.

윤재근,『만해시와 주제적 시론』, 문학세계사, 1982.

Myung-Ho Sym, *Making of Mordern Korean Poetry : Foreign Influences and Native Creativity*, Seoul National University Press, 1982.

서정주,『만해 한용운 한시 선역』, 예지각, 1983.

신동욱,『님이 침묵하는 시대의 노래』, 문예세계사, 1983.

윤병석,『위대한 한국인 : 만해 한용운 8』, 중앙서관, 1983.

이원섭,『조선불교유신론』, 민족문화사, 1983.

임중빈,『(만해) 한용운』, 중앙서관, 1983.

전보삼,『한용운 시론』, 민족문화사, 1983.

김장호,『한국시의 전통과 그 변혁』, 정음문화사, 1984.

김교식,『한용운』, 계성출판사, 1984.

우리극단 마당 편,『님의 침묵 : 만해 한용운 일대기』, 정음사, 1984.

이상섭,『'님의 침묵'의 어휘와 활용구조』, 탐구당, 1984.

고 은,『님만 님이 아니다(고은 전집-3』, 동광출판사, 1985.

──────,『평전 한용운(고은 전집-18)』, 백민사, 1985.

김영호, *Philosophies, Themes and Symbols in the Poetry of Walt Whitman and Han Yong-un*, University of Illinois at Urbana-Champaign, 1985.

윤재근,『님의 침묵 연구』, 민족문학사, 1985.

김재홍,『한국현대시인연구 1, 2』, 일지사, 1986/2007.
서정주,『시와 시인의 말 : 한용운에서 이해인까지』, 창우사, 1986.
송재갑,『한국불교시문학론』, 동국대출판부, 1986.
윤호병, French Symbolism and Mordern Korean Poetry : A Study of Poetic Language and its Social Significance in Korea, State University of New York at Stony Brook, 1986.
채수영,『한국현대시의 색채의식연구 : 한용운, 이육사, 신석적의 시를 중심으로』, 집문당, 1987.
김광식,『한국근대불교의 현실인식』, 민족사, 1988.
김영호,『한용운과 휘트먼의 문학사상』, 사사연(思社硏), 1988.
한국문학연구소,『한국불교문학연구(하)』, 동국대출판부, 1988.
한국문화원연합회,『불심과 시심과 애국심(내고장 뿌리찾기 29)』, 명문당, 1988.
김남선,『원효, 만해, 김시습』, 정토, 1989.
박진환,『원리탐구와 동일성의 시학』, 시와비평사, 1989.
최동호 편·해설,『한용운전집』, 문학사상사, 1989.
만해축전추진위원회 편,『만해 한용운 논설집』, 장승출판사, 1990.
성기조,『한국현대시인연구』, 동백문화사, 1990.
송 욱,『님의 침묵 전편 해설』, 일조각, 1990.
이원섭,『불교대전』, 현암사, 1990.
윤석성,『만해 한용운 시의 비평적 연구』, 열린불교, 1990.
고재석,『한국근대문학지성사』, 깊은샘, 1991.
김상현 편,『만해 한용운어록 : 조선청년에게 고함』, 시와시학사, 1991.
이인복,『죽음의식을 통해 본 소월과 만해』, 우진출판사, 1991.
김재홍,『한용운 문학연구』, 일지사, 1992.
만해학회,『만해학보』창간호, 만해학회, 1992.
박걸순,『한용운의 생애와 독립투쟁』, 독립기념관, 1992.
박배순,『한용운의 생애와 독립투쟁』, 한국독립운동사연구소, 1992.
박철희,『한용운』, 서강대출판부, 1992.

이원섭,『조선불교유신론』, 운주사, 1992/2007.
전보삼,『만해 한용운 산문집 : 푸른 산빛을 깨치고』, 민족사, 1992/1994.
한용운,『조선불교유신론』, 이원섭 역, 운주사, 1992.
Beongcheon Yu, *Han Yong-un and Yi Kwang-su : Two Pioneers of Modern Korean Literature*, Detroit, MI : Wayne State University Press, 1992.
신동욱 편,『한용운 : 한국현대시인연구 8』, 문학세계사, 1993.
임중빈,『만해 한용운, 그 생애와 정신』, 명지사, 1993.
신용협,『한국 현대시 연구』, 국학자료원, 1994/2001.
최태호,『현대시와 한시 : 만해·지훈의 한시를 중심으로』, 은하출판사, 1994.
임중빈,『만해 한용운』, 범우사, 1995/2000.
만해사상실천선양회,『만해새얼』, 만해사상실천선양회, 1996.
최동호,『한용운 — 혁명적 의지와 시적 사랑』, 건국대학교 출판부, 1996.
한계전,『한용운의 님의 침묵』, 서울대학교 출판부, 1996/2004.
Gruberova, Ivana Marie, *Stanu-li se kamenem výbor z korejské poezie 20. století (If I become a Stone : A Committee of 20^h Century Korean Poetry)*, Prague, Czech Republic : Mladá Fronta, 1996.
Gruberova, Ivana Marie, *Manhä Han Jong-un : Tvoje Mlc̃eñi (your Silence : A Committee of love Poetry by Korean Buddhist monk)*, Prague, Czech Republic : DharmaGaia, 1996/2003.
Kim Hyeon Ju·Pieree Mesini, *Le Silence de Nim*, Autres Temps, 1996.
김상현,『만해 한용운 어록, 조선청년에게 고함』, 시와시학사, 1997.
박철희 편,『한용운 : 한국문학의 현대적 해석 11』, 서강대학교 출판부, 1997/2002.
손창대, *A study on Youn Woon Han's Liberal Thought and its influeunce on the Korean History*, Summit University of Louisiana, 1997.
박포리, *The Mordern Remaking of korean Buddhism : The Korean Reform MoveMent During Japanese Colonical Rule and HanYongun's Buddhism (1879-1944)*, Univ. of California,

LosAngeles, 1988.
이혜원,『현대시의 욕망과 이미지』, 시와시학사, 1998.
김열규·신동욱 편, 김학동 해설,『한용운 연구』, 새문사, 1999.
만해사상실천선양회,『현대시의 반성과 만해문학의 국제적 인식』, 만해사상실천선양회, 1999.
서정주 역,『만해 한용운 한시선』, 민음사, 1999.
임중빈,『만해 한용운』, 명지사, 1999.
정찬주,『만행』(장편소설), 민음사, 1999.
조석하,『민족주의 문학에 대한 주체적 시각 : 신채호론, 한용운론』, 문예사, 1999.
Evon, Gregory Nicholas, *Literary Grnre and Philosophical Siscourse in the Buddhist Poetics of Han Yungun(1879~1944)*, Australian national University, 1999.
Kang, Seung-Hi, *The Quest for the Absoulute Through Eve by Charles ppéguy and Nim-ui Chim-mouk (your silence) by Han Yong-un,* France: Universite de Metz, 1999.
Kim Jaihiun, *Love's Silence And Other Poems*, Ronsdale Press, 1999.
고 은,『한용운 평전』, 고려원, 2000.
고명수,『나의 꽃밭에 님의 꽃이 피었습니다 — 민족의 청년 한용운』, 한길사, 2000.
고재석,『숨어 있는 황금의 꽃』, 동국대학교출판부, 2000.
김광식,『근현대불교의 재조명』, 민족사, 2000.
만해사상실천선양회,『만해 한용운 논설집』, 장승, 2000.
최동호,『사랑과 혁명의 아우라 한용운』, 건국대학교출판부, 2000/2001.
임용택,『김소운『조선시집』의 세계 제일의 조국 상실자의 시심』, 중앙공론신사, 2000.
Choi, Ann Young, *Overcoming the purity of Purpose: Korean Poetry of the 1920s*, University of California LA, 2000.
이동순,『시와 시인 이야기 : 한용운에서 신현림까지』, 월인 2001.

이선이, 『만해시(萬海詩)의 생명사상 연구』, 월인, 2001.

임혜봉, 『일제하 불교계의 한용운운동』, 민족사, 2001.

Hadayatullah Hübsch, *Das Schweigen des Geliebten [ein Gedichtepos aus Korea]*, Horlemann, 2001.

Hyungok Bae, *Das Schweigen des Geliebten*, Bad Honnef, German : Horlemann, 2001.

Kim Hyun-Chang & Seung-kee Kim, *Su Silencio*, Madrid, Spain : Verbum, 2001.

Gruberova, Ivana Marie, *prázdné hory jsou plné větru a deště : antologie básní korejských mistrů (the Empty Mountains are full of wind and rain : An anthology of poems by Korean Zen masters)*, Prague, Czech Republic : DharmaGaia, 2002.

김인환, 『한용운의 「님의 침묵」을 다시 읽는다』, 열림원, 2003.

이규희, 『한용운』, 파랑새어린이, 2003/2007.

고 은, 『한용운 평전』, 향연출판사, 2004.

관 조, 『님의 풍경』, 솔, 2004.

김광식, 『첫키스로 만해를 만나다-만해 한용운 평전』, 장승출판사, 2004.

김재홍, 『한용운문학연구』, 일지사, 2004.

남한산성 만해기념관, 『만해와 그 사람들 : 특별기획전』, 만해기념관, 2004.

신종철, 『만해 한용운』, 세상의 모든 책, 2004.

신현수, 『선생님과 함께 읽는 한용운』, 실천문학사, 2004/2011.

David McCann, *The Columbia Anthology of Mordern Korean Poetry*, New York, NY : Columbia University Press, 2004.

김광원, 『만해의 시와 십현담주해』, 바보새, 2005.

김재홍, 『님이 침묵하는 시대의 노래』, 범우사, 2005.

만해학술원, 『만해학연구』, 창간호, 만해축전추진위원회, 2005.

만해 한용운, 성석우 스님, 김홍희, 『나를 쳐라 : 지상을 치는 경허스님의 죽비소리』, 노마드 북스, 2005.

문학사상 편집부, 『만해 한용운』, 문학사상, 2005.

유종호, 『시 읽기의 방법』, 삶과 꿈, 2005.

이성원·이민섭, 『한용운의 채근담 강의』, 필맥, 2005.

임효림, 『만해 한용운의 풀뿌리 이야기』, 바보새, 2005.

조한서, 장은경, 『겨레의 큰 산 한용운』, 아름다운 사람들, 2005.

판빙리, 『정인적 묵묵』상해, 중국 :상해샤먼출판사, 2005.

김삼웅, 『만해 한용운 평전』시대의 창, 2006.

김재홍, 『님의 침묵 (외)』, 범우사, 2006.

김재홍, 『한국 문학』, 범우출판사, 2006.

만해 한용운·마빈 토케어, 『다시 찾아온 인생의 학교 : 채근담과 탈무드』, 도서관옆출판사, 2006.

우봉규, 정선희, 『한용운 : 나라 잃은 영원한 스승』, 주니어RHK, 2006.

이정범, 『저항문학과 한용운』, 서강BOOKS, 2006.

이채형, 『아아, 님은 가지 않았습니다 : 만해 한용운 전기소설』, 문학나무, 2006.

김시종, 『재역 조선시집』, 岩波書店, 2007.

조정래, 김세현, 『한용운』, 문학동네, 2007.

김광식, 『만해 한용운 평전 : 첫키스로 만해를 만나다』, 참글세상, 2008/2009.

김광식, 김동환, 윤선자, 윤정란, 조규태, 『종교계의 민족운동』, 독립기념관 한국독립운동사연구소, 2008.

김광원, 『님의 침묵과 선의 세계 : 한용운의 님의 침묵 전편 해설』, 새문사, 2008.

김종인, 『날카로운 첫키스의 추억 : 만해 한용운 「님의 침묵」 평설』, 나남출판사, 2008.

이태동, 『한국 현대시의 실체 : 한용운에서 이성복까지』, 문예출판사, 2008.

Vladimir Tikhonov & Owen Miller, *Selected Writing of Han Yongun : From Social Darwinism to Socialism with a Buddhist Face*, Folkestone : Global Oriental, 2008.

고명수, 『나의 꽃밭에 님의 꽃이 피었습니다 : 민족의 청년 시인 한용운』, 한길사, 2009.

송건호,『역사에 민족의 길을 묻다 :송건오희 인물론』, 한길사, 2009.

엄경선,『설악의 근현대인물사』, 마음살림, 2009.

유세종,『화엄의 세계와 혁명 : 동아시아의 루쉰과 한용운』, 차이나 하우스, 2009/2010.

이광열, 황지영,『독립의 불을 밝힌 승려시인』, 흙마당, 2009.

최동호,『한용운시전집』, 서정시학, 2009/2014.

Pori Park, Trial and Error in Modernist Reforms : *Korean Buddhism Under Colonial Rule*, Berkeley, CA : Institute of East Asian Studies, University of California, 2009.

고재석,『한용운과 그의 시대』, 역락, 2010.

김광식,『우리가 만난 한용운』, 참글세상, 2010.

김용직,『님의 沈默 총체적 분석연구 : 한용운의 시, 새롭게 읽기』 서정시학, 2010.

김재홍, 이성천, 신진숙, 이선이, 허우성, 김광식,『만해사상과 동아시아 근대 담론 비교 연구 : 문학, 불교철학, 민족사상을 중심으로』, 한국연구재단, 2010.

박민규, *The Heroic Saint, Junai, and Bodhisattva : A Cross-Religious and Cultural Dialogue of Moral Exemplars*, Claremont Graduate University, 2010.

신현수,『선생님과 함께 읽는 한용운(e-Book)』, 실천문학사, 2010.

이병두,『한용운 채근담 1』, 참글세상, 2010.

Amanova, Gulistan Abdirazakovna, *Formation of Modern Forms of Korean Poetry: Llate XIX-mid XX Centuries*, Institute of Oriental Studies of the Russian Academy of Sciences, 2010.

Vladimir Tikhonov, *Social Darwinism and Nationalism in Korea : the Beginnings(1880s-1910s) : "Survival" as an Idelogy of Korean Modernity*, Boston, Ma : Brill, 2010.

권영민 엮음,『한용운문학전집 1-6』, 태학사, 2011.

김광식,『만해 한용운 연구』, 동국대출판부, 2011.

윤석성,『님의 沈默 연구』, 지식과교양, 2011.

이병두,『한용운 채근담 2』, 2011.

인권환,『한국문학의 불교적 탐구』, 월인, 2011.

정경환,『한국정치사상가 연구 : 안중근에서 한용운까지 1』, 이경, 2011.

구세웅, *Making Belief: Religion and the Statein Korea, 1392–1960*, Stanford University, 2011.

de Fremery, Peter Wayne, *How Poetry Mattered in 1920s Korea*, Harvard University, 2011.

김삼웅,『만해 한용운 평전(e-Book)』시대의 창, 2012.

이정범, 지우,『저항시인들과 한용운』, 주니어김영사, 2012.

정수일,『독립운동가이자 시인 : 만해 한용운』, 운주사, 2012.

임중빈,『만해 한용운(e-Book)』, 범우사, 2013.

정효구,『한용운의 '님의 침묵' 전편 다시 읽기』, 푸른사상, 2013.

조한서,『겨레의 큰 산 한용운(e-Book)』, 마우랜드, 2013.

한양대 불교학생회 동문회,『만해 한용운 : 겨레의 큰 별』, 한양대 불교학생회 동문회, 2013.

Lee, Jung-Shim, *Busshist Writers in Colonial Korea : Rethinking Korean Literature, Religion and History during the Colonical Period*, 1910–1945, Leiden University, 2013.

김광식,『춘성 : 만해제자·무애도인』, 중도, 2014.

김순석,『한국 근현대 불교사의 재발견』, 경인문화사, 2014.

만해기념관,『남한산성에서 만해 한용운을 만나다』, 만해기념관, 2014.

미추홀 역사편찬위원회·아트프로덕션,『교과서와 함께하는 365 한국위인 38 : 한용운』, 세종, 2014.

석성환,『선시조(禪詩調)에 나타난 공(空)과 불이(不二) : 만해와 무산의 시조시편을 중심으로』, 월인 2014.

양영아·이관수,『한용운 : 조국 광복을 기원한 불교도』, 한국헤밍웨이, 2014.

윤석성,『님의 침묵 : 풀어 읽기』, 동국대출판부, 2014.

조명제,『조선불교유신론』, 지식을만드는지식, 2014.

_____,『조선불교유신론(e-Book)』, 지식을만드는지식, 2014.
김광식, 한국독립운동연구소,『전인적인 독립운동가 한용운』, 역사공간, 2015.
박재현,『만해, 그날들 — 한용운 평전』, 푸른역사, 2015.
송현주,『한국불교와 근대성의 만남』, 해조음, 2015.
이기성,『님의 침묵 : 원본비평연구』, 소명출판, 2015.
최경순,『조선불교유신론』, 민족사, 2015.
Ann French, *The Blue Voyage and Other Poems*, Auckland : Auckland University Press, 2015.
김종훈,『정밀한 시 읽기』, 서정시학, 2016.
만해축전추진위원회,『만해대상 20주년 기념 자료집 : 1997~2016』, 만해축전추진위원회, 2016.
윤석성,『『님의 沈默』전편 연구』, 지식과교양, 2016.
정효구,『한용운의 '님의 침묵' 전편 다시 읽기(e-Book)』, 푸른사상, 2013.
Pori Park, *Tracts on the mordern Reformation of Korean Buddhism*, Jogye Order of Korean Buddhism, 2016.
서정주,『만해 한용운 한시선/석전 박한영 한시선 : 미당 서정주 전집 20(번역)』, 은행나무, 2017.
윤정연,『심우장을 다녀와서 : 만해 한용운 선생의 흔적(e-Book)』, 미디어북, 2017.
David McCann, *The Temple of Words : An Anthology of Mordern Korean Buddhist Poetry*, Seoul, KR : Jogye Order of Korean Buddhism, 2017.
이운진,『시인을 만나다 : 한용운에서 기형도까지, 우리가 사랑한 시인들』, 북트리거, 2018.
이태동,『한국 현대시의 전통과 변혁 : 한용운에서 문태준까지』, 국학자료원, 2018.
정효구,『불교시학의 발견과 모색』, 푸른사상, 2018.
Mark A. Nathan, *From the Mounrains to the Cities : A History of*

  Buddhist Propafation in Mordern Korea, Honolulu, HI : University of Hawaii Press, 2018.

금성출판사 출판콘텐츠팀, 『한용운』, 금성출판사, 2019.

이규희, 김광운, 『한용운 : 우리가 잊지 말아야 할 독립운동가 8』, 파랑새, 2019.

임중빈, 『만해 한용운』, 종합출판범우, 2019.

한양대 불교학생회 동문회, 『만해 한용운 : 고난의 칼날에 서라』, 맘에드림, 2019.

_____, 『만해 한용운 : 고난의 칼날에 서라(e-Book)』, 맘에드림, 2019.

Krolikoski, *David Anthony, Lyrical Translation: The Formation of Modern Poetics Language in Colonical Korea*, University of Chicago, 2019.

김재홍, 『한용운 문학 연구(김재홍문학전집 1권)』, 국학자료원 새미, 2020.

김종인, 『한용운과 근대성』, 고려대학교 민족문화연구원, 2020.

만해축전추진위원회·동국대 만해연구소, 『만해학술연구총서 : 만해의 삶과 사상』, 국학자료원, 2020.

_____, 『만해학술연구총서 : '님'과 만해문학』, 국학자료원, 2020.

_____, 『만해학술연구총서 : 민족과 시대인식』, 국학자료원, 2020.

_____, 『만해학술연구총서 : 불교와 유신사상』, 국학자료원, 2020.

_____, 『만해학술연구총서 : 만해와 심상지리』, 국학자료원, 2020.

오주리, 『한국 현대시의 사랑에 대한 연구 : 김소월 · 한용운 · 이상 · 황동규 시에 대한 정신분석학적 접근』, 국학자료원, 2020.

이선이, 『근대 문화지형과 만해 한용운 : 한용운 다시 읽기』, 소명출판, 2020.

전국국어교사모임,『한용운을 읽다』, 휴머니스트, 2020.
전국국어교사모임,『한용운을 읽다(e-Book)』, 휴머니스트, 2021.
전보삼, 이주영,『만해 한용운 말꽃모음』, 단비, 2021.

3. 학위논문

송석래,「한용운 작 『님의 침묵』 연구」, 동국대 대학원 석사논문, 1962.

유윤식,「한용운의 시와 사상」, 한양대 대학원 석사논문, 1966.

한종만,「박한영과 한용운의 한국불교근대문학사상」, 원광대 대학원 석사논문, 1970.

Solberg, Sammy Edward, *The Nim-Ui Ch'immuk (Your Slience) of Han Yong-Un a Korean Poet*, Univ. of Washington, 1971.

김재홍,「한국 현대시의 방법론적 연구 : Metaphorical Approach」, 서울대 대학원 석사논문, 1972.

엄창섭,「『님의 침묵』에 표현된 만해의 시세계」, 경희대교육대학원 석사논문, 1973.

김웅민,「일제치하 한국민족주의자들의 종교관 : 단재, 만해를 중심으로」, 연세대 대학원 석사논문, 1974.

최동호,「만해 한용운 연구 ― 시적 변모를 중심으로」, 고려대 대학원 석사논문, 1974.

최원규,「한국근대시에 나타난 불교적 영향에 관한 연구」, 충남대 대학원 석사논문, 1974.

김몽학,「한용운의 「님의 침묵」에 나타난 불교사상의 고찰」, 동아대 교육대학원 석사논문, 1975.

유광렬,「한용운 시의 형성과정과 특이성」, 중앙대 대학원 석사논문, 1975. 12.

조창환,「1920년대 시의 구조적 특성에 관한 연구 : 소월과 만해의 형태 구조를 중심으로」, 서울대 대학원 석사논문, 1975.

김진국,「한용운문학의 현상학적 연구」, 서강대 대학원 석사논문, 1976.

박정환,「만해 한용운론」, 충남대 대학원 석사논문, 1976.

김선학,「시인 한용운론」, 동국대 대학원 석사논문, 1977.

김원태,「한국 저항시인의 시정신에 관한 연구 : 고등학교 국어교과서에 수록된 시인을 중심으로」, 충남대 대학원 석사논문, 1977.
송명희,「한용운 시의 연구」, 동국대 대학원 석사논문, 1977.
송재갑,「만해의 불교사상과 시 세계」, 동국대 대학원 석사논문, 1977.
이돈관,「'님'의 시가 문학적 전개에 관한 연구 : 그 형상과 존재양식을 중심으로」, 경희대 대학원 석사논문, 1977.
장동수,「시인 한용운 소고 : 이별의식을 중심으로」, 국제대 대학원 박사논문, 1977.
이경희,「시적 경험의 과학적 분석과 시의 본질」, 이화여대 대학원 석사논문, 1978.
이양순,「한용운의 사회사상에 관한 연구」, 이화여대 대학원 석사논문, 1978.
이인복,「한국문학에 나타난 죽음의식연구」, 숙명여대 대학원 박사논문, 1978.
조병춘,「한국 현대시의 전개양상 연구」, 명지대 대학원 박사논문, 1979.
김진숙,「시집『님의 침묵』에 이어서의 이별 : 만해의 시와 선」, 부산대 대학원 석사논문, 1980.
윤영천,「1920년대 시의 현실 인식」, 서울대 대학원 석사논문, 1980.
임경택,「한국독립운동가의 정치사상 : 한용운·안창호·조용은을 중심으로 비교」, 고려대 대학원 석사논문, 1980.
임장묵,「한용운의 생애와 사상」, 경희대 대학원 박사논문, 1980.
조규일,「불교문학의 근대적 전개 : 한용운의「님의 침묵」을 중심으로」, 성균관대 대학원 석사논문, 1980.
조장기,「한용운의『님의 침묵』연구 : 주로 문체론적 접근」, 숙명여대 대학원 석사논문, 1980.
도모 나카노리,「한용운의 '님의 침묵' 연구」, 숙명여대 대학원 석사논문, 1980.
김재영,「한용운 화엄사상의 실천적 전개고」, 동국대 대학원 석사논문, 1981.
김재홍,「만해 한용운 문학의 연구」, 서울대 대학원 박사논문, 1981.
김재석,「『님의 침묵』의 신화적 구조」, 동국대 대학원 석사논문, 1982.
김현자,「김소월·한용운 시에 나타난 상상력의 변형구조」, 이화여대 대학원

　　　　박사논문, 1982.
석숙희, 「김소월·한용운의 비교연구」, 충북대 대학원 석사논문, 1982.
손창대, 「한용운의 자유사상에 관한 연구」, 건국대 대학원 석사논문, 1982.
신광호, 「한국 현대시와 꽃의 심상 연구」, 경희대 대학원 석사논문, 1982.
이근철, 「한용운의 윤리사상」, 동국대 교육대학원 석사논문, 1982.
조정환, 「한용운 시의 역설연구」, 서울대 대학원 석사논문, 1982.
김덕산, 「만해 문학에 나타난 기독교적 표현 고찰」, 조선대 대학원 석사논문, 1983.
김종년, 「한용운의 자주정신에 대한 연구」, 한양대 교육대학원 석사논문, 1983.
신상철, 「한국현대시에 나타난 「님」의 연구」, 동아대 대학원 박사논문, 1983.
오재용, 「만해 한용운 연구」, 충남대 대학원 석사논문, 1983.
유흥규, 「한용운론」, 원광대 교육대학원 석사논문, 1983.
윤재근, 「만해시, 「님의 침묵」연구」, 경희대 대학원 박사논문, 1983.
이근철, 「한용운의 논리사상 : 그 형성과정과 본질을 중심으로」, 『교육논총』 3, 동국대학교 교육대학원, 1983.
이상천, 「한용운의 사회사상에 관한 고찰」, 서울대 대학원 석사논문, 1983.
전보삼, 「한용운의 화엄사상연구」, 한양대 교육대학원 석사논문, 1983.
정홍배, 「만해 한용운의 사상성 고찰」, 조선대 교육대학원 석사논문, 1983.
조재복, 「삼일운동에 나타난 만해 한용운의 구국사상」, 원광대 대학원 석사논문, 1983.
구자성, 「한국 현대시에 나타난 불교사상 : 만해와 미당의 시를 중심으로」, 연세대 대학원 석사논문, 1984.
김경자, 「김소월·한용운 시에 있어서의 길 : 그 유형과 시적 표상을 중심으로」, 연세대 교육대학원 석사논문, 1984.
김동길, 「만해소설연구」, 한양대 교육대학원 석사논문, 1984.
김영석, 「한국시의 생성이론연구」, 경희대 대학원 박사논문, 1984.
김춘남, 「양계초를 통한 만해의 서구사상 수용」, 한양대 대학원 석사논문, 1984.

박종린,「만해 한용운의 불교개혁사상 연구」, 동국대 대학원 석사논문, 1984.
유근조,「소월과 만해시의 비교연구 : 전통적 맥락을 중심으로」, 단국대 대학원 박사논문, 1984.
육근웅,「만해시에 나타난 선시적 전통」, 한양대 대학원 석사논문, 1984. 2.
이경교,「『님의 침묵』의 이미지 분석」, 동국대 대학원 석사논문, 1984.
채수영,「한용운에 있어서의「님」의 거리」, 동국대 대학원 석사논문, 1984.
허종회,「1920년대 시에 나타난 '불' 이미져리 연구」, 전북대 대학원 석사논문, 1984.
김정철,「한용운의 독립사상 연구」, 경희대 대학원 석사논문, 1985.
김진호,「만해시의 변증법적 접근」, 성균관대 대학원 석사논문, 1985. 8.
박의상,「만해시와 이상시의 아이러니연구」, 인하대 대학원 석사논문, 1985. 8.
박종린,「만해 한용운의 불교개혁사상연구」, 동국대 대학원 석사논문, 1985.
이종학,「님의 침묵 — 구조적 의미에 관한 해석」, 영남대 대학원 석사논문, 1985.
이해진,「만해의「님의 침묵」에 대한 고찰 : 여성주의를 중심으로」, 인하대 교육대학원 석사논문, 1985.
임성조,「만해시에 나타난 공의식의 양상」, 연세대 교육대학원 석사논문, 1985.
현선식,「만해시에 대한 심리학적 연구」, 조선대 대학원 석사논문, 1985.
김영민,「1920년대 한국문학비평연구 : 문학론의 전개양상을 중심으로」, 연세대 대학원 박사논문, 1986.
이귀영,「한국 현대시의 아이러니 연구」, 숙명여대 대학원 석사논문, 1986.
최승옥,「한용운 시 연구」, 청주대 대학원 석사논문, 1986.
김남선,「만해시에 나타난 불교사상연구」, 중앙대 교육대학원 석사논문, 1987.
김동수,「일제 침략기 항일 민족시가 연구」, 원광대 대학원 석사논문, 1987.
김석태,「한용운의「님의 침묵」연구」, 연세대 교육대학원 석사논문,

1987.12.

노귀남,「만해시「님의 침묵」연구 : 생명에의 사랑」, 경희대 대학원 석사논문, 1987.

민동준,「조선불교유신론의 연구」, 연세대 대학원 석사논문, 1987.

박찬두,「시적 상상력과 십육관법에 관한 비교 : 만해시와 관련하여」, 동국대 대학원 석사논문, 1987.

류재경,「만해 소설에 나타난 '사랑;에 대한 연구 :『흑풍』『박명』을 중심으로」, 인하대 대학원 석사논문, 1987.

양병호,「만해시의 리듬 연구 : 님의 침묵을 중심으로」, 전북대 대학원 석사논문, 1987.

이형권,「만해시에 나타난 상징 연구」, 충남대 대학원 석사논문, 1987.

정복선,「만해 한용운의 님의 침묵에 나타난 순환구조」, 성신여대 대학원 석사논문, 1987.

채수영,「한국현대시의 의식지향연구 : 한용운·신석정·이육사 시의 색채의식을 중심으로」, 경기대 대학원 박사논문, 1987.

현명선,「한용운의 '님의 침묵' 연구」, 연세대 대학원 석사논문, 1987.

한창엽,「만해 한용운 연구 : 만해의 한시와「님의 침묵」의 대비적 고찰」, 한양대 대학원 석사논문, 1987.

황윤철,「한국 근대시의 여성편향성에 관한 연구 : 안서·소월·만해·영랑 시를 중심으로」, 대구대 대학원 석사논문, 1987.

강홍기,「한국 현대시 운율 연구 : 내재율론」, 성균관대 대학원 박사논문, 1988.

곽은희,「소월·만해 시의 정서구조연구 : 고전시가와의 연계성으로」, 한남대 대학원 석사논문, 1988

김남선,「만해 시에 나타난 불교사상연구」, 중앙대 교육대학원 석사논문, 1988.

김미선,「한용운의 한시 연구」, 청주대 대학원 석사논문, 1988.

김석태,「한용운의 '님의 침묵' 연구」, 연세대 대학원 석사논문, 1988.

박건명,「20년대 시에 나타난 시간과 공간 표상 연구 : 소월·만해·고월을 중심으로」, 건국대 대학원 석사논문, 1988.

박건명,「20년대 시에 나타난 시간과 공간 표상 연구 : 소월·만해·고월을 중심으로」, 건국대 대학원 석사논문, 1988.

박원길,「한용운의 한시 연구」, 전북대 대학원 석사논문, 1988.

원인숙,「만해 한용운 시에 있어서 공간과 시간의식 :「님의 침묵」을 중심으로」, 성균관대 교육대학원 석사논문, 1988.

장청득,「만해시에 나타난 불교사상고찰 :「님의 침묵」을 중심으로」, 영남대 교육대학원 석사논문, 1988.

정광수,「불교적 상상력과 한용운의 상징시법」, 동국대 대학원 석사논문, 1988.

황규수,「시에서의 시간 연구 : 만해와 소월시를 중심으로」, 인하대 대학원 석사논문, 1988.

이병도,「구조주의 문학관과 불교 중관론의 대비 :『님의 침묵』을 중심으로」, 경희대 대학원 석사논문, 1989.

이병석,「『님의 침묵』에 나타난 자비관」, 동아대 대학원 석사논문, 1989.

이정미,「소월과 만해 시의 자연 형상화연구」, 연세대 대학원 석사논문, 1989.

정광호,「근대 한일불교 관계사 연구 : 일제의 식민지 정책과 관련하여」, 경희대 대학원 박사논문, 1989.

강미자,「한용운의 시대인식에 관한 일고찰 :「조선불교유신론」,「조선 독립의 서」를 중심으로」, 경상대 대학원 석사논문, 1990.

고재석,「한국근대문학의 불교지성적 배경 연구 : 한용운과 양건식을 중심으로」, 동국대 대학원 박사논문, 1990.

김선학,「한국현대시의 시적 공간에 대한 연구」, 동국대 대학원 박사논문, 1990.

박정환,「만해 한용운 한시 연구」, 충남대 대학원 박사논문, 1990.

조재현,「한용운 시 연구 : 님의 沈默을 중심으로」, 경원대 대학원 석사논문, 1990.

권기현,「용성의 대각교운동과 만해의 불교유신운동 비교연구」, 동국대 대학원 석사논문, 1991.

기우조, 「한용운 시의 수사적 특징 고찰」, 조선대 교육대학원 석사논문, 1991.
김광길, 「만해 한용운 시의 존재론적 해명」, 경기대 대학원 박사논문, 1991.
김미애, 「한용운 소설 연구」, 효성여대 대학원 석사논문, 1991.
박정환, 「만해 한용운 한시 연구」, 충남대 대학원 박사논문, 1991.
윤석성, 「한용운 시의 정조 연구」, 동국대 대학원 박사논문, 1991.
양영길, 「님의 침묵」의 구조 연구」, 제주대 교육대학원 석사논문, 1991.
윤석성, 「한용운 시의 정조 연구」, 동국대 대학원 박사논문, 1991.
임정채, 「한용운 시의 상징성」, 전남대 교육대학원 석사논문, 1991.
조정재, 「소월과 만해 비교 연구」, 동국대 대학원 석사논문, 1991.
조정행, 「소월과 만해의 대비 연구 : 님과 죽음의식을 중심으로」, 동국대 교육대학원 석사논문, 1991.
한명희, 「한용운 시집 『님의 침묵』의 구조 연구」, 서울시립대 대학원 석사논문, 1991.
허 탁, 「만해시의 기호학적 연구」, 부산대 대학원 박사논문, 1991.
김광원, 「한용운의 선시 연구」, 원광대 대학원 석사논문, 1992.
서호천, 「만해사상의 회통적 조명 — 사사문애관을 중심으로」, 동국대 대학원 석사논문, 1992.
신달자, 「소월과 만해의 여성 지향 연구」, 숙명여대 대학원 박사논문, 1992.
신선우, 「만해 한용운의 문학 연구 —「님의 침묵」을 중심으로」, 원광대 교육대학원 석사논문, 1992.
정학심, 「한용운 시에 나타난 전통과 선사상에 관한 연구」, 한국교원대 대학원 석사논문, 1992.
최성은, 「만해 한용운의 시 연구」, 전남대 교육대학원 석사논문, 1992.
노윤옥, 「만해 시에 나타난 시간의식 연구」, 중앙대 교육대학원 석사논문, 1993.
박용모, 「『님의 침묵』의 사상적 배경 고찰」, 조선대 교육대학원 석사논문, 1993.
서재영, 「만해 한용운의 <조선불교유신론> 연구」, 동국대 대학원 석사논문,

1993.

정학심, 「한용운 시에 나타난 전통과 선사상에 관한 연구 : 연작시로서의 특성을 중심으로」, 한국교원대 대학원 석사논문, 1993.

강예자, 「만해 한용운 시 연구 ― 시에 나타난 역설적 표현을 중심으로」, 경원대 교육대학원 석사논문, 1994.

김주란, 「『님의 침묵』연구」, 홍익대 대학원 석사논문, 1994.

서재영, 「만해 한용운의 「조선불교유신론」 연구」, 동국대 대학원 석사논문, 1994.

염창권, 「한국 현대시의 공간구조와 교육적 적용방안 연구」, 교원대 대학원 박사논문, 1994.

최태호, 「만해·지훈의 한시 연구」, 외국어대학 대학원 박사논문, 1994.

김광원, 「만해 한용운 시 연구」, 원광대 대학원 박사논문, 1995.

김소진, 「1910년대의 독립선언서 연구」, 숙명여대 대학원 박사논문, 1995.

박지순, 「님의 침묵 연구 : 이원적 순환을 통한 한의 초극」, 원광대 교육대학원 석사논문, 1995. 8.

이경교, 「한국 현대 시정신의 형성과정 연구 : 한용운·이육사·그리고 이상을 중심으로」, 동국대 대학원 박사논문, 1995.

임성조, 「한용운 시의 선해석 연구」, 연세대 대학원 박사논문, 1995.

임용택, 「일본 근대시의 비교문학적 일고찰 ― 김소운 옮김『조선시집』을 중심으로」, 도쿄대학 대학원 박사논문, 1995.

김광원, 「만해 한용운 시 연구」, 원광대 대학원 박사논문, 1996.

김형준, 「만해 한용운 시의 여성편향성 연구」, 영남대 교육대학원 석사논문, 1996.

노귀남, 「한용운 시의 '상' 연구 : 시집『님의 침묵』을 중심으로」, 경희대 대학원 박사논문, 1996.

유영학, 「만해 한용운의 불교유신사상 연구 ―「조선불교유신론」을 중심으로」, 원광대 대학원 석사논문, 1996.

이병석, 「만해시에서의 '님'의 불교적 연구」, 동아대 대학원 박사논문, 1996.

이혜원, 「한용운·김소월 시의 비유 구조와 욕망의 존재방식」, 고려대 대학원 박사논문, 1996.

노명진,「한용운 시를 주제로 한 일러스트레이션의 은유적 표현 연구」, 상명대 대학원 석사논문, 1997.

박행일,「한용운 시의 서사성 연구」, 동아대 대학원 석사논문, 1997.

장선희,「한국 근대의 한시 연구 : 강위의 시 활동을 중심으로」, 전남대 대학원 박사논문, 1997.

정성현,「만해 한용운 시 연구」, 중앙대 대학원 석사논문, 1997.

홍필기,「한용운 시의 님과 여성성 연구」, 충북대 교육대학원 석사논문, 1997.

김대춘,「만해 한용운의 한시 연구」, 동국대 교육대학원 석사논문, 1998.

이호미,「한용운의 '님의 침묵'에 나타난 여성성 연구」, 효성가톨릭대 대학원 석사논문, 1998.

정우택,「한국 근대 자유시 형성과정과 그 성격」, 성균관대 대학원 박사논문, 1998.

김대춘,「만해 한용운의 한시 연구」, 동국대 교육대학원 석사논문, 1999.

김덕근,「한국 현대 선시 연구」, 청주대 대학원 박사논문. 1999.

박명자,「한국 현대시의 눈물의 시학 연구」, 원광대 대학원 박사논문, 1999.

배영애,「현대시에 나타난 불교의식연구」, 숙명여대 대학원 박사논문, 1999.

선효원,「한용운·김광균 시의 대비연구」, 동아대 대학원 박사논문, 1999.

송영국,「한용운 문학의 전통성 연구」, 한국교원대 대학원 석사논문, 1999.

오성철,「한용운의 소설문학 연구」, 중앙대 대학원 석사논문, 1999.

이선이,「만해시의 생명사상 연구」, 경희대 대학원 박사논문, 1999.

이성원,「만해 한용운의 불교사상 연구」, 영남대 대학원 석사논문, 1999.

정삼조,「나라 잃은 시대 시에 나타난 현실 대응 방식 연구」, 경상대 대학원 박사논문, 1999.

정윤열,「만해 시의 '님'에 대한 연구」, 동국대 대학원 석사논문, 1999.

주국일,「일제 강점기 한국 현대시의 반어적 표현 연구」, 청주대 대학원 석사논문, 1999.

홍정애,「만해 한용운 한시 연구」, 국민대 교육대학원 석사논문, 1999.

강기욱,「한용운의「님의 침묵」에 나타난 여성성 연구」, 조선대 교육대학원 석사논문, 2000.

공태연,「한용운 한시의 매화 이미지 연구」, 부산외국어대 대학원 석사논문, 2000.

선효원,「한용운·김광균 시의 대비연구」, 동아대 대학원 박사논문, 2000.

현광석,「한국 현대 선시 연구 : 한용운, 김달진, 조지훈, 고은의 시를 중심으로」, 경희대 대학원 석사논문, 2000.

홍정애,「만해 한용운 한시 연구」, 국민대 대학원, 석사논문, 2000.

Mark J. Sweetin, "Non-substantiality and the seeds of contemplation in Han Youngun's Nim ui Ch'immuk", 연세대 대학원 석사논문, 2000.

장철환,「시적 이미지의 역동성 : 상상력과 언어를 중심으로」, 연세대 대학원 석사논문, 2001.

최규현,「한용운 시의 연구」, 서남대 교육대학원 석사논문, 2001.

김병호,「한국 근대시 연구 : 주제의식을 중심으로」, 중앙대 대학원 박사학위논문, 2002.

김순석,「조선총독부의 불교정책과 불교계의 대응」, 고려대 대학원 박사학위논문, 2002.

권석창「한국 근대시의 현실대응 양상연구 — 만해, 상화, 육사, 동주를 중심으로」, 대구대 대학원, 박사논문, 2002.

김점태,「님 지향성과 여성 편향성 : 한용운의「님의 침묵」을 중심으로」, 건국대 대학원 석사논문, 2002.

이양우,「'님의 침묵'의 사상적 배경 연구」, 동국대 대학원 석사논문, 2002.

이재원,「이별과 재회의 이중 긍정 미학 : 만해 시의 '님'과 '나'의 에로스적 관계를 중심으로」, 연세대 대학원 석사논문, 2002.

장석문,「만해 한용운의 한시 연구」, 강원대 대학원 석사논문, 2002.

강경애,「만해 한용운의 한시 연구」, 한남대 교육대학원 석사논문, 2003.

유은하,「한용운과 윤동주의 비교 연구」, 고려대 대학원 석사논문, 2003.

이희숙,「만해 한용운의 한시 연구」, 국민대 교육대학원 석사논문, 2003.
서덕주,「현대 선시 텍스트의 생성과 해체성 연구 : 한용운, 서정주, 조지훈, 고은의 현대 선시를 중심으로」, 서강대 대학원 박사논문, 2004.
이지원,「'님의 침묵'에 나타난 '물'의 이미지」, 충북대 대학원 석사논문, 2004.
이희숙,「만해 한용운의 한시 연구」, 국민대 대학원 석사논문, 2004.
최현규,「만해 한용운의「님의 침묵」연구」, 가톨릭대 대학원 석사논문, 2004.
김미정,「한국 산문시의 전개 양상 연구」, 건국대 대학원 석사논문, 2005.
김옥성,「한국 현대시의 불교적 시학 연구 : 한용운, 조지훈, 서정주의 시를 중심으로」, 서울대 대학원 박사논문, 2005.
류은희,「존 던 시에 재현된 정조와 사랑과 신앙 : 한용운을 참조점으로 하여」, 경북대 대학원 석사논문, 2005.
신성하,「한국문학에 나타난 여성 상사병 :『춘향전』, 황진이, 한용운, 박완서, 신경숙을 중심으로」, 서울대 대학원 석사논문, 2005.
이강하,「만해 한용운 시의 은유구조 연구」, 전북대 대학원 석사논문, 2005.
이경희,「만해시에 나타난 불교적 사유 연구」, 경희대 대학원 박사논문, 2005.
이영희,「일한 근대시의 비교문학적 연구」, 소카대학 대학원 박사논문, 2005.
김경란,「현대시의 탈식민주의 페미니즘 : 김소월, 한용운, 서정주의 시를 중심으로」, 동국대 대학원 박사논문, 2006.
윤언배,「만해의 시에 대한 불교적 고찰」, 서남대 대학원 석사논문, 2006.
이선중,「만해 시 연구 :「님의 침묵」의 의미와 화자의 기다림 양태 연구」, 창원대 대학원 박사논문, 2006.
장윤주,「소월과 만해 시의 여성화자 연구」, 인천대 대학원 석사논문, 2006.
강미자,「한용운의 불교개혁운동과 민족주의운동」, 경성대 대학원 박사논문, 2007.
강선화,「만해 한용운 한시 연구」, 중부대 대학원 박사논문, 2007.
김민정,「한용운 시에 나타난 애정의식 연구」, 경남대 교육대학원 석사논문,

	2007.
손화영, 「한국 현대시의 대화적 관계양상 연구」, 동의대 대학원 박사 논문, 2007.
신수진, 「한용운 시의 '서로주체성'과 초월지향 : 고등학교 시교육을 중심으로」, 인하대 교육대학원 석사논문, 2007.
이유남, 「한용운 시에 나타난 불교의 영향 연구」, 충북대 대학원 석사논문, 2007.
이충재, 「탈식민주의 페미니즘 관점에서 본 한용운 시 연구」, 고려대 대학원 석사논문, 2007.
전일연, 「인물 박물관의 교육프로그램 개발 연구 : 만해 기념관의 학교 연계 교육프로그램을 중심으로」, 중앙대 대학원 석사논문, 2007.
홍오영, 「한용운 한시에 나타난 유교사상영향 연구」, 경성대 대학원 석사논문, 2007.
김혜정, 「한용운 시의 단계적 교수·학습 방안 연구」, 부산외대 석사학위논문, 2008.
윤석인, 「한국 근대 불교개혁운동 연구」, 원광대 대학원 석사논문, 2008.
이혜경, 「한용운 시 연구 : 창작방법과 시적 가치를 중심으로」, 한남대 대학원 석사논문, 2008.
김덕영, 「한용운의 시 연구 : 한시와 한글시의 연관성을 중심으로」, 청주대 대학원 박사논문, 2009.
김영희, 「시적 전략으로서의 여성편향성 연구」, 건국대 대학원 석사논문, 2009.
송 현, 「망우리 공원묘지의 역사·문화 체험학습 활용을 위한 개선방안」, 서울시립대 대학원 석사논문, 2009.
신선옥, 「한용운 시의 여성상 연구」, 조선대 대학원 석사논문, 2009.
신현은, 「일제 강점기 가원도 승려의 활동에 대한 연구」, 강원대 대학원 석사논문, 2009.
제마넥 마렉, 「근대 동아시아 민족주의와 화엄사상의 관계 연구 : 만해 한용운을 중심으로」, 동국대 대학원 석사논문, 2009.

고자유,「시교육의 특성과 실제 연구」, 건국대 대학원 석사논문, 2010.
문정희,「만해시의 역설 연구 :『님의 침묵』을 중심으로」, 중아대 대학원 박사
　　　논문, 2010.
이진정,「만해 한용운 시 연구」, 경원대 대학원 석사논문, 2010.
전덕윤,「한용운의 사회진화론 인식과 대응」, 동국대 대학원, 석사논문,
　　　2010.
권영빈,「만해시의 범종교적 양상과 그 배경 : 님의 침묵을 중심으로」, 연세
　　　대 교육대학원 석사논문, 2011.
동 가,「한·중 근대 저항시 비교 연구」, 충남대 대학원, 박사논문, 2011.
김보연,「한용운의『님의 침묵』연구」, 강남대 대학원 석사논문, 2012.
리해연,「『님의 침묵』의 '꽃' 이미지 연구」, 숭실대 대학원 석사논문, 2013.
마하메드 알타프,「한국과 파키스탄 시의 비교 연구 : 한용운과 모함마드 이
　　　크발의 시를 중심으로」, 신라대 대학원 석사논문, 2013.
부이 판 안트,「한국·베트남의 근대시 특성 비교 연구 : 한용운과 딴다
　　　(TANDA)의 시정신을 중심으로」, 영남대 대학원 박사논문, 2013.
이효나,「김소월과 한용운의 시의 비교연구」, 가천대 대학원 박사논문,
　　　2014.
김경순,「홍성 만해문학체험관의 활성화 방안」, 공주대 대학원 석사논문,
　　　2015.
정우신,「한용운 시에 나타난 '화자 — 님'의 관계 연구」, 중앙대 대학원 석사
　　　논문, 2015.
박보름,「만해 한용운의 문학을 활용한 문학체험 교육프로그램 개발 연구 :
　　　문학체험 활동의 내용 구성을 중심으로」, 동국대 대학원 석사논문,
　　　2016.
양해경,「한용운 시의 교과서 수록 양상과 교육방법에 대한 연구」, 고려대
　　　교육대학원 석사논문, 2016.
조수연,「체험학습을 통한 연가 수업 지도 방안 : 성북동 지역을 중심으로」,
　　　서울시립대 대학원 석사논문, 2016.
양소현,「만해 시 교육 양상 분석과 교수·학습 방안 연구 : 중등교과서에 실

린 만해 시 텍스트를 중심으로」, 한국외대 대학원 박사논문, 2017.
양순모, 「『님의 침묵』의 서정성 연구」, 연세대 대학원 석사논문, 2017.
정유진, 「에코뮤지엄으로서의 만해로드 조성과 교육프로그램 개발 방안」, 동국대 대학원 석사논문, 2017.
정후정, 「卍海 韓龍雲의 救世觀 硏究」, 동국대 대학원 석사논문, 2017.
권보경, 「서정의 정체성 : 김소운『조선시집』과 김시종『재역조선시집』」, 도쿄대 대학원 박사논문, 2018.
오철우, 「만해 한용운의 대승보살사상 연구」, 동국대 대학원 박사논문, 2019.
파와나 펫프라이, 「태국인 학습자를 위한 한국 문학 작품 교수—학습방안 연구」, 한성대 대학원 박사논문, 2019.
심영석, 「역사 재현형 축제 관점에서 본 홍성역사인물축제 개선방안에 관한 연구」, 배제대 대학원 석사논문, 2020.
장위원, 「한용운(韓龍雲)과 대망서(戴望舒) 시의 비교 연구」, 청주대 대학원 박사논문, 2020.
지여정, 「시집『님의 침묵』에 나타난 주체 양상 연구」, 경희대 대학원 석사논문, 2020.
강지훈, 「장소감을 활용한 자기서사 창작교육 연구 : 만해의 회고담을 중심으로」 동국대 대학원 석사논문, 2021.
석보원, 「한용운의 사회진화론 수용설에 대한 비판적 연구 : 조선불교유신론을 중심으로」, 동국대 대학원 석사논문, 2021.

4. 학술지 논문

박효순,「만해의 조국애와 님의 침묵」,『국문학보』1권, 전남대 국문학연구회, 1959. 10. 18.
박노준,「님의 정체 — 한용운 연구 : 그의 시문학을 중심으로」,『고대문화』2집, 고려대학교, 1960. 8. 23.
인권환,「만해의 불교적 이론과 그 공적 : 한용운 연구」,『고려대 고대문화』2집, 고려대학교, 1960. 8. 23.
박효순,「만해시 연구 : 시집 님의 침묵의 시형성에 대하여」,『국문학보』3, 전남대 국문학연구회, 1962.
송석래,「임의 침묵연구」,『동국대학교 국어국문학 논문집』(통권 4·5 합병호), 1964. 7. 25.
김학동,「현대시인논고 : 만해 한용운의 시문학사적 위치 其 1」,『동양문화』4집, 대구대학교, 1965. 10.
김용팔,「한국근대시(초기)와 상징주의」,『문호』4집, 건국대학교, 1966. 5. 15.
김장호,「동국문단사 : 한용운과 강원의 시인들」,『동국대학교 국어국문학회 논문집』6, 1966.
김학동,「현대시인론고 : 만해 한용운의 시문학사적 위치 기(其) 2」,『동양문화』5집, 대구대학교, 1966. 6.
장 호,「동국문단사」, 동국대학교 국문학논문집 6집, 1966. 1.
최원규,「한국시의 전통과 선(禪)에 관한 소고」, 충남대 논문집 5집, 1966. 10. 20.
박항식,「한국현대시인과 그 대표작에 대한 연구」, 원광대학교 논문집 3집, 1967. 12. 10.
양중해,「만해 한용운론」, 제주대학교 학보 9집, 1967. 12.
김승옥,「만해 한용운과 헷세의 비교」,『고대문화』10집, 고려대학교, 1969. 5. 5.
김윤식,「한국신문학에 있어서의 타골의 영향」,『진단학보』통권 32호, 진단학회, 1969. 12. 30.

최원규,「한용운 시의 이해 : 사랑과 존재의 본질을 중심으로」, 충남대학교 대학원 논문집 2집, 1969. 7. 1.

E. D. Rockstein, "Some Notes on the Founder of Modern : Korean Poerty", *Korea Journal* 9권 12호, 1969. 12.

심종선,「님에 관한 연구 : 한용운의 시를 주로 하여」,『동국문학』3집, 동국대학교, 1970. 9. 5.

김귀옥,『님의 침묵』연구」,『국어교육연구』2, 국어교육학회, 1971.

최정석,「소월과 만해 : 그 동질성과 이질성」, 효성여자대학교 연구논문집 (6·7 합집), 1970. 7. 10.

한종만,「박영팔과 한용운의 한국불교 근대화사상」, 원광대학교 논문집 5집, 1970. 12. 25.

김용직,「한국현대시에 미친 Rabindranath Tagore」,『아세아 연구』41호, 고려대학교 아세아문제연구원, 1971. 3.

김장호,「한용운에의 접근」,『동국문학』5, 1972.

김종철,「이별의 상상력 : 님의 침묵론」,『문화비평』통권 13호, 1972. 4.

장 호,「한용운에의 접근」,『동국문학』5집, 동국대학교, 1972. 3.

김열규, "Han Yong-Un ; His Life, Religion, Poetry", *Korea Journal* 13권 4호, 1973. 4.

박철석,「한용운의 이별의 미학」,『부산문학』6집, 1973. 12.

석명준,「만해 한용운의 문학과 인간」,『외대』8권 1호, 1973.

송은상,「님을 향한 지향성 — 만해 한용운론」,『성대문학』18집, 성균관대학교 국어국문학과, 1973. 12. 30.

염무웅,「만해 한용운의 미학 : 송욱 저 전편해설 시집『님의 침묵』」, 문교부 연구보고서(어문학계 4), 1973.

이정강,「소월과 만해의 시에 나타난 내면적 공간세계 비교고찰」, 덕성여대 논문집 2집, 1973. 12.

최원규,「한국현대시의 전통문제」,『보운』3호, 충남대학교, 1973. 12.

허미자,「한국시에 나타난 촛불의 영상 : 한용운 시론」,『국어국문학』62-

63, 국어국문학회, 1973.

김용직, "Korean Poerty under Japanese Rule", *Korea Journal* 13권, 1973. 9.

홍이섭, "Han Yong-un and Nationalism", *Korea Journal* 13권 4호, 1973.

김상선,「한용운론서설 :「님의 침묵」을 중심으로」, 국어국문학 통권 65·66 합병호, 1974. 12.

노경태,「만해 속의 타고르」,『동국사상』7집, 동국대학교, 1974. 5.

오세영,「침묵하는 님의 역설 : 만해시의 역설연구」,『국어국문학』통권 65·66 합병호, 국어국문학회, 1974. 12.

정재관,「침묵과 언어 :「님의 침묵」의 인식론적 일면」,『마산교육대학논문집』 5권 1호, 1974. 7. 15.

정한모,「만해시의 발전과정고서설」,『덕성여대학보』, 1974. 4. 30.

지종옥,「만해 한용운론 : 그의 생애와 작품을 중심으로」,『목포교육대학논문집』12집, 1974. 12. 25.

허미자,「한국 시에 나타난 촛불의 이미지 연구 : 한용운의「님의 침묵」을 중심으로」,『이화여대한국문화연구원논총』24, 1974. 8. 30.

김재홍,「만해 상상력의 원리와 그 실체화과정의 분석론」,『국어국문학』통권 67호, 국어국문학회, 1975. 4. 30.

조재훈,「한국현대시문학에 미친 불교의 영향 : 육당·춘원·만해·공초를 중심으로」,『공주사범대학 논문집』12집, 1975. 3. 20.

최원규,「한국 근대시에 나타난 불교적 영향에 관한 연구」,『충남대인문과학연구소 논문집』2권 1호, 1975. 5. 20.

박종문,「만해 한용운의 시세계 ― '님의 침묵'과 역설의 고찰」,『조대학보』 10호, 조선대학교, 1976. 12.

소두영,「구조문체론의 방법」,『언어학』1호, 한국언어학회, 1976.

이명재,「만해 소설고」,『국어국문학』70호, 국어국문학회, 1976.

_____,「한용운문학의 연구」,『중앙대논문집』20집, 1976. 10.

조재훈,「부정의 불꽃」,『호서문학』5집, 호서문학회, 1976. 4.

최숙인,「현대시에 등장한 님, 사랑, 죽음의 연구 : 불교와 만해, 시집 님의 침묵을 중심으로」,『한국어문학연구』15, 1976.
김성배,「한용운 편 불교 교육 불교 한문 독본에 대한 연구」,『불교학보』제5집, 동국대출판부, 1977.
김재홍,「만해 시의 장르적 특성」, 국어국문학회월례발표, 1977. 4.
_____,「만해 시 정서의 형질에 관한 분석」,『국어국문학』74호, 국어국문학회, 1977. 4.
박철희,「시작품과 해석의 문제 — '님의 침묵'과 '알 수 없어요'의 경우」,『문리대학보』9호, 영남대학교, 1977. 2.
송재갑,「현대불교시연구 : 한용운과 서정주의 두 작품」,『동악어문논집』10집, 동악어문학회, 1977. 9.
이용훈,「님의 침묵에 대한 인식론적 고찰 — 만해 시의 인식세계와 정신」,『국어국문학』75호, 국어국문학회, 1977.
_____,「만해시 연구 : 시집 님의 치묵을 중심으로」,『한국해양대 논문집』12, 1977.
이정강,「만해 시에 나타난 불과 빛에 관한 연구」,『이화어문논집』1, 이화어문학회, 1977.
한승옥,「대립과 생성의 구조」,『어문논집』18집, 고려대학교, 1977. 4.
김명배,「한용운의 시에 관한 연구」,『안성산업대 논문집』10, 1978.
목정배,「만해의 평화사상」,『불교학보』15집, 동국대학교 불교문화연구원, 1978. 8. 30.
심재기,「만해 한용운의 문체 추이」,『관악어문연구』3집, 탑출판사, 1978. 12.
정학섭,「비극적 반항과 혁명정신 : 만해 한용운의 인간과 문학「님의 침묵」시고」,『국어교육』32, 1978.
최원발,「'님'의 의미고 : 한용운의 시를 중심으로」,『청대학보』22, 청주대학교, 1978.
김재홍,「한국 시의 쟝르선택과 전통성 문제」,『충북대논문집』17집, 1979. 2.
김종균,「한용운의 한시와 시조 : 그 옥중작을 중심으로」,『어문연구』21, 1979.
이인복,「한국문학에 나타난 죽음의식 연구」,『국어국문학』79-80, 1979.

정병덕, 「만해론 소고 — 만해시의 초월사상을 중심으로」, 『행당』 8집, 한양대학교, 1979.

조규일, 「만해 한용운의 시시계 : 님의 침묵의 인연사상적 고찰」, 『국어국문학』 16, 1979.

김우창, "Han Yong-un : the Poet in Time of need", *Korea Journal* 19권 12호, 1979.

목정배, "Han Yong-un and Buddhism", *Korea Journal* 19권 12호, 1979.

구인환, 「만해의 소설고」, 『한국문학연구』, 동국대학교 한국문학연구소, 1980.

김은자, 「『님의 침묵』의 비유연구시론」, 『관악어문연구』 5집, 서울대학교 인문대학 국어국문학과, 1980. 12.

김이상, 「한용운의 시의 연구 : 시집 님의 침묵에 나타난 몇 가지 배경」, 『어문학교육』 2·3, 한국어문교육학회, 1980.

김장호, 「『님의 침묵』의 언어개혁」, 동국대 한국문학학술회의, 1980. 11.

─────, 「한용운의 시와 소설」, 『한용운 한국문학연구소』, 동국대학교, 1980.

김종균, 「한용운의 한시와 시조」, 『한용운사상연구』 1권 0호, 만해사상연구회, 1980.

김종철, 「이별의 상상력 : 님의 침묵론」, 『한용운사상연구』 1권 1호, 만해사상연구회, 1980.

노재찬, 「만해 한용운과 님의 침묵」, 『교사교육연구』 7권 1호, 부산대학교 과학교육연구소, 1980.

─────, 「만해 한용운과 「님의 침묵」 其 一」, 『부산대사대논문집』 7집, 1980. 12.

박항식, 「십대시인의 시와 그 정신차원」, 『국어국문학연구』 6, 1980.

박현수, 「한용운의 시조」, 『한국문학연구』 3, 1980.

신용협, 「만해시에 나타난 「님」의 전통적 의미」, 『덕성여대논문집』 9집, 1980. 12.

염무웅, 「한용운의 민족사상」, 『한용운사상연구』 1, 만해사상연구회, 1980.

유동근, 「만해 한용운씨 면영」, 『만해사상연구』 1권 1호, 1980.

장미라, 「만해 시조연구」, 『중앙대어문논집』 15집, 1980. 6.

장 호,「한용운의 시와 소설」,『한용운』, 동국대학교 한국문학연구소, 1980.

정병흥,「만해문학의 역사성과 그 정신」,『순천농전 인문사회과학논문집』 17집, 1980.

최원규,「만해시의 불교적 영향」,『한용운사상연구』1권, 1호, 만해사상연구회, 1980.

구인환,「한용운의「박명」고」,『국어교육』38, 한국국어교육연구회, 1981.

김관호,「심우장 견문기」,『한용운사상연구』2권 1호, 만해사상연구회, 1981.

김여규,「님의 소재와 진정한 역사 : 만해시의 중과록적 역사의식과 유마적 이념」,『한용운사상연구』2권 1호, 만해사상연구회, 1981.

김용성,「『님의 침묵』이본고」,『한용운 사상연구』2집, 민족사, 1981. 9.

김용덕,「님의 침묵 이본고」,『한용운사상연구』2권 1호, 만해사상연구회, 1981.

김종균,「한용운의 산문시 연구 : 님의 침묵을 중심으로」,『어문연구』9권 1호, 1981.

김이상,「만해시의 시정신과 표현」,『어문학교육』, 한국어문교육학회, 1981.

김재홍,「님의 침묵의 판본과 표기체계」,『개신어문연구』2집, 개신어문학회, 1981. 8.

_____,「만해 시조의 한 고찰」,『선청어문』11집, 서울대학교 국어교육과, 1981. 3.

김종균,「한용운의 산문시 연구」,『어문연구』, 한국어문교육연구회, 1981. 5.

김희철,「한용운의 시관연구」,『서울여대논문집』10집, 1981. 6.

동국대학교 한국문학연구소,「한용운문학(韓龍云文學)의 평가(評价) : 종합토론요지(綜合討論要旨)」,『한국문학연구』3, 동국대학교 한국문학연구소, 1981.

송재갑,「만해의 불교사상과 시세계」,『한용운사상연구』2권 1호, 만해사상연구회, 1981.

송효섭,「'님의 침묵'의 구조」,『서강어문』1호, 서강어문학회, 1981. 6.

엄창섭,「만해의「님」에 대한 탐구」,『관동대논문집』9집, 1981. 1.

이병주,「만해선사의 한시」,『한용운사상연구』2권 1호, 만해사상연구회, 1981.
_____,「만해 선사의 한시와 그 특성」,『중국어문학』3, 영남중국어문학회, 1981.
이정태,「만해 한용운의 시조문학론」,『대림공전논문집』2집, 1981. 2.
인권환,「한용운 소설연구의 문제점과 그 방향」,『한용운 사상연구』2집, 민족사, 1981. 9.
전보삼,「일문수록 해제 : 새 지평을 바라보면서 」,『한용운사상연구』2권 1호, 만해사상연구회, 1981.
조동일,「한용운의 문학사상」,『한용운사상연구』2, 만해사상연구회, 1981.
한종만,「한용운이「십현담주해(十玄談註解)」에서 본 진리관과 선론」,『한용운사상연구』2권 1호, 만해사상연구회, 1981.
고재석,「'님의 침묵'의 신화적 구조」,『동악어문논집』, 동악어문학회, 1982.
권자은,「시집『님의 침묵』에 관한 연구」,『문리대논집』2, 효성여자대학교 문리과대학 학도호국단, 1982.
김재홍,「현대시를 어떻게 읽을 것인가」,『인하인문』1, 인하대학교, 1982.
박환용,「1920~1930년대 한국 시인들의 정신적 지향성의 고찰 : 시어에 나타난 불의 이미지를 중심으로」,『국어국문학연구』8, 원광대학교 문리과대학 국어국문학회, 1982.
신용협,「한용운 문학의 연구사적 비판과 전망」,『어문논집』23, 안암어문학회, 1982.
용문,「한용운의 시조 연구」,『배달말』7권 1호, 배달말학회, 1982.
유광렬,「타고르의「원정(園丁)」과 만해의「님의 침묵」비교 연구 : 어휘 사용도에 대한 비교」,『한인문화논총』, 한인문화연구원, 1982.
원용문,「한용운의 시조 연구」,『배달말』7권 1호, 배달말학회, 1982.
유광렬,「타고르의「원정(園丁)」과 만해의「님의 침묵」비교 연구 : 어휘 사용도에 대한 비교」,『한인문화논총』, 한인문화연구원, 1982.
유시욱,「한용운 시와 향가 비교 연구」,『서강어문』2집, 서강어문학회, 1982.
이영무,「한국불교사상사에 있어서 한용운의 위치 : 조선불교유신론을 중심으로」,『인문과학연구』14, 1982.
이영자,「현대시에 나타난 순수유추적 님의 분석」,『명지어문학』14, 명지어문학회, 1982.
전보삼,「한용운의 교육철학」,『한국학논집』2, 한양대학교 한국학연구소, 1982.
최동호,「한용운 시와 기다림의 역사성」,『경희어문학』5권 1호, 경희대학교 문리대학교 국어국문학회, 1982.
김용태,「한용운 시의 자비관」,『수연어문논집』10, 부산대학교 국어교육학과 수련어문학회, 1983.
김이성,「한용운 문학의 일평가」,『어문교육』6집, 1983.
전보삼,「한용운 선사상의 일고찰」,『한국학논집』3, 한양대학교 한국학연구소, 1983.
정한모,「김재홍 저 한용운 문학 연구 : 만해 문학의 총체적 조망」,『국어국문학』90, 국어국문학회, 1983.
조수자,「조선불교유신론과 조선불교혁신론의 비교 고찰」,『원불교학연구』13호, 원광대학교 1983. 5.
초 암,「근대 조선불교의 유신사상에 대한 고찰 : 한용운을 중심으로」,『석림』17, 동국대학교 석림회, 1983.
감필연,「한용운 시에 나타난 '기다림'의 미학」,『사림어문연구』1, 1984.
고재석,「만해의 탐색담과 '님의 침묵'의 발생 법칙 분석」,『한국문학연구』6·7합집, 동국대학교, 1984. 2.
김준오,「총체화된 자아와 '나 — 님'의 세계」,『한국문학논총』6·7집, 한국문학회, 1984.
감필연,「한용운 시에 나타난 기다림의 미학」,『사림어문연구』1, 창원대학교 국어국문학과 사림어문학회, 1984.
박노균,「한국 근대시에 있어서 경건성의 문제」,『개신어문연구』3, 개신어문학회, 1984.
서준섭,「지사와 선사의 삶 사이의 갈등 : 한용운의 님의 침묵론」,『어문학보』7권 1호, 1984
신경득,「일제시대 문학사상에 대하여」,『배달말』9호, 배달말학회, 1984.

정효구, 「만해시의 구조 고찰」, 『한국학』 19권(겨울호), 한국학중앙연구원, 1984.

채수영, 「만해시와 원 : 십우도를 중심으로」, 『새국어교육』 39권 1호, 한국국어교육학회, 1984.

_____, 「절망의 비교연구 : 이상·이광수·한용운을 중심으로」, 『경기대 대학원 논문집』 1집, 1984.

_____, 「한용운의 시정신 : 심우장산시를 중심으로」, 『새국어교육』 39호, 한국국어교육학회, 1984.

김병욱, 「향가와 현대시의 공간」, 『언어·문학연구』 5, 1985.

김용성, 「죽음의 역사적 행고성 : 만해 한영운 장편 「죽음」」, 『어문논총』 7·8, 1985.

박종철, 「문학과 언어학 : 시 해석을 위한 언어학적 접근」, 『숭실어문』 2, 숭실어문학회, 1985.

서경수, 「한용운의 정교분리론에 대하여」, 『불교학보』 22집, 동국대출판부, 1985.

송종호, 「님의 침묵의 시세계 연구 : 십현담주해와의 상관성을 중심으로」, 『어문연구』 14, 1985.

오동춘, 「만해시와 상화시의 사상적 비교 : 님의 침묵과 나의 침실로를 중심으로」, 『겨레어문학』 9·10, 겨레어문학회, 1985.

이경교, 「님의 침묵의 이미지 분석」, 『동악어문학』 20, 동악어문학회, 1985.

이원조·옥치곤, 「만해 한용운론 : 그의 시를 위한 작업」, 『진주산업대논문집』 33, 1985.

전보삼, 「한용운의 화엄사상 연구 : 불교대전을 중심으로」, 『교육논총』 2, 한양대학교 교육대학원, 1985.

전정구, 「만해 한용운 시 연구」, 『국어국문학』 25, 1985.

정호원, 「한용운론 : 「님의 침묵」의 '님'을 중심으로」, 『수련어문논집』 12, 수련어문학회, 1985.

박철희, 「밝음과 어둠의 변증법」, 『한글새소식』 164호, 한글학회, 1986.

손종호, 「『십현담주해』를 통해 본 「님의 침묵」의 시세계」, 『국어국문학』 95,

1986.

이숭원,「만해시의 자연표상에 대한 고찰」,『국어국문학』 95, 국어국문학회, 1986. 6.

이영섭,「시에 있어서 대상인식의 문제 — 소월의 님과 만해의 님」, 연세어문학 19집, 1986.

이영희,「한국시 전통의 현대적 변용」,『호남대 학술논문집』 6권 2호, 1986.

조재훈,「만해시의 상상체계소고 — '알 수 없어요'를 중심으로」,『한국언어문학논총』, 1986. 8. 30.

최명환,「한용운론고 : 시론과 문학사를 중심으로」,『국제어문』 7, 국제어문학회, 1986.

최명환,「항일저항시의 정신사적 맥락」, 국어교육 5·6집, 한국국어교육연구회, 1986. 7.

고재석,「1910년대 불교근대화운동과 그 문학사적 의의 :「유심」시의 분석을 중심으로」,『한국문학연구』 10, 1987.

박철석,「한국 낭만주의 시의 취향」,『세종어문연구』 3·4, 세종어문학회, 1987.

윤영천, 호계건, 이숭원, 전영태,「1920년대 시의 현실인식 : 소월, 만해시를 중심으로」, 서울대 대학원 현대문학연구회, 1987.

이성숙,「만해 한용운 시에 나타난 불교사상 : 시집 님의 침묵을 중심으로」,『모악어문학』 2, 전주대학교 국어국문학회, 1987.

이영희,「현대시의 생사관 고찰 — 한용운의 '님의 침묵'을 중심으로」,『한국언어문학』 25집, 한국언어문학회, 1987. 5.

조동민,「만해시에 나타난 '님'의 상징」,『학술연구원학술지』 39집, 건국대학교, 1987.

천이두,「한국적 한의 역설적 구조」,『원광대논문집』 제21-1집, 1987.

고재석,「'님의 침묵'의 존재론적 상상구조 — 삶의 이미지평과 문학적 구조와의 상동관계」,『한국문학연구』 11집, 동국대학교, 1988.

김광길,「수주 변영로와 만해 한용운 시에 나타난 님의 심상(image) 비교 연구 : 시집 조선의 마음과 님의 침묵을 중심으로」,『원주전대학술논총』14, 1988.
김명배,「만해 한용운시의 페미니즘 연구」,『안성산업대 논문집』20, 1988.
김용태,「만해시 '님의 침묵'의 시간구조」,『국어국문학』5집, 부산대학교, 1988.
_____,「만해 시에 나타난 꿈의 성격과 전개의 양상」,『국어국문학』, 부산대학교, 1988.
마광수,「한국 현대시의 심리비평적 해석」,『인문과학』59호, 연세대학교, 1988.
신용협,「만해 한용운의 작품 연구」,『문예시학』1권 1호, 문예시학회, 1988.
_____,「한용운의 시정신 연구」,『충남대인문사회과학연구소논문집』, 1988.
최유진,「한용운의 불교사상」,『가라문화』, 경남대학교, 1988.
함동선,「한국근대시에 있어서의 자기반성 — 3·1 독립운동을 중심으로」,『홍익어문』7집, 홍익대학교 국어국문학과, 1988.
윤재근,「전통적 시문학의 변모 : 한용운을 중심으로」,『한국문학연구』12, 동국대학교 한국문학연구소, 1989.
이상섭,「뭉치 언어학적으로 본 사전 편찬의 실제 문제 : 님의 침묵의 용례 색인」,『사전편찬학연구』2권 1호, 연세대학교 언어정보개발원, 1988.
정상균,「한용운 시의 연구」, 서울사대『선청어문』, 서울대학교 사범대학, 1989. 8.
김용범,「만해 한용운의 소설「흑풍」연구」,『한양어문연구』, 한국언어문화학회, 1990.
김호성,「바가바드기타와 구라단두경의 입장에서 본 조선불교유신론의 의례관」,『불교학보』36집, 동국대학교 불교문화연구원, 1990.
박건명,「'님의 침묵'과 '원정'의 비교연구」,『우리문학연구』, 우리문학회, 1990.
박남훈,「'님의 침묵'에 나타난 플롯 의식」,『국어국문학』27집, 부산대학교, 1990.
서수철,「T. S Eliot의 시와 한용운 시에 나타난 선사상」,『부산사대논문집』,

1990.

조숙희,「이별과 만남의 변증법」, 제주대『백록어문』, 제주대학교, 1990.

천이두,「한국적 한의 구조와 기능에 대하여」,『국어국문학연구』제13집, 1990.

한명희,「님의 침묵 구조 분석」,『전농어문연구』3, 서울시립대학교 문리과대학 국어국문학회, 1990.

McCann, David R., "A Personal Introduction to Korean Poetry", *Korean Studies*, 1990.

Sörensen, Henrik H., "Korean BuddhistJournal During Early Japanese Colonial Rule", *Korea Journal*, 1990.

김용직,「선구와 철저의 대입상 : 한국 근대사에 끼친 만해 한용운의 공적」,『세종학연구』6, 세종대왕기념사업회, 1991.

김장호,「언어개혁으로 본 한용운의 시」,『세종학연구』6, 세종대왕기념사업회, 1991.

김재홍,「한글의 쓰임새와 시적 가능성 : 만해『님의 침묵』을 중심으로」,『세종학연구』6, 세종대왕기념사업회, 1991.

양영길,「『님의 침묵』구조 연구」, 제주대 교육대학원 국어교육론총, 1991.

양은용,「한국근대불교의 개혁운동과 그 이념」,『동양종교학』1, 원광대학교 동양종교학과, 1991.

예종숙,「만해의 시」, 영남전문대논문집, 1991. 12.

윤석성,「'님의 침묵'의 나의 정조」,『한국문학연구』13, 동국대학교한국문학연구소, 1991.

전보삼,「한용운의 민족주의사상 연구」,『신구전문대논문집』9, 1991.

―――,「한용운의 화엄사상 일고찰」,『윤리연구』30권 1호, 한국윤리학회, 1991.

정대호,「한용운 시에 나타난 현실 대응의 논리」,『국어국문학』106, 국어국문학회, 1991.

최유진,「한용운의 불교개혁이론」, 경남대철학론집, 1991.

최태호,「만해 한시의 도가 수용 : 선과 관련된 시어를 중심으로」,『우리어문학연구』, 한국외대, 1991.
권영민,「만해 한용운의 문학관에 대하여」,『만해학보』창간호, 만해학회, 1992.
고재석,「마른 국화와 매운 풍란화」,『만해학보』창간호, 만해학회, 1992.
김기중,「체험의 시적 변용에 대하여 : 지용·이상·만해의 경우」,『민족문화연구』 25, 고려대학교 민족문화연구소, 1992..
김재홍,「만해연구 略史」,『만해학보』창간호, 만해학회, 1992.
김종주,「침묵하는 님의 정신 분석」,『외국문학』, 외국문학, 1992. 9.
양영길,「『님의 침묵』과「진달래꽃」의 시간 구조 비교 연구」, 제주대 백록어문, 1992. 9.
유원곤,「『조선불교유신론』과『조선불교혁신론』의 성립배경 연구」,『한국종교』 17, 원광대학교 종교문제연구소, 1992.
이병석,「만해시「알 수 없어요」에 대한 고찰」,『한국문학론총』 13, 한국문학회, 1992.
전보삼,「한용운 화엄사상의 일고찰」,『만해학보』창간호, 만해학회, 1992.
조익현,「조선불교유신론을 통해 본 한용운의 역사인식」,『석림』 25, 동국대학교 석림회, 1992.
한계전,「만해 한용운과 건봉사 문하생들에 대하여」,『만해학보』 1, 만해학회, 1992.
한명희,「'님의 침묵'에 나타난 '나와 님'의 관계」,『전농어문연구』 5, 서울시립대학교 문리과대학 국어국문학과, 1992.
허우성,「만해의 불교이해」,『만해학보』창간호, 만해학회, 1992.
유재천,「한용운 시의 의미화 원리」,『배달말』, 배달말학회, 1993. 12.
윤석성,「님의 침묵의 유신론적 접근」,『동국논집인문사회과학』, 1993. 12.
이병석,「만해시의 '님'에 대한 고찰」,『동남어문논집』 3, 동남어문학회, 1993.
전보삼,「불교개혁을 위한 한용운의 화두」,『회당학보』 2, 회당학회, 1993.
정병조,「한국 현대불교개혁론 비교연구」,『회당학보』 2, 회당학회, 1993.
김창원,「시쓰기의 화법과 투사적 시읽기 ―『님의 침묵』을 텍스트로」,『선청어문』, 서울대학교 국어교육과, 1993. 9.

김승동,「만해와 소태산의 불교개혁론에 관한 비교연구」, 부산대인문논총, 1993. 12.
정학심,「한용운 시에 나타난 전통과 선사상에 관한 연구」,『청람어문학』, 한국교원대학교 국어교육과, 1993. 2.
최태호,「만해 한시의 도가 수용 : 그리움과 관련된 시어를 중심으로」,『한국어문학연구』5, 1993.
허형석,「서정시의 성립 배경 연구 3 : 타고르·만해의 수용을 중심으로」, 군산대논문집, 1993. 12.
Sörensen, Henrik H, "The Attitudr of the Japanese Colonial Govemment Towards Religious in Korea(1910-1919)", *Copenhagen Papers*, 1993.
김광원,「한용운 시의 선적 해석」,『한국언어문학』32, 한국언어문학회, 1994.
김상현,「3·1 운동에서의 한용운의 역할」,『한용운사상연구』3집, 만해사상연구회, 1994.
박걸순,「3·1독립선언서 공약삼장 기초자를 둘러싼 논의」,『한국독립운동사연구』8, 독립기념관 한국독립운동사연구소, 1994.
목정배,「문학으로 일제에 항거한 만해 한용운」,『한국인』13권 3호, 사회발전연구소, 1994.
송건호,「만해 한용운의 민족운동」,『한용운사상연구』, 만해사상연구회, 1994.
_____,「만해의 소설과 탈식민주의」,『국어국문학』111, 국어국문학회, 1994.
이경교,「선비정신의 비극적 정화」,『동국어문학』6, 동국대학교 국어교육과, 1994.
이병석,「만해시의 의지적 정서와 시적 형상」, 어문학교육, 1994. 5.
이영무,「만해 한용운의 자유사상·독립운동에 나타난 자유의지」,『한용운 사상연구』, 만해사상연구회, 1994.
이원조,「한용운의 시어를 통한 그의 의식의 고찰」, 진주산업대논문집, 1994. 12
전보삼,「한용운의 3·1 독립정신에 관한 일고찰」,『한용운사상연구』3집, 만해사상연구회, 1994.

김동환,「한용운 시의 효용론적 소통구조」,『만해학보』제2호, 만해학회, 1995. 8.

김영호,「한용운과 휘트먼의 문학과 종교」,『문학과 종교』1권 1호, 한국문학화종교학회, 1995.

김용직,「행동과 형이상의 세계」,『만해학보』제2호, 만해학회, 1995. 8.

_____, "manhae Han Young-un in Mordern Korean History : A Determined Pioneer", *Seoul Journal of Korean Studies* 8, 1995.

김재현,「던(Done)과 한용운의 시의 역설」,『인문논총』6권 1호, 1995.

김정휴,「만해의 전인적 삶과 자유」,『만해학보』제2호, 만해학회, 1995. 8.

김종명,「한용운(1879-1944)의 불교사회사상」,『현대와종교』, 현대종교문화연구소, 1995.

김형필,「식민지시대의 시정신 연구 : 한용운」,『한국외대 논문집』28, 한국외국어대학교, 1995.

김호운,「만해 한용운은 대사상가였다」,『만해학보』2, 만해학회, 1995.

박설산,「만해선사의 오도송과 일화」,『만해학보』2, 만해학회, 1995.

송기섭,「님의 원형과 재생 : 한용운의 님」,『어문연구』27, 어문연구학회, 1995.

손정길,「한국 근대 종교의 개혁사상에 대한 고찰」,『원불교학연구』25, 원광대학교 출판부, 1995.

윤여탁,「시 감상의 어려움에 대하여 : 한용운의 시를 중심으로」,『만해학보』제2호, 만해학회, 1995. 8.

윤태수,「만해와 소월의 시 : 세계의 인식과 대응방식」, 상명여대인문과학연구, 1995. 12.

이명재,「여성취향성의 문화적 효용가치 : 만해 한용운의 경우를 중심으로」,『연구논총』5권 1호, 1995.

임성조,「만해시의 선의식에 관한 고찰」,『만해학보』제2호, 만해학회, 1995. 8.

전봉관,「한용운 시의 두 가지 관념」,『만해학보』제2호, 만해학회, 1995. 8.

조성면,「한용운 재론 : 아버지 지우기와 비극적 세계관」,『민족문학사연구』, 민족문학사학회, 1995.

한계전,「만해 정신의 계승과 실천」,『만해학보』2, 만해학회, 1995.
허우성,「만해와 성철을 넘어서 : 새로운 불교이념 모색을 위하여」,『만해학보』제2호, 만해학회, 1995. 8.
알록 크마르 로이,「타골의 문학사상, 그 한국의 수용 ― 동아시아 비교문학의 전망」,『한국문학연구』17, 동국대학교 한국문학연구소, 1995.
고형진,「만해시의 어조연구」,『어문학연구』4, 상명대학교 어문학연구소, 1996. 2.
김영호,「타골과 한용운의 시문학 비교」,『비교문학』21, 1996.
김혜니,「한용운 시의 대모여성원형」,『이화어문논집』14, 이화여자대학교 이화어문학회, 1996.
신현락,「선과 시적 상상력 :『님의 침묵』을 중심으로」,『비평문학』10, 한국비평문학회, 1996.
윤석성,「님의 침묵의 '나'」,『동악어문논집』13, 동악어문학회, 1996.
임문혁,「한용운 시 은유의 특질」,『국제어문』17, 국제어문학회, 1996.
전광진,「님과 천사 : 릴케와 한용운 비교 연구」,『독일문학』60권 1호, 한국독어독문학회, 1996.
최종금,「만해시의 역설 구조 : 님의 침묵을 중심으로」,『비평문학』10, 한국비평문학회, 1996.
하길남,「수필과 개성 : 이상과 한용운을 중심으로」,『수필학』3, 한국수필학연구소, 1996.
홍신선,「한국시의 향토정서에 대하여 : 노작·만해·지용의 시를 중심으로」,『기전어문학』10·11, 1996.
김승철,「만해 한용운의 선사상과 실천적 다원주의」,『원불교사상과 종교문화』21, 원불교사상연구원, 1997.
김형중,「만해 시의 존재론적 역설 연구」,『어문학』61, 한국어문학회, 1997.
이성배·민덕식,「한용운 묵적 연구」,『불교미술연구』3-4, 동국대학교 불교미술문화제연구소, 1997.
이혜원,「한용운 시에서의 욕망과 언어의 문제」,『국어국문학』120호, 국어국문학회, 1997.

권오현,「만해 한용운 소설 연구」,『계명어문학』11집, 한국어문연구학회, 1998.

곽명숙,「님의 침묵에 나타난 사랑의 담론」,『관악어문연구』23, 서울대학교 국어국문학과, 1998.

김광식,「근대불교개혁론의 배경과 성격」,『종교교육학연구』7, 한국종교교육학회, 1998.

김광원,「님의 침묵의 배경, 십현담주해」,『시문학』321~327. 1998.

김영호,「휘트먼, 타골, 한용운의 시문학과 바다 상징」,『비교문학』, 한국비교문학회, 1998.

김창수,「한국 및 인도의 독립운동과 그 역사적 성격 : 만해 한용운과 마하트마 간디의 활동을 중심으로」,『만해학보』제3호, 만해학회, 1998.

김현자,「금결의 님과 옛 오동의 숨을 소리」,『새국어생활』8권 2호, 국립국어연구원, 1998.

선효원,「한용운 시 연구」,『동남어문논집』8, 동남어문학회, 1998.

이동수,「한용운론」,『만해학보』3, 만해학회, 1998.

이사라,「한용운 시 님의 침묵의 기호론적 연구」,『국어국문학』122, 국어국문학회, 1998.

이선이,「만해시의 생명문학적 표출양상과 의미」,『만해학보』제3호, 만해학회, 1998.

이선이,「만해시에 나타난 생명사상과 그 의미」,『한국시학연구』1, 한국시학회, 1998.

이홍섭,「다시 찾은 백담사」,『만해새얼』9, 만해사상실천선양회, 1998.

전보삼,「한용운의 불교개혁사상에 대하여」,『한국사상과 문화』2, 한국사상문화학회, 1998.

장도준,「시의 심상과 주제와의 호응관계에 대하여 : 님의 침묵, 빼앗긴 들에도 봄은 오는가, 절정의 심상 분석」,『어문학』65, 1998.

하희정,「한용운 시와 근대적 서정성 형성문제 : 주요한·김소월과의 비교를 중심으로」,『만해학보』제3호, 만해학회, 1998.

홍용희,「생명사상의 재조명」,『만해새얼』7, 만해사상실천선양회, 1998.

감태준,「한국 현대시 전개와 위상 연구」,『중앙대 예술대 창론』18, 한국번역학회, 1999.

권오무,「'님'의 기독교적 수용과 설교에의 적용」,『대학과 복음』3, 대학복음화학회, 1999.

김승종,「김소월·한용운·윤동주 시에 나타난 뜻겹침 양상 연구」,『전주대논문집』24권 1호, 1999.

김영호,「휘트먼, 타골, 한용운의 시와 풀잎 상징」,『문학과종교』4호, 한국문학과종교학회, 1999.

김임구,「자아의 상승과 타아에의 헌시—라이너 마리아 릴케와 한용운의 잠재정신사적 경험양식 비교」,『비교문학』23, 한국비교문학회, 1999.

김효중,「만해 시 상징 기법의 여성성」,『여성문제연구』24, 대구효성가톨릭대학교 사회과학연구소, 1999.

오재용,「만해 한용운 연구」,『대전어문학』16, 대전대학 국어국문학회, 1999.

이승훈,「현대시론의 전개」,『현대시의 반성과 만해 문학의 국제적 인식』, 만해사상실천선양회, 1999.

인권환,「만해학의 전개와 그 전망적 과제」,『현대시의 반성과 만해 문학의 국제적 인식』, 만해사상실천선양회, 1999.

임헌영,「현대시 논쟁사의 비평적 성찰」,『현대시의 반성과 만해 문학의 국제적 인식』, 만해사상실천선양회, 1999.

조동일,「만해문학의 사상사적 의미」,『현대시의 반성과 만해 문학의 국제적 인식』, 만해사상실천선양회, 1999.

조재복,「만해의 애국사상에 관한 연구」,『목원대 논문집』37, 1999.

최동호,「현대시의 정신사와 탈근대성의 지평」,『현대시의 반성과 만해 문학의 국제적 인식』, 만해사상실천선양회, 1999.

한계전,「만해 한용운과 건봉사 문하생들에 대하여」,『만해학보』창간호, 만해학회, 1999.

한계전,「만해 한용운 사상 형성과 그 배경」,『현대시의 반성과 만해 문학의 국제적 인식』, 만해사상실천선양회, 1999.

한점돌,「한용운 소설에 나타난 '사랑'의 양상과 그 의미」,『국어교육』99호,

한국어교육학회, 1999.

현태리, 「타골시 번역 규범과 만해시 비교론」, 『현대시의 반성과 만해 문학의 국제적 인식』, 만해사상실천선양회, 1999.

홍기삼, 「현대시와 사회사적 접근」, 『현대시의 반성과 만해 문학의 국제적 인식』, 만해사상실천선양회, 1999.

염무웅, "A Study of Manhae Han Yong-un", *Korea Journal* 39권 4호, 1999.

Andres, Elisabeth, "Aspects de la Metaphysique religieuse chez MAN-HAE", 『1999 만해축전 학술세미나 자료집』, 만해축전추진위원회, 1999.

David R. McCann, "Hearing the Silence of Love", 『현대시의 반성과 만해 문학의 국제적 인식』, 만해사상실천선양회, 1999.

Elisabeth Andres, "Aspects de la mⅡtaphysique religieuse chez MANHAE", 『현대시의 반성과 만해 문학의 국제적 인식』, 만해사상실천선양회, 1999.

Ivana Marie Gruverova', "How are MANHAE Poems Interpreted and Evaluated erom the Viewpoint of Middle-Europeans", 『현대시의 반성과 만해 문학의 국제적 인식』, 만해사상실천선양회, 1999.

Gruberova, Ivana Marie, "How are MANHAE Poems Interpreted and Evaluated From the Viewpoint of Middle-Europeans?", 『1999 만해축전 학술세미나 자료집』, 만해축전추진위원회, 1999.

McCann, David R., "Hearing the Silence of love", 『1999 만해축전 학술세미나 자료집』, 만해축전추진위원회, 1999.

김상현, 「1990년대 한국불교계의 유신론」, 『만해축전』, 만해사상실천선양회, 2000.

김영호, 「휘트먼, 타골, 한용운의 시와 사랑의 주제」, 『비교한국학』 7, 국제비교한국학회, 2000.

김영호, 「휘트먼, 타골, 한영운의 시와 풀잎 이미지」, 『한인문화논총』 14, 한인문화연구원, 2000.

김옥순,「한국 근대시에 나타난 유토피아에 대하여 : 한용운과 신동엽의 시를 중심으로」,『이화어문논집』18, 이화어문학회, 2000.

김헌선,「한용운 글쓰기의 사상적 근거」,『경기교육논총』9, 경기대학교 교육대학원, 2000.

김효사,「만해와 육사에서 신동엽과 김남주까지」,『만해축전』, 만해사상실천선양회, 2000.

박명자·박라연,「한국 현대시의 눈물의 시학 연구 : 한용운, 김현승, 서정주 시를 중심으로」,『논문집』9, 광주대학교 민족문화예술연구소, 2000.

박춘우,「고전 이별시가와 현대시의 비교 고찰」,『우리말 글』20, 우리말글학회, 2000.

방민호,「옛 형식 속에 담긴 유신의 기미 ― 만해 시조의 한 감상」,『만해축전』, 만해사상실천선양회, 2000.

송현주,「근대한국불교와 개혁운동에서 의례의 문제 ― 한용운, 이능화, 백용성, 권상노를 중심으로」,『종교와 문화』6, 서울대학교 종교문제연구소, 2000.

우 윤,「조국을 님으로 승화시킨 한용운」,『통일한국』203, 평화문제연구소, 2000.

육근웅,「만해시와 선의 세계」,『한민족문화연구』7, 한민족문화학회, 2000.

이병문,「만해 한용운의 시 연구」,『광주 보건대 논문집』25, 2000.

이병석,「만해시의 신비와 초월지향적 형상화 연구」,『만해축전』, 만해사상실천선양회, 2000.

전보삼,「강원도와 만해」,『만해축전』, 만해사상실천선양회, 2000.

정재완,「한국현대시사의 새로운 정립을 위한 연구―만해 한용운의 시와 시세계를 중심으로」,『한국언어문학』44, 한국언어문학회, 2000.

최전승,「시어와 방언 : 기룹다와 하냥의 방언 형태론과 의미론」,『국어문학』35, 2000.

Evon, Gregory N., "Eroticism and Buddhism in Han Yongun's 'your Silence'", *Korean Studies*, 2000.

Evon, Gregory N., "ghostly Voices and Their Avatar : Buddhist

Resonances in Han Yongun's Enlightenment Verse", *The Review of Korean Studies*, 2000.

Huh, Woosung, "Manhae's Understanding of Buddhism", *Korea Journal*, 2000.

강홍기,「『님의 침묵』의 님의 한 양상에 대하여」,『개산어문연구』18 , 2001.

고명수,「조선독립이유서에 나타난 만해의 독립사상」,『만해축전』, 만해사상실천선양회, 2001.

고재석,「영혼의 도반과 투명한 유산」,『만해축전』, 만해사상실천선양회, 2001.

박노자,「기미독립선언서 '공약삼장'의 집필자에 관하여」,『2001년 만해축전 학술세미나 자료집』, 만해축전추진위원회, 2001.

_____,「기미독립선언서 '공약삼장' 집필자에 관한 고찰」,『불교평론』8, 불교평론사, 2001.

성강현,「『개벽(開闢)』의 3·1독립운동 민족대표 담아내기」,『동학학보』58, 동학학회, 2021.

송희복,「한국현대시인론 Ⅰ」,『두류국어교육』2, 두류국어교육학회, 2001.

연점숙,「한국과 필리핀의 식민저항시 비교 연구」,『비교한국학』9, 국제비교한국학회, 2001

염무웅,「여전히 싱그러운 국화 향내」,『유심』복간호, 만해사상실천선양회, 2001.

오형엽,「만해와 타골의 시의식 비교 연구 : '되다'와 '하소서'의 시학」,『한국문학논총』29, 한국문학회, 2001.

이병석,「만해 한시(漢詩) 연구」,『2001 만해축전』, 만해사상실천선양회, 2001.

이종찬,「만해의 시세계 : 한시와 자유시의 달인」,『2001 만해축전』, 만해사상실천선양회, 2001.

_____,「만해의 한시」,『한국문학연구』24집, 동국대학교 한국문학연구소, 2001.

장석만,「만해 한용운과 정교분리 원칙」,『불교평론』8, 불교평론사, 2001.

최병노,「만해 한용운 문학의 근원 —「조선불교유신론」을 중심으로」,『동방문학』19, 동방문학회, 2001.

한계전,「만해 한용운 사상 형성과 그 배경」,『선청어문』29, 서울대학교 국어교육과, 2001.

한승옥,「한용운 시의 氣文學的 연구」,『숭실어문』, 17호, 숭실어문학회, 2001.

블라디미르 티호노프,「기미독립선언서 '공약삼장'의 집필자에 관하여」,『만해축전』, 만해사상실천선양회, 2001.

김선학,「시인 한용운론 : 님의 침묵 재조명」,『우리말글』24, 우리말글학회, 2002.

김임구,「하나의 시대, 두 개의 세계 : 릴케와 한용운에 대한 신시대사적 비교 연구」,『독일어문학』17, 한국독일어문학회, 2002.

김춘식,「사회진화론의 유입과 조선불교유신론」,『동악어문학』39, 동악어문학회, 2002.

김헌선,「한용운 글쓰기의 사상적 근거」,『한국사상과문화』, 한국사상문화학회, 2002.

고명수,「만해불교의 이념과 그 현대적 의미 — 전통불교의 체질을 혁신한 참여불교」,『2002 만해축전』, 만해사상실천선양회, 2002.

_____,「만해 불교이념과 그 현대적 의의」,『의상만해연구』제1집, 2002.

김용구,「만해 한용운의 소설 '흑풍' 연구 : 포교문학 또는 고전소설 기법적 측면에서」,『한양언어문화』8, 한양대학교 한양어문연구회, 2002.

김종명,「"조선불교유신론"에 나타난 만해의 계율관」,『2002 만해축전』, 만해사상실천선양회, 2002.

김효사,「백범과 만해 그리고 오늘」,『만해학보』4, 만해학회, 2002.

박병기,「우리의 불교사상에 근거한 새로운 사회윤리의 모색 : 원효와 만해에 관한 사회윤리적 재인식을 중심으로」,『가산학보』10, 가산불교문화연구원, 2002.

박설산,「설산스님과의 대담 : 만해에의 회상」,『만해학보』4, 만해학회, 2002.

박준용·한계전·전기철,「만해에의 회상 : 건봉사 봉명학교 출신 설산스님과의 대담」,『만해학보』4, 만해학회, 2002.

박포리,「불교대전의 편제와 만해 한용운의 불교관」,『의상만해연구』제1집, 2002.

서재영,「1910년 전후의 시대상과「조선불교유신론」의 의의」,『의상만해연구』, 창간호, 2002.

_____,「선사로서의 만해의 행적과 선사상」,『한국선학』4집, 한국선학회, 2002.

서준섭,「근대 계몽기 한문 세대의 근대 충격 경험과 그 문학적 대응의 몇 가지 양상 : 유인석, 신채호, 한용운의 경우를 중심으로」,『한중인문학연구』8, 한중인문학회, 2002.

_____,「조선불교유신론·십현담주해의 철학적 해석을 위한 시론」,『만해축전』, 만해사상실천선양회, 2002.

_____,「한국 근대시 형성의 이면 : 한문 세대의 근대 충격 경험과 그 문화적 대응의 몇 가지 양상」,『국제학술대회』8, 2002.

_____,「한용운의 '선'과 '님의 침묵' : 만해 시의 재해석을 위한 시론」,『만해학보』4, 만해학회, 2002.

손정수,「자율적 문학관의 기원 : 1910년대 문학과 1920년대 문학의 차이에 대한 고찰」,『민족문학사연구』20, 민족문학사연구소, 2002.

신규호,「시인 한용운론」,『논문집』31, 2002.

신원선,「한용운 시의 대중성 연구」,『한민족문화연구』, 한민족문화학회, 2002.

유세종,「루쉰과 한용운 혁명의 현재적 가치」,『중국현대문학』22, 한국중국현대문학회, 2002.

윤석성,「아니마(Anima)와 관음신앙 : 님의 침묵의 분석심리학적 접근」,『불교어문논집』7, 2002.

윤재웅,「만해 문학에 나타난 자유의 의미」,『2002 만해축전』, 만해사상실천선양회, 2002.

이병석,「만해 한시 연구(2)」,『2002 만해축전』, 만해사상실천선양회, 2002.

이선이,「만해 문학에 나타난 생명사상」,『2002 만해축전』, 만해사상실천선양회, 2002.

이용훈,「우주적 순환과 융화의 시학 — 만해 한용운의 시」,『선청어문』, 서울대학교 국어교육과, 2002.
이재수,「근대 민중불교운동의 이념적 원리」,『한국불교학』31, 2002.
정영희,「만해 한용운의 구국사상연구」,『실학사상연구』22, 2002.
정우택,「님의 침묵의 근대적 의미」,『반교어문연구』14, 반교어문학회, 2002.
최동호,「한국적 전통과 현대 불교시의 전개」,『2002 만해축전 학술세미나 자료집』, 만해축전추진위원회, 2002.
최형용,「만해 한용운 시의 어휘에 대하여」,『공군사관학교 논문집』49, 2002.
황수남,「만해 소설 죽음에 나타난 페미니즘」,『인문학연구』29권 1호, 충남대학교 인문과학연구소, 2002.
고명수,「조선불교유신론과 만해의 문학관」,『불교평론』16집, 2003.
고재석,「삶의 역사성과 풍문성 : 한용운과 그의 시대(1)」,『동양어문학』40, 2003.
구모룡,「한국근대시와 불교적 상상력의 양면성」,『한국시학연구』, 한국시학회, 2003.
김광식,「한용운의 민족의식과 조선불교유신론」,『한국민족운동사연구』13, 한국민족운동사학회, 2003.
_____,「조선불교유신론과 현대 한국불교」,『불교평론』16집, 2003.
김광원,「님의 침묵의 배경, 십현담주해 :「심인」편」,『만해학보』5, 만해학회, 2003.
김귀성,「한국 근대불교의 개혁론과 교육개혁」,『원불교학』9, 한국원불교학회, 2003.
김상영,「불교대전의 특성과 인용경전 연구(상)」,『만해학보』5, 만해학회, 2003.
김영호,「휘트먼, 타골, 한용운의 시와 자연(꽃)의 이미지」,『비교문학』31, 한국비교문학회, 2003.
김옥성,「만해 한용운의「?」에 나타난 종교적 상상력」,『관악어문연구』28, 서울대학교 국어국문학과, 2003.

김용하,「김우창 비평에 나타난 '윤리성' 연구 : 한용운, 윤동주, 김현승 시에 대한 비평을 중심으로」,『한국문학논총』35, 한국문학회, 2003.

노연숙,「한용운, 생의 풍경이 투영된 사랑과 혁명」,『만해학보』5, 2003.

맹문재,「한용운 시에 나타난 '님'의 이성성(異性性)연구」,『어문연구』31권 2호, 2003.

서재영,「조선불교유신론의 소회(塑繪) 폐지론과 선종의 정체성」,『2003 만해축전』, 만해사상실천선양회, 2003.

서준섭,「한용운의 '십현담주해' 읽기」,『한국현대문학연구』13, 한국현대문학회, 2003.

성주현,「1930년대 말 강원도 고성지역 문예비밀결사운동」,『한국민족사우농연구』35, 2003.

심재룡,「근대 한국 불교의 네 가지 반응 유형에 대하여」,『철학사상』16, 서울대학교 철학사상연구소, 2003.

유승무,「사회진화론과 만해의 사회사상」,『2003 만해축전』, 만해사상실천선양회, 2003.

윤세원,「한용운의 정치사상에 대한 연구」,『만해축전』, 만해사상실천선양회, 2003.

이도흠,「조선불교유신론에서 근대적 세계관 읽기」,『불교평론』16집, 2003.

이상국,「다시 생각하는 만해」,『현대시학』, 현대시학사, 2003. 10.

이선이,「만해 한용운 문학에 나타난 탈식민주의적 인식」,『어문연구』, 제31권 제2호, 2003.

이수영,「대중소설의 시대와 흑풍의 자리」,『만해학보』5, 만해학회, 2003.

이수정,「님의 침묵에 나타난 R. 타고르의 영향관계연구」,『관악어문연구』28, 서울대학교 국어국문학과, 2003.

장시기,「만해 한용운의 불교적 노마돌로지에 나타난 근대성과 탈근대성」,『만해축전』, 만해사상실천선양회, 2003.

전보삼,「만해 한용운 선사의 민족정신에 대하여」,『2003 만해축전 학술세미나 자료집』, 만해축전추진위원회, 2003.

정광호,「조선불교유신론 집필의 배경과 개혁 방향」,『불교평론』16, 2003.

_____,「조선불교유신론 집필의 배경과 개혁 방향」,『2003 만해축전 학술세미나 자료집』, 만해축전추진위원회, 2003.

정혜경,「1930년대 재일조선인 연극운동과 학생예술좌」,『한국민족운동사연구』35, 한국민족운동사학회, 2003.

황수남,「1930년대 신문연재소설「薄命」의 생태비평적 고찰」, 인문학연구, 충남대학교 인문과학연구소, 2003.

허도학,「근대계몽철학과 조선불교유신론」,『만해축전』, 만해사상실천선양회, 2003.

_____,「근대계몽철학과 조선불교유신론」,『불교평론』16호, 불교평론사, 2003.

고재석,「한용운과 그의 시대 2」,『국어국문학』138, 국어국문학회, 2004. 12.

구모룡,「만해 사상의 동아시아적 맥락」,『만해축전』, 만해사상실천선양회, 2004.

김광식,「만해 민족운동 연구의 회고와 전망」,『2004 만해축전』, 만해사상실천선양회, 2004.

김광식,「한용운 불교 연구의 회고와 전망」,『만해학보』8, 만해학회, 2004. 8.

김상영,「불교대전의 특성과 인용경전 연구(하)」,『만해학보』7, 만해학회, 2004.

김상현,「효당(曉堂) 최범술(1904~1979)의 독립운동」,『동국사학』40, 동국대학교 동국역사문화연구소, 2004.

김윤태,「만해문학의 현실주의」,『2004 만해축전』, 만해사상실천선양회, 2004.

_____,「만해 문학과 현실주의에 관한 단상」,『만해학보』8, 만해학회, 2004. 12.

김영호,「휘트먼, 타골, 한용운의 시와 자연(나무, 숲)의 이미지」,『문학과 종교』9권 1호, 한국문학과종교학회, 2004.

김용직,「한국 현대시 해석과 전통문학의 감각 : 한시(漢詩)의 경우를 중심으로」,『국어국문학』138, 서울문리사범대학 국어국문학회, 2004.

김재홍,「만해문학연구 어디까지 왔나」,『2004 만해축전』, 만해사상실천선양회, 2004.

김종태, 「한용운 시의 역설적 세계관 연구」, 『한국문예비평연구』 14호, 한국현대문예비평학회, 2004.

김찬근, 「우리 현대시의 존재론적 상상력」, 『동의논집』 40, 동의대학교, 2004.

박형호, 「한과 한국 시문학」, 『농민문학』 59, 농민문학회, 2004.

서준섭, 「한용운의 불교관계 저술 연구의 현황과 과제」, 『2004 만해축전』, 만해사상실천선양회, 2004.

윤세원, 「한용운 자유 개념의 철학적 토대와 논리구조에 관한 연구」, 『사회사상과 문화』 9, 동양사회사상학회, 2004.

윤재근, 「만해 선사의 일대시교(一代時敎)」, 『2004 만해축전 학술세미나 자료집』, 만해축전추진위원회, 2004.

윤제학, 「최근의 만해론에 대한 메타비평 : 오늘 우리에게 만해는 어떤 의미인가: 절대화 신비화 걷어낸 '만해 읽기' 계속 돼야」, 『불교와문화』 59, 2004.

이선영, 「한용운의 실천과 사상과 선과 문학」, 『2004 만해축전』, 만해사상실천선양회, 2004.

이선이, 「만해의 불교 근대화 운동과 시집 「님의 침묵」의 창작 동기」, 『한국시학연구』 11, 한국시학회, 2004.

_____, 「근대불교와 만해」, 『2004 만해축전』, 만해사상실천선양회, 2004.

이재형, 「고은의 만해론을 비판한다」, 『불교평론』 18, 2004.

이홍섭, 「조선불교유신론에 담긴 한용운의 세계관과 건봉사와의 영향관계」, 『한국어문학연구』 43, 2004.

임헌영, 「만해의 민족정신과 통일문학」, 『2004 만해축전』, 만해사상실천선양회, 2004.

전기철, 「선시의 세속화」, 『만해학보』 8, 만해학회, 2004.

전보삼, 「무형문화유산과 만해기념관」, 『박물관학보』 7, 한국박물관학회, 2004.

전봉관, 「한용운 시 연구의 흐름과 전망」, 『만해학보』 8, 2004. 만해학회, 12.

정남영, 「한용운 시의 현재성」, 『2004 만해축전』, 만해사상실천선양회,

2004.

채진홍, 「한용운의 흑풍 연구」, 『국어국문학』 138, 국어국문학회, 2004.

최두석, 「'님의 침묵'과 한국현대시사」, 『2004 만해축전』, 만해사상실천선양회, 2004.

한종만, 「한용운 선사의 살아 있는 선」, 『선문화연구』 53, 한국불교선리연구원, 2004.

허우성, 「나라 찾기와 마음고향 찾기 : 만해 한용운과 금오 태전」, 『가산학보』 12, 가사불교문화연구원, 2004.

Yang, Soonmo, "A Study on the Nature of Nationalism by Han Young-un(韓龍雲) And Lu Xun(魯迅)", 『국제중국연구』, 2004.

김광식, 「한용운의 「조선독립의 서」 연구」, 『만해학연구』 창간호, 만해학술원, 2005.

_____, "A Study of Han Yong-un's 'On the Reform of korean Buddhism'", *Korea Journal* 45권 1호, 2005.

김순석, 「한용운과 백용성의 근대불교개혁론 비교 연구」, 『한국 근현대사 연구』 35, 한국근현대사학회, 2005.

김순애, 「한용운과 백용성의 근대 불교개혁론 비교연구」, 『한국 근현대사 연구』 35호, 한국근현대사학회, 2005

김윤식, 「소설 죽음과 님의 침묵간의 거리재기」, 『만해학연구』 창간호, 만해학술원, 2005.

김종인, 「한국불교 근대화의 두 얼굴, 만해와 성철」, 『불교평론』 제22호, 불교평론사, 2005.

김주언, 「한용운의 탈문학주의, 혹은 문학을 상상하는 방식」, 『한국문학이론과 비평』 29, 한국문학이론과비평학회, 2005.

김현자, 「한용운 시의 어법과 세계관」, 『만해학연구』 창간호, 만해학술원, 2005.

김혜영, 「불교와 근대의 만남이 낳은 지성인, 만해 한용운 : 김광식의 첫키스로 만해를 만나다를 읽고」, 『문학/사학/철학』 3, 한국불교사연구소, 2005.

김효중,「만해 시의 상징 연구」,『인문과학연구』6, 대구가톨릭대학교 인문과학연구소, 2005.

박경옥,「『슬픔의 삼매』의 상징성에 대하여 : 한용운론」,『단산학지』9, 전단학회, 2005.

박민수,「한용운 시의 상상력과 사상성 : 사회적 의미작용의 역사성을 중심으로」,『인문사회교육연구』8, 춘천교육대학교 인문사회교육연구소, 2005.

박희병,「매월당과 만해」,『만해축전』, 만해사상실천선양회, 2005.

서준섭,「동안상찰의 십현담 주해의 세 가지 양상 : 청량문익과 김시습, 한용운의 주해 텍스트를 중심으로」,『한중인문학연구』15, 한중인문학회, 2005.

_____,「세간과 출세간 사이 또는 경계선에서 글쓰기」,『만해학연구』창간호, 만해학술원, 2005.

_____,「한국 근대 시인과 탈식민주의적 글쓰기 : 한용운, 임화, 김기림, 백석의 경우를 중심으로」,『한국시학연구』13, 한국시학회, 2005.

심종숙,「미야자와 켄지와 한용운 시에 나타난 눈물의 상징성 — "수라의 눈물"과 "진주 눈물"을 중심으로」,『세계문학비교연구』12, 세계문학비교학회, 2005.

_____,「미야자와 켄지와 한용운 시의 역설 연구 — 주체의 분열과 소멸을 중심으로」,『일본언어문화』, 한국일본언어문화학회, 2005.

_____,「미야자와 켄지와 한용운의 타골 수용」,『일어일문학연구』53호, 한국일어일문학회, 2005.

_____,「미야자와 켄지와 한용운 시의 '황금' : 이미지와 상징의 관점으로」,『일본근대문학-연구와비평-』4, 2005.

여지선,「권구현과 한용운 시조의 문학사적 의의 — 1920~1930년대」,『시조학논총』23, 한국시조학회, 2005.

염무웅,「만해의 시대인식과 오늘의 민족현실」,『만해축전』, 만해사상실천선양회, 2005.

유세종,「한용운과 루쉰의 저항적 민족주의와 '초민족적' 전망」,『중국현대문학』32, 한국중국현대문학회, 2005.
이도흠, 「민족주의 계열 지식인의 근대적 세계관 수용 양상과 의미 — 만해 한용운을 중심으로」, 『한국언어문화』 27호, 한국언어문화학회, 2005.
이민호, 「한용운과 김수영의 "사랑의 시" 형식 연구」, 『현대문학의연구』 27호, 한국문학연구학회, 2005.
이종건, 「만해 한용운의 시조와 한시」, 『만해축전』, 만해사상실천선양회, 2005.
인권환, 「만해시에 있어 법신의 현현과 보살정신」, 『만해학연구』 창간호, 만해학술원, 2005.
임종욱, 「불교문학은 여성을 어떻게 보았는가?」, 『불교평론』 24호, 불교평론사, 2005.
조성면, 「한용운 『삼국지』의 판본상의 특징과 의미」, 『한국학연구』 14, 인하대학교 한국학연구소, 2005.
최동호, 「심우도와 한국현대선시」, 『만해학연구』 창간호, 만해학술원, 2005.
허우성, 「간디와 만해 : '위정척사'와 '동도서기'」, 『만해학연구』, 만해학술원, 2005.
Choi, Ann Y, "Everything Yearned for : Manhae's Poems of love and Longing by Francisca Cho", *The journal of Asian Studies*, 2005.
McCann, David R., 「과연 뜰까? 만해의 「나룻배와 행인」에 대한 단상(Will It Floot? Notes on Manhae's 「Narubae wa haengin」)」, 『국어국문학』, 2005.
Hyun, Theresa, "The Lover's Silence, the People's Voice : Translating Nationalist Poetics in the Colonial Period in Korea", *Asian Translation Traditions* (E. Hung and J. Wakabayashi (eds). Manchester : St. Jerome), 2005.
Park, Pori, "Korean Buddhist Reforms and the Adoption of Modernity during the Colonial Period", *Korea Journal*, 2005.
강미자, 「한용운의 민족주의와 근대주의에 관한 일고찰」, 『역사와 경계』 제

58집, 부산경남사학회, 2006.
고재석,「한국 근대불교와 문학의 상관성」,『민족문화연구』, 고려대학교 민족문화연구원, 2006.
＿＿＿,「깨달음의 미학과 행동적 수양주의」,『우리말글』 38, 우리말글학회, 2006.
구모룡,「만해사상에서의 자유와 평등」,『만해학연구』 2호, 만해학술원, 2006.
김광식,「강석주의 삶에 나타난 민족불교」,『정토학연구』 9집, 한국정토학회, 2006.
＿＿＿,「만당과 효당 최범술」,『동국사학』 42집, 동국대학교 동국역사문화연구소, 2006.
＿＿＿,「명진학교의 건학정신과 근대 민족불교관의 형성」,『불교학보』 45, 동국대학교 불교문화연구원, 2006.
김기승,「유쾌한 뒤집기 : 박노자의『우승열패의 신화 ― 사회진화론과 한국 민족주의의 담론의 역사』(한겨레신문사, 2005)」,『한국민족운동사연구』 49, 한국민족운동사학회, 2006.
김상일,「최근 공개된 만해의 유묵에 담긴 심우송에 대하여」,『유심』 여름호, 만해사상실천선양회, 2006.
김영호,「휘트먼, 타골, 한용운의 시에 나타난 나무의 정치적 이미저리」,『영어영문학』 52권 2호, 한국영어영문학회, 2006.
＿＿＿,「한용운, 휘트먼, 타골의 시와 식물의 혁명적 심상」,『국제어문』 36, 국제어문학회, 2006.
김용직,「한국문학과 형이상시의 전통」,『어문연구』 34권 4호, 한국어문교육연구회, 2006.
김재홍,「만해사상의 구조와 특성」,『만해학연구』 2호, 만해학술원, 2006.
박노자,「1920~30년대 만해 한용운의 불교사회주의」,『천태학연구』 8, 천태불교문화원, 2006.
＿＿＿, "Han Yongun's Buddhist Socialism in the 1920s~1930s" *International Journal of Buddhist Thought and Culture* 6, 2006.
박수연,「만해사상의 구조와 특성」,『만해학연구』 2호, 만해학술원, 2006.

박태원, 「만해의 열린 실천 — 그 불교적 연원과 시대적 과제」, 『만해축전』, 만해사상실천선양회, 2006.

서준섭, 「한국현대문학에 나타난 불교적 사유 방식에 대하여 : 한용운, 백낙청의 창조적 문학행위와 '사유, 깨달음, 실천'의 일체화」, 『한국현대문학회 학술발표회자료집』, 한국현대문학회, 2006.

소영현, 「근대 인쇄 매체와 수양론·교양론·입신출세주의 : 근대 주체 형성 과정에 대한 일고찰」, 『상허학보』 18, 상허학회, 2006.

신희삼, 「한용운 시의 언어적 분석 연구」, 『한국어 의미학』 20, 한국어 의미학회, 2006.

심종숙, 「미야자와 켄지와 한용운 시의 광물 이미지 연구 : 황금의 상징성을 중심으로」, 『일본언어문화』 8, 한국일본언어문화학회, 2006.

엄성원, 「한용운 시의 탈식민지주의적 연구」, 『한국문학이론과 비평』 31집, 2006.

여태천, 「님의 재발견과 민족의 구체화」, 『(시대의 논리)민족연구』 25, 한국민족연구원, 2006.

유문선, 「북한에서의 만해 한용운 연구」, 『어문연구』 34호, 한국어문교육연구회, 2006.

윤호병, 「데리다 : 자크 데리다의 해체주의 이론과 비평 : 한용운의 시 「님의 침묵」에 대한 해체적 읽기」, 『현대시』 200호, 2006.

_____, 「한용운의 시 '님의 침묵'에 대한 해체적 읽기」, 『만해학연구』 2호, 만해학술원, 2006.

이경희, 「님의 침묵에 나타난 기독교적 상징과 성서적 구조」, 『한국시학연구』 16, 한국시학회, 2006.

이덕진, 「일제 강점기 후반 불교계 인물들에 대한 연구 성과와 동향 그리고 앞으로의 과제 : 불교 사상에 대한 연구를 중심으로」, 『선문화연구』 1, 한국불교선리연구원, 2006.

이민호, 「한용운 시의 탈식민주의적 여성성 연구」, 『한국문학이론과 비평』 31집, 한국문학이론과비평학회, 2006.

이성천, 「한용운 '님의 침묵'의 해체적 읽기」, 『만해학연구』 2호, 만해학술원,

2006.
이태희,「육당과 만해 시조의 어조」,『시조학논총』24, 한국시조학회, 2006.
이혜원,「한용운 시에 나타난 자연과 여성의 재해석」,『한국문학이론과 비평』31집, 한국문학이론과비평학회, 2006.
전보삼,「만해와 효당의 인연을 생각하며」,『찻잔에 비친 노불미미소』, 효당사상연구회, 2006.
_____,「만해와 효당」,『효당 최범술 스님의 생애와 업적 추모학술대회자료집』, 효당사상연구회, 2006.
_____,「만해와 효당의 인간관계 연구」,『불교연구』25, 한국불교연구원, 2006.
_____,「만해 한용운의 윤리문화관에 대하여」,『윤리문화연구』3, 한국윤리학회, 2006.
정명고,「한국 현대시에서 서정성의 확대가 일어나기까지」,『한국시학연구』16, 한국시학회, 2006.
정우택,「근대적 서정의 형성과 이별의 양상」,『국제어문』38, 국제어문학회, 2006.
한동민,「일제강점기 불교계의 항일운동 연구 동향과 과제」,『선문화연구』1, 한국불교선리연구원, 2006.
한동민·김광식,「일제하의 불교출판」,『대각사상』9, 대각사상연구원, 2006.
_____,「불교사학 및 응용불교 : 한용운의 신간회와 반종교운동 인식」,『한국불교학』, 한국불교학회, 2007.
김광원,「만해 한용운의「님의 침묵」과 번뇌즉보리」, 한국언어문학 63호, 한국언어문학회, 2007.
김광식,「대한승려연합회선언서와 민족불교론」,『불교학보』, 동국대학교 불교문화연구원, 2007.
_____,「불교 근대화의 노선과 용성의 대각교」,『대각사상』10, 대각사상연구원, 2007.
김경춘,「불교개혁운동과 신흥종단의 출현」,『한국선학』17, 한국선학회, 2007.
김기봉,「21C 만해 한용운의 '님'은 누구인가」,『만해학연구』3, 만해학술원,

　　　　 2007.
김덕영, 「한용운의 사상과 한시 고찰」, 『우암논총』 29, 충북대학교 우암연구
　　　　 소, 2007.
김순석, 「한용운의 정교분리론」, 『한국독립운동사 연구』 28집, 2007.
김연숙, 「만해와 페미니즘」, 『만해학연구』 3, 만해학술원, 2007.
김옥성, 「한용운의 생태주의와 시학」, 『동양학』, 단국대학교 동양학연구소,
　　　　 2007.
김정순, 「잡지 유심 연구」, 『만해학연구』 3, 만해학술원, 2007.
류양선, 「만해의 시집 『님의 침묵』의 창작 동기」, 『한국현대문학연구』 21, 한
　　　　 국현대문학회, 2007.
박수연, 「한용운 시에 나타난 여성적 사랑과 역설 연구」, 『어문연구』 135, 한
　　　　 국어문교육연구회, 2007.
박재현, 「근대 불교의 대처식육(帶妻食肉) 문제에 관한 윤리적 고찰」, 『철
　　　　 학』 93, 한국철학회, 2007.
─── , 「만해 한용운의 선적 역할 의식에 대한 연구」, 『불교학연구 16집』, 불
　　　　 교학연구회, 2007.
─── , 「만해 한용운의 조선불교유신론 : 선과 사회」, 『철학과 현실』 74, 철
　　　　 학문화연구소, 2007.
박종욱, 「신비주의 문학에 나타난 '죽음' 이미지 분석과 문학치료적 고찰 :
　　　　 십자가의 요한과 한용운의 시를 중심으로」, 『지중해지역연구』 9권
　　　　 1호, 부산외국어대학교 지중해지역원, 2007.
박주현, 「한용운 시에 나타난 여성적 사랑과 역설 연구」, 어문연구 35호, 2007.
배병삼, 「만해 한용운의 사회사상과 실천에 대한 비판적 고찰」, 『만해학연
　　　　 구』 3호, 만해학술원, 2007.
소래섭, 「시어 "당신"의 발견과 문화적 의미 : 만해의 경우」, 『민족문학사연
　　　　 구』, 민족문학사학회, 2007.
송현주, 「한용운의 불교, 종교 담론에 나타난 근대사상의 수용과 재구성」,
　　　　 『종교문화비평』, 한국종교문화연구소, 2007.
심종숙, 「이미자와 켄지와 한용운 문학의 개(個)와 전체」, 『만해학연구』 3,

만해학술원, 2007.
윤석성, 「님의 침묵의 불이적 해석」, 『한국사상과 문화』 37, 한국사상문화학회, 2007.
이경수, 「한용운 시에 쓰인 '-이다' 구문의 활용과 문체적 효과」, 『한국시학연구』 19, 한국시학회, 2007.
이선이, 「萬海詩와 當代詩의 영향관계에 관한 일고찰 — 시어 "님"을 중심으로」, 『한국시학연구』 20, 한국시학회, 2007.
이지중, 「만해 한용운 교육론 고찰」, 『교육문제연구』 27, 고려대학교 교육문제연구소, 2007.
임형진, 「한용운의 민족주의 이념과 실천」, 『애산학보』 33, 애산학회, 2007.
구명숙, 「한용운 시의 창작환경과 민족정서 형상화 방식」, 『한국사상과문화』 41, 한국사상문화학회, 2008.
김광식, 「불교의 근대성과 한용운의 대중불교」, 『한국불교학』 50, 한국불교학회, 2008.
김광식, 「한용운의 대중불교 생활선과 구세주의, 입니입수」, 『한국민족운동사 연구』 54, 한국민족 운동사학회, 2008.
김광식, 「한용운의 불교 근대화 기획과 승려결혼 자유론」, 『대각사상』 11, 대각사상회, 2008.
김권동, 「『님의 침묵』의 역설, 그 여운으로서의 시학」, 『비교어문연구』 25, 비교어문학회, 2008.
김기종, 「한(韓), 중(中) 근대 불교개혁론의 비교 연구 : 만해(萬海)와 태허(太虛)를 중심으로」, 『불교학보』 49, 동국대학교 불교문화연구원, 2008.
김덕영, 「만해 한용운의 문학사상연구」, 『우암논총』 30, 충북대학교 우암연구소, 2008.
김순석, 「한국 근대 불교계의 민족의식」, 『불교학연구』 21, 불교학연구회, 2008.
김원희, 「님의 침묵, 그 구조적 기능의 역동성」, 『어문논총』 17, 전남대학교 한국어문학연구소, 2008.
김윤정, 「문학과 종교의 유사성에 관한 언어적 고찰 — 오장환, 한용운, 김소월의 시를 중심으로」,『한국언어문학』66, 한국언어문학회, 2008.
김재홍·이성천,「만해 시에 나타난 님과 사랑의 존재론적 의미」,『국어문학』 152, 국어국문학회, 2008.
김종인,「만해의 현대성 수용과 '님'」,『문학과종교』13권 1호, 한국문학과종교학회, 2008.
김종태,「시교육과 역사주의비평의 문제 : 제7차 교육과정 18종『문학』교과서 수록 작품을 중심으로」,『한국문예비평연구』26, 한국현대문예비평학회, 2008.
문정희,「한용운 시에 나타난 역설과 자비의식 연구」,『우리문학연구』24, 우리문학회, 2008.
박걸순,「3·1독립선언서 공약삼장 기초자에 대한 재론」,『한국 근현대사연구』46, 한국근현대사학회, 2008.
박영민,「1910년대 신해음사의 시사활동과 안왕거」,『한국어문학국제학술포럼 학술대회』, 2008.
백원기,「심우장(尋牛莊)의 정체성 확립과 보존관리 방안에 대한 연구」,『동방논총』2, 동방대학원대학교, 2008.
심효숙,「한용운 시의 '인연' 표현에 대한 연구」,『우암논총』30, 청주대학, 2008.
유문선,「북한 문학사와 불교 인식의 변천」,『한국학연구』18, 한국학연구소, 2008.
윤재근,「만해시가와 평화정신」,『2008 만해축전 학술세미나 자료집』, 만해축전추진위원회, 2008.
이기운,「근대기 승가(僧伽)의 교육체제 변혁과 자주화운동」,『불교학보』48, 동국대학교 불교문화연구원, 2008.
이어령,「님의 침묵 : 구조분석을 통해서 본 '님'과 '침묵'의 시적 의미」, 『2008 만해축전 학술세미나 자료집』, 만해축전추진위원회, 2008.
이향순,「한용운의「박명」에 나타난 보살도의 이상과 비구니의 근대성」,『한국불교학』51, 한국불교학회, 2008.
장석원,「한용운 시의 리듬」,『민족문화연구』48, 고려대학교 민족문화연구원, 2008.

_____, 「한용운 시의 수동성」, 『비교한국학』 16, 국제비교한국학회, 2008.

정정호, 「만해 한용운의 「님의 침묵」에 나타난 기독교적 요소 — 하나의 시론」, 『문학과종교』 13, 한국문학과종교학회, 2008.

_____, 「한국문학의 세계화와 만해 한용운 : 『님의 침묵』과 기독교」, 『중앙대학교 문화콘텐츠기술연구원 학술대회』 12, 중앙대학교 문화콘텐츠기술연구원, 2008.

정효구, 「'님의 침묵'과 '달마의 침묵'에 나타난 선(禪)의 세계」, 『한국문학논총』 62, 2008.

한상길, 「한국 근대불교의 대중화와 석문의범」, 『불교학보』 61권 48호, 동국대학교 불교문화연구원, 2008.

고봉준, 「만해사상과 근대의 기획」, 『만해학연구』 5, 만해학술원, 2009.

김동우, 「숭고와 계몽의 역설 — 한용운 시의 현재성」, 『한국시학연구』 24호, 한국시학회, 2009.

김상일, 「근대 불교지성과 불교잡지 — 석전 박한영과 만해 한용운을 중심으로」, 『동악어문학』 52, 동악어문학회, 2009.

김영진, 「한국불교와 국가의 관계 : 한국 근대 한용운의 민족불교론」, 『천태학연구』 12, 천태불교문화연구원, 2009.

김용직, 「『님의 침묵』 판본과 본문 비평」, 『불교평론』 40, 불교평론사, 2009.

김재홍·이성천 외 4, 「동아시아 근대담론 속에 나타난 민족과 윤리주체의 의미 고찰 : 만해사상과 양계초의 신민설(新民說)을 중심으로」, 『한국어문학연구』 53호, 한국어문학연구학회, 2009.

김재홍·신진숙, 「만해 사상과 양계초의 「신민설」에 나타난 '마음'의 의미」, 『국어국문학』 152, 국어국문학회, 2009.

김종인, 「경전에서 고전으로 : 불교 문헌의 현대화의 대화」, 『동서비교문학저널』 21, 한국동서비교문학학회, 2009.

_____, 「20세기 초 한국 불교 개혁론에서 불경의 한글 번역에 대한 인식」, 『종교연구』 55, 한국종교학회, 2009.

류승주, 「사회진화론의 수용과 「조선불교유신론」 — 한용운의 불교적 사회진화론」,『원불교사상과 종교문화』, 원광대학교 원불교사상연구원, 2009.

박병기,「연기적 독존주의와 열린 공동체 : 우리 시대의 공동체에 대한 불교적 모색」,『2009 만해축전 학술세미나 자료집』, 만해축전추진위원회, 2009.

_____,「연기적 독존주의와 열린 공동체 : 우리 시대의 공동체에 대한 불교적 모색」,『불교평론』11-3, 불교평론사, 2009.

백원기,「화엄적 생명사항의 실천」,『동서비교문학저널』21, 한국동서비교문학학회, 2009.

서재영,「한국근대 불교개혁론의 전개와 교단개혁 : 조선불교유신론을 중심으로」,『한국선학』24, 한국선학회, 2009.

신준숙,「동아시아 근대담론 속에 나타난 민족과 윤리주체의 의미 고찰 : 만해사상과 양계초의 신민설을 중심으로」,『동악어문학』53, 동악어문학회, 2009.

양병호,「만해 한용운 시의 인지시학적 연구」,『국어문학』46, 국어문학회, 2009.

엄국현,「식민지시대 검열제도와『님의 침묵』의 수사학」,『한국문학논총』51, 한국문학회, 2009.

유세종,「루쉰과 한용운의 자유, 월경(越境)의 정치학」,『외국문학연구』33호, 한국외국어대학교 외국문학연구소, 2009.

유승무,「근현대 한국불교의 개혁 모델 비교 연구 : 만해의 유신모델과 청담의 정화모델을 중심으로」,『만해학보』9, 만해학회, 2009.

유승주,「사회진화론의 수용과 조선불교유신론 : 한용운의 불교적 사회진화론」,『원불교사상과 종교문화』41, 원광대학교 원불교사상연구원, 2009.

윤석성,「한국 현대시의 로만적 아이러니 연구 : 한용운, 윤동주, 김춘수의 시를 대상으로」,『동악어문학』53, 동악어문학회, 2009.

이강하,「만해 한용운의『님의 침묵』에 대한 인지시학적 분석」,『한국현대문학연구』28, 한국현대문학회, 2009.

이병금,「『님의 침묵』, 탈근대적 논의가 가능한 이유 : 선적 방법론으로 읽기」,『어문연구』37권 2호, 한국어문교육연구회, 2009.

이병욱,「한국근대불교사상의 세 가지 유형 : 근대적 종교상황에 대응하는 새로운 종교활동이라는 관점에서」,『신종교연구』20, 한국신종교학회, 2009.

이선이,「'문명'과 '민족'을 통해 본 만해의 근대 이해」,『만해학연구』3호, 만해학술원, 2009.

이평전,「한용운 소설에 투영된 근대사상연구」,『한국어문학연구』52호, 2009.

이희재,「한국불교사에서의『유마경(維摩經)의 지위」,『한국학연구』31, 고려대학교 한국학연구소, 2009.

인권환,「만해사상과 문학에 있어 전근대성의 문제」,『만해학연구』5, 만해학술원, 2009.

임형진,「충의사상과 국가관 : 한용운의 민족주의 이념과 실천」,『한국의 청소년문화』13, 한국청소년효문화학회, 2009.

장시기,「만해 한용운의 탈근대적 언어와 인식, 그리고 지식체계」,『만해학연구』5, 만해학술원, 2009.

전보삼,「3·1운동과 불교 : 만해 한용운을 중심으로」,『유관순 연구』14, 백석대학교 유관순연구소, 2009.

하길종,「만해시에 대한 언어학적 분석 :님의 침묵을 중심으로」,『문법 교육』7, 한국문법교육학회, 2009.

하재연,「'조선'의 언어로 한용운에게 찾아온 '생각' : 기탄잘리와의 비교 분석을 통해 본 한용운의 님의 침묵」,『한국근대문학연구』20, 한국근대문학회, 2009.

Evon, Gregory N., "Constructing a Buddhist Imaginary in Colonial Korea(1910-1945), Global Korea : Old and New", *The Korean Studies Association of Australasia, Sydney, Australia, presented at 6*[th] *Biennial Conference*, 2009.

고재석,「일그러진 기억의 거울」,『우리말글』50, 우리말글학회, 2010.

구연상, 「『님의 침묵』에서의 '님 찾기'를 다시 생각해 본다」, 『존재론연구』 vol. 23, 하이데거학회, 2010.
김광식, 「한용운의 아들, 한보국의 삶」, 『만해학보』 10호, 만해학회, 2010.
김윤정, 「'마음'을 통한 한용운 문학의 불교해석학적 고찰」, 『한국시학연구』 29, 한국시학회, 2010.
김윤정, 「'마음'을 통한 한용운 문학의 불교해석학적 고찰」, 『한국시학연구』 29, 한국시학회, 2010.
김제란, 「한, 중, 일 근대불교의 사회진화론에 대한 대응양식 비교 : 동아시아 불교의 사회진화론 수용과 비판의 두 흐름」, 『시대와철학』 21권 2호, 한국철학사상연구회, 2010.
김종인·허우성, 「20세기 초 한국 재가불교의 불교사적 의미」, 『동서 비교문학저널』 23, 한국동서비교문학학회, 2010.
김효은, 「한용운 시에 나타난 카오스모스의 생태시학」, 『문학과환경』 9(1), 문학과 환경학회, 2010.
남정희, 「불교의 인과율로 본 한용운 문학의 존재양상」, 『우리문학연구』 31, 우리문학회, 2010.
박숙자, 「초월과 죽음 : 근대를 심판하는 입법적 정의」, 『만해학연구』 6, 만해학술원, 2010.
석길암, 「아직 버릴 수 없는 화두」, 『불교평론』 45호, 2010.
석성환, 「현대문학 : 만해(萬海) 한용운(韓龍雲) 시조시(時調詩) 연구(硏究) ― 불이사상(不二思想)을 중심(中心)으로」, 『사림어문연구』, vol. 20, 사림어문연구학회, 2010.
신치호, 「일제하 조선불교 청년운동의 양상과 조직 변경 : 1928~1931년 「일제 경성지방법원 편철문서」를 중심으로」, 『영남학』 17, 영남문화연구원, 2010.
유문선, 「국어교과서와 만해」, 『만해학보』 10호, 만해학회, 2010.
이병욱, 「근현대 한국불교의 사회참여 사상의 변화」, 『종교와사회』 1권 1호, 한국종교사회학회, 2010.
_____, 「『조선불교혁신론』과 비교를 통해 본 『조선불교유신론』의 특색·현대

성·한계」,『만해학연구』6, 만해학술원, 2010.

이선이,「"사랑"을 통해 본 만해(萬海)의 근대인식(近代認識)」,『민족문화논총』vol. 45, 영남대학교 민족문화연구소, 2010.

이은구,「『님의 침묵(沈默)』에 나타난 타고르(R. Tagore)의 사상적 영향 고찰」,『한민족문화연구』vol. 32, 한민족문화학회, 2010.

이재복,「한용운 시「알 수 없어요」에 대한 일고찰 — 구조와 의미의 문제를 중심으로」,『한국언어문화』41, 한국언어문화학회, 2010.

이지엽,「만해 한용운 연구의 새로운 방향」,『만해학보』10호, 만해학회, 2010.

이혜숙,「한용운 소설의 여성 인물과 주제의식」,『돈암어문학』23, 돈암어문학회, 2010.

임동확,「만해시의 생명사상」,『만해학보』10호, 만해학회, 2010.

전병준,「홍성이 낳은 위대한 인물 만해 한용운 선사」,『홍주향토문화』25, 홍주향토문화연구회, 2010.

하도겸,「해인사 백련암 소장『십현담요해』에 대한 서지학적 고찰」,『동아시아고대학』22, 동아시아고대학회, 2010.

한동민,「일제강점기 寺誌 편찬과 한용운의『乾鳳寺 事蹟』」,『정토학연구』14, 한국정토학회, 2010.

한명환,「시승의 소설 쓰기에 나타난 탈식민주의적 의미 : 만해 한용운의 신문연재소설「흑풍」과「박명」을 중심으로」,『만해학보』10, 만해학회, 2010.

한상길,「한국 근현대신문에 나타난 불교의례 연구」,『한국사상과 문화』54, 한국사상문화학회, 2010.

Huh, Nam-lin, "Han Yong'un (1879-1944) and buddhist Reform in Colonial Korea", *Japanese Journal of Religious Studies*, 2010.

Jaffe, Richard M., "Editor's Introduction : Religion and the Japanese Empire", *Japanese Journal of Religious Studies*, 2010.

김광식,「김용담 삶의 복원 — 한용운 사상의 계보 모색」,『만해학보』11호, 만해학회, 2011.

김영범·강동우,「만해 시의 님과 만해의 님」,『한국시학회 학술대회 논문집』 28, 2011.

김용태,「만해의 불교인식과 조선적 전통의 단절과 연속」,『만해학연구』7, 만해학술원, 2011.

김주수,「현대시에 나타난 두견 모티브 연구 : 한시의 두견 모티브 수용을 중심으로」,『민족문화』36, 한국고전번역원, 2011.

김진무,「근대 합리주의 인간관의 유입과 불성논(佛性論)의 재조명 — 양계초(梁啓超)와 한용운(韓龍雲)의 불성논(佛性論) 이해를 중심으로」,『한국선학』vol. 29, 한국선학회, 2011.

김진희,「1920년대 번역시와 근대서정시의 원형 문제 : '님의 시학'과 번역의 역동성」,『비평문학』42, 한국비평문학회, 2011.

남정희,「한용운 시의 역설과 그 의미 — 유식학과『금강경』을 중심으로」,『국제어문』vol. 53, 국제어문학회, 2011.

서준섭,「한용운의「님의 침묵」의 사유의 특성과 동양과 서양 사상의 회통」,『국어교육』134, 한국어교육학회, 2011.

석길암,「조선불교유신론, 반성과 전망」,『만해학보』11호, 만해학회, 2011.

신의선,「'진정한 자아'를 향한 相反合一의 詩 세계 : 王維, 한용운, W.Blake의 시를 중심으로」,『중국어문학논집』69, 중국어문학연구회, 2011.

오문석,「1920년대 인도 시인의 유입과 탈식민성의 모색」,『민족문학사연구』45, 민족문학사연구소, 2011.

오주리,「릴케의『두이노의 비가』와 한용운의『님의 침묵』에 나타난 "사랑"의 의미 비교 연구」,『비교문학』vol. 53, 한국비교문학회, 2011.

유세종,「화염의 혁명 — 5.4의 루쉰과 3.1의 만해」,『만해학보』11호, 만해학회, 2011.

윤종갑,「한용운의 근대 인식과 서양철학 이해」,『한국민족문화』39, 부산대학교 한국민족문화연구소, 2011.

이상엽,「존 던의「님의 침묵」과 한용운의「님의 침묵」」,『중세근세영문학』21권 1호, 한국중세근세영문학회, 2011.

이선이, 「'문명'과 '민족'을 통해 본 만해의 근대 이해」, 『만해학연구』 3, 만해학술원, 2011.
_____, 「한용운의 근대 인식 방법」, 『만해학연구』 7, 만해학술원, 2011.
이성천, 이은영, 「만해의 도덕적 상상력과 문학의 상관성」, 『인문학연구』 vol. 19, 경희대학교 인문학연구원, 2011.
이희내, 「만해 한용운『님의 침묵』의 상징성」, 『논문집』 13-1, 대전대학교, 2011.
장연정, 「한용운의 "기룸"과 상생의 시학 : 불교생태학적 관점을 중심으로」, 『문학/사학/철학』 25, 한국불교사연구소, 2011.
장철환, 「현대문학 : 한용운『님의 침묵』 연구 ― 주체와 "님"의 관계를 중심으로」, 『어문론총』, 한국문학언어학회, 2011.
전보삼, 「만해 한용운의 불교 사상」, 『만해학보』 11. 만해학회, 2011.
정경환, 「만해 한용운의 정치사상에 관한 연구」, 『민족사상』 5권 4호, 한국민족사상학회, 2011.
정연정, 「종교 : 한용운의 "기룸"과 상생의 시학 ― 불교생태학적 관점을 중심으로」, 『문학/사학/철학』, vol. 26, 한국불교사연구소, 2011.
조규태, 「『고등학교 한국사』 교과서의 3·1운동 서술의 체계와 내용」, 『한국민족운동사연구』 69, 한국민족운동사연구, 2011.
최동호, 「정지용의 타고르 시집『기탄자리』 번역 시편 : 1923년 발간된『휘문』 창간호를 중심으로」, 『한국학연구』 39, 고려대학교 한국학연구소, 2011.
최정규, 「만해사상의 근대성과 전통, 그리고 불교」, 『만해학연구』 7, 만해학술원, 2011.
한경희, 「한용운『님의 침묵』 연구」, 『어문학』 113, 한국어문학회, 2011.
한상길, 「한국 근대 불교 연구와 국사교과서의 근대불교 서술」, 『선문화연구』 10, 한국불교선리연구원, 2011.
고영섭, 「만해와 태허」, 『만해학보』 12, 만해학회, 2012.
고재석, 「석전 박한영의 시선일규론과 그 문학사적 의의」, 『석전 박한영의 생애와 시문학』, 백파사상연구소, 2012.

김광식,「한용운의 민족사상의 연원」,『한국선학』 31, 한국선학회, 2012.
_____,「한용운의 불교개혁사상과 동아시아」,『만해학보』 12, 만해학회, 2012.
김나현,「1970년대『創作과 批評』의 韓龍雲論에 담긴 비평전략」,『대동문화연구 79』, 성균관대학교 대동문화연구원, 2012.
김성옥,「민족 또는 '님'을 통한 공동체 구상」,『만해학보』 12, 만해학회, 2012.
김임구,「구스타프 클림트와 한용운」,『독일어문화권연구』 vol. 21, 서울대학교 독일어문화권연구소, 2012.
김종인,「1920~30년대 불교계의 사회주의에 대한 인식」,『대각사상』 18, 대각사상연구원, 2012.
남기택·최승기,「수사구조이론을 활용한 현대시 텍스트 분석 : 진달래꽃과 님의 침묵을 중심으로」,『한어문교육』 28, 한국언어문학교육학회, 2012.
노제운,「향가「원왕생가」,「찬기파랑가」와 만해(萬海) 한용운의 시(詩)에 나타난 '달'의 의미」,『인문학연구』 21, 경희대학교 인문학연구원, 2012.
박재현,「만해 : 아직도 유용한 조선불교유신론」,『불교평론』 50, 2012.
박현수,「『십현담주해』의 언어관과 한용운의 시론」,『한국현대문학연구』 38, 한국현대문학회, 2012.
방영준,「다르다팔라와 만해」,『만해학보』 12, 만해학회, 2012.
백원기,「근대 아시아 불교 중흥의 기수 : 다르마팔라와 만해」,『선문화연구』 13, 한국불교선리연구원, 2012.
송위지,「그리난다와 만해」,『만해학보』 12, 만해학회, 2012.
신은경,「강용흘의 영역(英譯) 시조(時調)에 관한 연구」,『한국문학이론과 비평』 vol. 57, 한국문학이론과비평학회, 2012.
신 진,「소위 "전통 서정시"의 정체와 기반 양식」,『석당논총』 vol. 53, 동아대학교 석당학술원, 2012.
오주리,「릴케의『두이노의 비가』와 한용운의『님의 침묵』에 나타난 '사랑'의 의미 비교 연구」,『비교문학』53집, 2012.
원영상,「한용운과 세노오기로의 불교혁신사상연구」,『만해학보』12, 만해학회, 2012.
이동언,「1920~1930년대 진보적 불교계 인사들의 민족운동」,『한국 호국불교의 재조명』, 한불교조계종 백년대계본부 불교사회연구소, 2012.
이행선,「식민지배체제의 실정성에 긴박된 한용운의 '혁명'」,『人文科學硏究』30, 성신여자대학교 인문과학연구소, 2012.
이호순,「만해 한용운 시에 나타난 화엄적 생명사상에 대한 연구」,『백암논총』6, 2012.
임호민,「한용운의 현실비판과 민족의식」,『2012 만해축전 학술세미나 자료집』, 만해축전추진위원회, 2012.
장철환,「『님의 沈默』의 리듬 연구 : '호흡률'을 중심으로」,『비평문학』46, 한국비평문학회, 2012.
_____,「『님의 沈默』의 시행의 길이와 사상 표현의 상관성 연구」,『한국시학연구』35, 한국시학회, 2012.
정경환,「만해 한용운의 평화사상과 한반도 통일」,『통일전략』12, 2012.
정효구,「韓龍雲의 시집『님의 沈默』속의「군말」再考」,『한국시학연구』35, 한국시학회, 2012.
최윤경,「모하메드 딥과 한용운 시의 여성성과 탈식민성(La féminité et le postcolonialisme chez Mohammed Dib et Han Yong-Un)」,『프랑스학연구』62, 프랑스학회, 2012.
한상길,「이동인과 만해 : 근대불교의 개화와 유신」,『만해학보』12, 만해학회, 2012.
허우성,「제국에 맞서기 : 니시다와 만해」,『불교학보』61집, 2012.
Han, Sangkil and Matty Wegehaupt, "The Activities and Significance of Temple Fraternities in Late Chosŏn Buddhism", *Journal of Korean Religions*, 2012.
Lee, Jung-Shim, "A Doubtful National Hero : HanYongun's Buddhist

Nationalism Revisited", *Korean Histories*, 2012.
고영섭, 「효성 조명기의 불교사상사 연구 — "총화론"과 "화쟁론"을 중심으로」, 『한국불교사연구』 vol. 3, 한국불교사연구소, 2013.
권성훈, 「한국불교시에 나타난 치유성 연구」, 『종교연구』 vol. 70, 한국종교학회, 2013.
권혁웅, 「소리-뜻*을 중심으로 구성되는 현대시의 리듬 — 「님의 침묵」, 「별 헤는 밤」을 중심으로」, 『한국문학이론과 비평』 vol. 59, 한국문학이론과비평학회, 2013.
김광식, 「근, 현대 불교, 연구 성과와 과제」, 『한국불교학』 vol. 68, 한국불교학회, 2013.
_____, 「만해사상과 현대사조 : 그 관련의 시론적 모색」, 『만해학보』 13, 만해학회, 2013.
김옥성, 「일제 강점기 시인의 분노와 저항 — 한용운, 이육사, 윤동주를 중심으로」, 『日本學研究』 39, 단국대학교 일본연구소, 2013.
김종인, 「만해와 간디」, 『만해학보』 13. 만해학회, 2013.
김종주, 「라깡의 정신분석으로 본 만해」, 『만해학보』 13, 만해학회, 2013.
류양선, 「만해 한용운의 '철창철학' : 옥중시 두 편에 대한 소고」, 『시와시학』 89, 시와시학사, 2013.
박노자, 「만해 한용운의 불교적 근대 문명관」, 『만해학연구』 8, 만해학술원, 2013.
박정택, 「한용운 시의 특성과 주제의식 연구」, 『문예시학』 vol. 29, 문예시학회, 2013.
박현수, 「번역과 초월언어, 그리고 문학적 사유의 방향 : 한용운의 주해와 창작의 의미를 중심으로」, 『인문논총』 vol. 69, 서울대학교 인문학연구원, 2013.
백원기, 「서구 초현실주의 시와 만해의 시」, 『만해학보』 13, 만해학회, 2013.
서준섭, 「한용운의 『십현담주해』와 『님의 침묵』 거리」, 『2013 만해축전』 만해사상실천선양회, 2013.
_____, 「한용운 소설의 전근대성과 동시대성」, 『만해학연구』 8, 만해학술원,

2013.

이도흠, 「탈식민주의자로서 만해 한용운의 사상 읽기」, 『만해학보』 13, 만해학회, 2013.

이승훈, , 「하이데거와 만해」, 『만해학보』 13, 만해학회, 2013.

이혜숙, 「한용운 소설의 인물과 근대사상 형상화 양상 : 장편 『흑풍(黑風)』과 『박명(薄命)』을 중심으로」, 『돈암어문학』 26, 돈암어문학회, 2013.

임곤택, 「축제의 의미로 읽은 한용운의 시」, 『2013 만해축전』, 만해사상실천선양회, 2013.

장은영, 「수사화된 '민족'의 또 다른 얼굴들」, 『만해학연구』 8, 만해학술원, 2013.

전형철, 「들뢰즈와 만해의 『님의 침묵』」, 『만해학보』 13, 만해학회, 2013.

정명교, 「위기가 아닌 적이 없었다. 그러나 때마다 위기는 달랐다 : 위기 담론의 근원, 변화, 한국적 양태」, 『현대문학의 연구』 51, 한국문학연구학회, 2013.

정연수, 「선불교전통(禪佛敎傳統)에서 본 한용운(韓龍雲)의 불교관(佛敎觀)」, 『한국철학논집』 vol. 38, 한국철학사연구회, 2013.

정연정, 「만해 한용운 시에 나타난 '바다' 의식 연구 : 레비나스의 타자철학을 중심으로」, 『문학과환경』 12(1), 문학과 환경학회, 2013.

최라영, 「김억의 창작적 번역과 한용운 시에서의 '님의 시학'」, 『2013 만해축전』, 만해사상실천선양회, 2013.

Jessica L. Main and Rongdao lai, "Introduction : Reformulating "Docially Engaged Buddhism" as an Analytical Category", *The Eastern Buddhist*, 2013.

Main, Jessica L., and Rongdao Lai, "Introduction : Reformulating "Socially Engaged Buddhism" as an Analytical Category", *The Eastern Buddhist*, 2013.

권혁웅, 「현대시에 나타난 병렬과 병행 — 리듬 충동을 중심으로」, 『한국문예비평연구』 vol. 45, 한국현대문예비평학회, 2014.

구모룡, 「시인의 고향은 어디인가 : 민족주의를 넘어 고통과 사랑의 연대로」, 『2014 만해축전 학술세미나 자료집』, 만해축전추진위원회, 2014.

김광식, 「만해 사상, 연구와 전망」, 『2014 만해축전 학술세미나 자료집』, 만해축전추진위원회, 2014.

김우조, 「타고르의 조선에 대한 인식과 조선에서의 타고르 수용」, 『인도연구』 19, 한국인도학회, 2014.

김익균, 「만해 한용운이라는 기념비」, 『2014 만해축전 학술세미나 자료집』, 만해축전추진위원회, 2014.

김인수, 「이별을 주제로 한 한글 서정시에서 시적 화자의 성적 정체성에 대한 문제 제기 : 국문학의 외연으로서 외국문학 읽기」, 『인문학연구』 40, 강원대학교 인문과학연구소, 2014.

김종인, 「한용운 연구에 대한 평가」, 『2014 만해축전 학술세미나 자료집』, 만해축전추진위원회, 2014.

김종훈, 「한용운의 시「알 수 없어요」에 나타난 긴장의 양상」, 『어문논집』 vol. 70, 민족어문학회, 2014.

고영섭, 「석전과 한암, 한국불교의 시대정신을 말하다 : 영호(石顚) 정호(漢永)와 중앙불교전문학교 ─ 한국의 "윌리엄스 칼리지" 혹은 "엠허스트 칼리지"」, 『한국불교학』 vol. 70, 한국불교학회, 2014.

고재석, 「만해 한용운과 석전 박한영 그 영혼의 도반」, 『2014 만해축전 학술세미나 자료집』, 만해축전추진위원회, 2014.

김성연, 「1930년대 한용운의 불교개혁론과 민족의식 고취」, 『불교문예연구』 3, 동방문화대학원대학교 불교문예연구소, 2014.

박현수, 「만해 문학의 문학사적 가치」, 『선문화연구』 vol. 16, 한국불교선리연구원, 2014.

배경식, 「1930년대 문화지형과 한용운의 삶」, 『불교문예연구』 3, 2014.

배호남, 「기획특집 : 국어국문학과 실사구시(實事求是), 인간과 삶에 대한 대중적 환유(換喩) : 한용운의 『님의 침묵』에서 "님"의 의미 연구 ─ 레비나스의 타자철학을 중심으로」, 『한민족어문학』 vol. 68, 한민족어문학회, 2014.

백원기,「일제 강점기 후반기 문학계 동향과 후반기 만해 문학사상」,『선문화연구』17, 한국불교선리연구원, 2014.

서승석,「시적 상상력과 독립운동」,『2014 만해축전 학술세미나 자료집』, 만해축전추진위원회, 2014.

서준섭,「한용운『님의 침묵』과『십현담』『십현담주해』의 상호텍스트성 : '정위(正位)'에 머물지 않는 선(禪)과 '방편'으로서의 시 쓰기를 중심으로」,『한국현대문학연구』42, 한국현대문학회, 2014.

_____,「한용운 연구 어디까지 왔나」,『2014 만해축전 학술세미나 자료집』, 만해축전추진위원회, 2014.

송희복,「한용운의 시 세계, 모순형용의 수사학과 불교의 유식 사상」,『한국문예비평연구』vol. 43, 한국현대문예비평학회, 2014.

신규탁,「『십현담주해(十玄談註解)』에 나타난 만해 한용운 선사의 선사상」,『선문화연구』16, 한국불교선리연구원, 2014.

신영호,「석전(石顚)과 한암(漢岩)을 통해 본 불교와 시대정신」,『한국불교학』vol. 71, 한국불교학회, 2014.

염무웅,「만해의 시대인식과 오늘의 민족현실」,『2014 만해축전 학술세미나 자료집』, 만해축전추진위원회, 2014.

윤석성,「한용운 문학 연구의 개관 및 과제」,『2014 만해축전 학술세미나 자료집』, 만해축전추진위원회, 2014.

윤종갑,「동아시아의 근대 불교와 서양 철학」,『철학논총』75, 새한철학회, 2014.

이덕진,「일제 강점기 후반 불교계의 동향과 한용운의 불교사상」,『불교문예연구』3, 동방문화대학원대학교 불교문예연구소, 2014.

이병욱,「한국 근·현대 불교개혁론의 전개와 유형」,『한국종교』37, 원광대학교 종교문제연구소, 2014.

이선이,「만해와 지훈」,『2014 만해축전 학술세미나 자료집』, 만해축전추진위원회, 2014.

이은봉,「일제 강점기 한국과 일본에서의『삼국지연의』연재의 의미」,『인문학연구』32, 인천대학교 인문학연구소, 2014.

이종성,「만해 한용운의 주체의식과 민족자결주의의 문제」,『대동철학』 69, 대동철학회, 2014.

임수만,「한용운 시의 미학 연구 : 님의 침묵을 중심으로」,『한국어문교육』 30, 2014.

장영우,「심우장 시절의 만해 문학」,『한국문학연구』 vol. 47, 동국대학교 한국문학연구소, 2014.

_____,「심우장 시절의 만해 문학」,『2014 만해축전 학술세미나 자료집』, 만해축전추진위원회, 2014.

정연수,「한국철학 : 한용운(韓龍雲)의『조선불교유신론(朝鮮佛敎維新論)』에 관한 비평적(批評的) 고찰(考察)」,『한국철학논집』 vol. 40, 한국철학사연구회, 2014.

정효구,「한용운의『님의 침묵』에서의 '苦諦'의 해결 방식과 그 의미」,『비교한국학』 22(3), 국제비교한국학회, 2014.

조명제,「한용운의『조선불교유신론』과 일본의 근대지(近代知)」,『한국사상사학』 46, 한국사상학회, 2014.

조미숙,「만해 신문연재소설 속 말하기 : 만해 한용운과 계초 방응모와의 관계 속에서」,『2014 만해축전 학술세미나 자료집』, 만해축전추진위원회, 2014.

제점숙,「식민지 조선과 불교 : 근대기 대처승 문제를 둘러싼 한일 불교계의 동향」,『대각사상』 22, 대각사상연구원, 2014.

차차석,「만해의 '대중불교론'과 그 교학적 배경」,『선문화연구』 16, 한국불교선리연구원, 2014.

최라영,「김억의 창작적 역시가 근대시에 미친 영향 : 한용운 시와의 관련성을 중심으로」,『어문학』 123, 한국어문학회, 2014.

한상길,「근대 동아시아 사조(思潮)와 만해의 개혁사상」,『선문화연구』 16, 한국불교선리연구원, 2014.

한수영,「형이상학과 감각 : 한용운 시에서의 감각의 위상」,『현대문학이론연구』 56, 현대문학이론학회, 2014.

홍덕구,「무장저항의 심상지리와 '자유정조론' — 만해 한용운 소설의 문학·

문화사적 의의」, 『Journal of Korean Culture (JKC)』 vol. 25, 한국어문학국제학술포럼, 2014.

황선희, 이경수, 「송욱과 김우창의 시론에 나타난 전통에 대한 태도 — 만해 한용운을 바라보는 관점을 중심으로」, 『우리어문연구』 49, 우리어문학회, 2014.

Buswell, Robert E., Jr. and Donald S. Lopez, "Chapter Title : H", *The Princeton Dictionary of Buddhism*, 2014.

Deng, Audrey, "TRANSLATION-Poetry from The Silence of Love(님의 침묵(沈默)) by Han Yong-un Translation from the Korean by Emily Yoon", *Columbia Journal*, 2014.

Hong. Duck Gu, "Imagined Georraphies of Armed Resistances and 'Free Chastity' : Significances of Han Yongwoon's Fictions in History of Literature and Cultural History of Korea", *Journal of korean Cluture*, 2014.

강은애, 「만해 한용운의 행적에 대한 종교학적 고찰」, 『선문화연구』 vol. 18, 한국불교선리연구원, 2015.

고병철, 「만해 한용운 연보의 쟁점과 주요 사례」, 『한국학』 38(3), 한국학중앙연구원, 2015.

고영섭, 「만해 한용운의 일본인식 — 불교계 애국계몽운동(愛國啓蒙運動)의 사상적 단초」, 『선문화연구』 vol. 18, 한국불교선리연구원, 2015.

김경집, 「신간회 경성지회장 만해의 독립운동」, 『선문화연구』 vol. 18, 한국불교선리연구원, 2015.

김광식, 「만해 한용운 불교의 정체성과 근대성·탈근대성」, 『2015 만해축전 학술세미나 자료집』, 만해축전추진위원회, 2015.

_____, 「만해의 대중불교론과 허영호의 신불교운동론」, 『만해학보』 14·15, 만해학회, 2015.

_____, 「한국 근대불교 대처식육의 이원적 노선」, 『일본불교문화연구』 13, 한국일본불교문화학회, 2015.

김상영, 「만해와 허영호의 불교성전류 편찬 간행과 그 의의」, 『만해학보』 14·15, 만해학회, 2015.

_____, 「만해의 불교대전과 허영호의 불교성전」, 『2015 만해축전 학술세미나 자료집』, 만해축전추진위원회, 2015.

김순석, 「한용운의 민족주의 운동 연구 전망」, 『만해학보』 14, 만해학회, 2015.

_____, 「한용운의 민족주의 운동 연구 전망」, 『만해학보』 15, 만해학회, 2015.

김원규, 「불교적 세계관의 형상화와 텍스트의 배반 : 한용운의 「박명」을 중심으로」, 『국어국문학』 170, 국어국문학회, 2015.

김익균, 「강원도의 지역성과 한용운의 수업시대(1903~1909)」, 『한국근대문학연구』 32, 한국근대문학회, 2015.

김종진, 「근대 불교잡지의 한글인식과 한글문화운동」, 『불교학연구』 43, 불교학연구회, 2015.

김진섭, 「만해와 특별한 만남」, 『불교평론』 64, 불교평론사, 2015.

김춘식, 「전통과 근대, 탈근대성 : 만해 연구에서의 유의미성」, 『2015 만해축전 학술세미나 자료집』, 만해축전추진위원회, 2015.

나병철, 「유민화된 민중과 디세미네이션의 미학 — 1920년대 문학을 중심으로」, 『현대문학이론연구』 vol. 60, 현대문학이론학회, 2015.

_____, 「만해의 삶과 한국의 근대성 문제」, 『2015 만해축전 학술세미나 자료집』, 만해축전추진위원회, 2015.

_____, 「만해 한용운의 선(禪) 의식을 중심으로 본 근대성과 탈근대성」, 『한국선학』 41, 한국선학회, 2015.

박현수, 「한용운 시론의 기반으로서 만해사상의 독창성」, 『2015 만해축전학술세미나 자료집』, 만해축전추진위원회, 2015.

백원기, 「만해의 님의 침묵에 나타난 독립사상의 특징」, 『선문화연구』 18, 한국불교선리연구원, 2015.

성은혜, 「타자(他者)에 대한 사랑과 자아(自我)의 발견 — 한용운의 「알 수 없어요」에 대한 고찰」, 『한국어문교육』 vol. 18, 고려대학교 한국어문교육연구소, 2015.

송현주, 「근대불교성전(Modern Buddhist Bible)의 간행과 한용운의 『불교대전』: Buddhist Catechism, The Gospel of Buddha, 『불교성전』과의 비교를 중심으로」, 『동아시아불교문화』 22, 동아시아불교문화학회, 2015.

송현주, 「한용운의 『불교대전』과 난조분유 · 마에다 에운의 『불교성전』의 비교연구」, 『불교연구』 43, 한국불교연구원, 2015.

신수진, 송승환, 「『님의 침묵』에 나타난 '만남'의 구현 방식 연구」, 『어문론집』 61, 중앙어문학회, 2015.

윤기엽, 「1920년대 불교계의 혁신론과 개혁운동 : 이영재의 불교혁신론과 조선불교유신회의 활동」, 『한국사상과문화』 79, 한국사상문화학회, 2015.

윤재웅, 「미당의 만해 한시 번역의 특징과 의의」, 『동악어문학』 65, 동악어문학회, 2015.

양은용, 「만해 용운선사 불교대전과 현공 묵암선사 불교대성전」, 『선문화연구』 18, 한국불교선리연구원, 2015.

이경철, 「만해 전기 및 평전 분석」, 『2015 만해축전 학술세미나 자료집』, 만해축전추진위원회, 2015.

이선이, 「한용운 평전의 과거와 미래」, 『한중인문학회 국제학술대회』 6, 한중인문학회, 2015.

_____, 「한용운 평전의 과거와 미래」, 『만해학연구』 9, 만해학술원, 2015.

이원오·류지성·김지원, 「만해축전 학술세미나 자료집을 통해서 본 한국 문학진흥정책에 관한 연구」, 『한국콘텐츠학회논문지』 15, 한국콘텐츠학회, 2015.

이지중, 「한용운의 승려교육 개혁운동의 교육사적 의의 : 임제종 운동을 중심으로」, 『인격교육』 9권 3호, 한국인권교육학회, 2015.

이천용, 「만해 한용운과 홍성 결성의 숲」, 『숲과문화』 24권 1호, 숲과문화연구회, 2015.

이혜숙, 「한용운 시의 초월성(超越性)과 세속성(世俗性)」, 『돈암어문학』 28,

돈암어문학회, 2015.

임동확,「한용운의 동아시아적인 상상력과 '님'의 현상학」,『문학의식』100, 2015.

전병준,「한용운과 타고르의 시 비교 연구 — 세계관의 차이를 중심으로」, 『비교한국학』23(3), 국제비교한국학회, 2015.

전재강,「한용운 시가에 나타난 선(禪) 표현의 국면과 미학」,『국어교육연구』59, 국어교육학회, 2015.

＿＿＿,「한용운 시조의 내면 세계와 표현 미학」,『시조학논총』43, 한국시조학회, 2015.

＿＿＿,「한용운 한시에 나타난 일상성과 그 확산적 관계망」,『국어국문학』172, 국어국문학회, 2015.

정순일,「만해의 불교유신과 소태산의 불교혁신」,『원불교사상과 종교문화』64, 원광대학교 원불교사상연구원, 2015.

정종진,「한용운 시집 님의 침묵의 '연작성'에 대한 연구」,『인문과학논집』50, 청주대학교 인문과학연구소, 2015.

조미숙,「만해와 횡보의 장편소설에 나타난 작가의식 연구 —「죽음」과「진주는 주었으나」를 중심으로」,『겨레어문학』55, 겨레어문학회, 2015.

최라영,「김억의 '창작적 역시'의 사적(史的) 의미 : Tagore, 增野三良, 한용운 시와의 관련을 중심으로」,『우리말 글』64, 우리말글학회, 2015.

강영미,「남북한 시선집의 한용운 시 등재 양상」,『대동문화연구』vol. 96, 성균관대학교 대동문화연구원, 2016.

고재석,「한용운과 그의 도반들」,『2016 만해축전 학술세미나 자료집』, 만해축전추진위원회, 2016.

김광식,「만공(滿空)의 민족운동과 유교법회(遺敎法會) : 간월암 기도」,『한국민족운동사연구』89, 한국민족운동사학회, 2016.

＿＿＿,「박한영과 한용운의 승려결혼관 비교」,『한일불교문화학회 세미나 자료집』, 한일불교문화학회, 2016.

＿＿＿,「조영암 연구 서설」,『만해학보』16, 만해학회, 2016.

＿＿＿,「조종현의 불교 사상과 한용운」,『불교학보』75, 동국대학교 불교문

　　　　화연구원, 2016.
김성연,「1910년대 불교 근대화론과 종교적 지평의 확대」,『불교학연구』48, 불교학연구회, 2016.
김승호,「석전(石顚) 박한영(朴漢永)의 한시에 나타난 국토 주류와 그 의미」,『선문화연구』vol. 21, 한국불교선리연구원, 2016.
김익균,「만해 한용운이라는 기념비」,『대각사상』25, 대각사상연구원, 2016.
김정배,「불교 생태학에서의 시적 구현 방식」,『문예연구』91호, 2016.
김종인,「한용운 선(禪) 사상의 근대성」,『철학탐구』43, 중앙대학교 중앙철학연구소, 2016.
_____,「한용운 연구에 대한 평가」,『만해학보』16, 만해학회, 2016.
_____,「한용운의 정치사상」,『한국불교학』vol. 80, 한국불교학회, 2016.
김종진,『불교』지 문학 지면의 연대기적 고찰」,『한국문학연구』vol. 51, 동국대학교 한국문학연구소, 2016.
_____,「1930년대『불교』지 문학장의 구성과 문학적 실현 양상 : 편집인과 직원·기자를 중심으로」,『불교학연구』48, 불교학연구회, 2016.
박옥실,「만해 한용운과 시적 계보 탐색」,『만해학보』15, 만해학회, 2016.
박현수,「시론의 재구성을 위한 만해 사상의 본질 탐구」,『어문학』131, 한국어문학회, 2016.
양은용,「만해 한용운 선사「불교대전(佛敎大典)」의 교의적 성격」,『선문화연구』20, 한국불교선리연구원, 2016.
유봉희,「1910년대 한국근대소설이 보여준 사회진화론과 근대 극복의지의 한 양상, 양건식의 사상과 문학세계(1) —「서철강덕격치학설(西哲康德格致學說)」을 중심으로」,『한국학연구』vol. 42, 인하대학교 한국학연구소, 2016.
윤용택,「현공 윤주일의「제주선경가(濟州仙景歌)」연구」,『탐라문화』vol. 52, 제주대학교 탐라문화연구원, 2016.
윤여탁,「한국 근대문학과 타고르, 그리고 비교문학의 전망」,『국어국문학』176, 국어국문학회, 2016.
이선이,「1960년대 이전 한용운 시의 정전화 과정」,『한국문예비평연구』vol.

50, 한국현대문예비평학회, 2016.
_____,「조지훈의 한용운 인식방법 비판」,『비교문화연구』vol. 45, 경희대학교 비교문화연구소, 2016.
이승원,「한용운의 '꿈'과 최남선의 '님'」,『2016 만해축전 학술세미나 자료집』, 만해축전추진위원회, 2016.
이종성,「충청 내포지역 홍성 출신 독립운동가의 철학적 이념과 사상의 유사성 : 한용운의 불교사상과 김좌진, 김종진의 아나키즘을 중심으로」,『철학연구』140, 대한철학회, 2016.
전병준,「한용운 시에 나타난 초연함과 그 의미」,『Journal of Korean Culture (JKC)』vol. 35, 한국어문학국제학술포럼, 2016.
한건택,「홍성에서의 만해 한용운과 한보국」,『만해학보』16, 만해학회, 2016.
허원기,「異類中行 思想과 萬海의 文學」,『동아시아고대학』42, 동아시아고대학회, 2016.
김광식,「3·1운동과 불교」,『한국기독교와 역사』47, 한국기독교역사연구소, 2017.
_____,「만해 한용운의 看話禪과 大衆佛敎論」,『불교학보』80, 동국대학교 불교문화연구원, 2017.
_____,「백초월 독립운동의 성격 – 용성·만해와 비교하여 본 단면」, 전자불전, vol. 19, pp.77-102, 2017.
_____,「한용운의 만주행과 정신적인 독립운동론」,『한국민족운동사연구』93, 한국민족운동사연구, 2017.
_____,「한용운전집 발간과 만해사상의 계승 : 최범술의 활동을 중심으로」,『만해학보』17, 만해학회, 2017.
김경집,「근대 불교의례의 변화와 시대적 의미」,『불교문예연구』9, 동방문화대학원대학교 불교문예연구소, 2017.
김문주,「『님의 沈默』의 기획 의도와 심미적 연금술로서의 시쓰기」,『비평문학』65, 한국비평문학회, 2017.
김순석,「불교계 3·1운동의 회고와 전망」,『한국 호국불교의 재조명』7, 한불교조계종 백년대계본부 불교사회연구소, 2017.

김종인, 「한용운의 한시」, 『대각사상』 28, 대각사상연구원, 2017.

김종회, 「만해 문학의 서사성 고찰」, 『현대문학이론연구』 69, 현대문학이론학회, 2017.

박보름, 「만해 한용운의 문학을 활용한 문학체험 교육프로그램 개발 연구 : 문학체험 활동의 내용 구성을 중심으로」, 『만해학보』 17, 만해학회, 2017.

박찬국, 「만해 한용운과 니체 : 니체와 불교 사이에 선 만해」, 『동서인문』 8, 경북대학교 인문학술원, 2017.

박치완, 「만해와 선시, 안과 밖에서」, 『2017 만해축전 학술세미나 자료집』, 만해축전추진위원회, 2017.

백원기·김명옥 「만해의 독립정신과 그 시적 형상화」, 『선문화연구』 23, 한국불교선리연구원, 2017.

서민교, 「만해 한용운의 근대 일본 체험」, 『2017 만해축전 학술세미나 자료집』, 만해축전추진위원회, 2017.

석길암, 「만해 한용운의 독립정신 계승과 통일 미래의 모색 : 무엇을 계승하고 어떻게 계승할 것인가」, 『한국불교문학연구』 36, 동국대학교 출판부, 2017.

_____, 「만해 한용운의 불교관 이해와 현대적 계승의 관점」, 『불교연구』 46, 한국불교연구원, 2017.

성창화, 전한성, 「에코뮤지엄으로서의 만해로드 조성과 교육적 의의」, 『동아시아불교문화』 vol. 32, 동아시아불교문화학회, 2017.

신재홍, 「10행 향가와 님의 침묵, 서시의 비교 고찰」, 『한국시가문화연구』 39, 한국시가문화학회, 2017.

심종숙, 「타골, 한용운, 겐지, 도스토예프스키 문학에 투영된 '니르바나'와 '케노시스' 비교연구」, 『세계문학비교연구』 60, 세계문학비교학회, 2017.

오정식, 「만해 수행길의 자연환경과 지리적 특징」, 『2017 만해축전 학술세미나 자료집』, 만해축전추진위원회, 2017.

이광호, 「한용운 시에 나타난 젠더화된 애도」, 『한국문학이론과 비평』 74, 한국문학이론과비평학회, 2017.
이동언, 「대일항쟁기 불교계 독립운동가들의 활약과 향배」, 『한국 호국불교의 재조명』, 한불교조계종 백년대계본부 불교사회연구소, 2017.
이봉춘, 「만해사상과 통일」, 『한국불교문학』 36, 2017.
이승하, 「깨달음의 큰 경지에 다다른 이들의 노래, 오도송」, 『2017 만해축전 학술세미나 자료집』, 만해축전추진위원회, 2017.
이종성, 「한용운 독립운동의 이념적 지향과 실천」, 『인문학연구』 56(2), 숭실대학교 인문과학연구소, 2017.
전한성·고재석, 「만해의 시 제재 및 학습활동에 관한 비판적 검토」, 『새국어교육』 113, 한국국어교육학회, 2017.
정영식, 「금명보정(錦溟寶鼎)의 시에 나타난 불교적 사유」, 『문화와예술연구』 9, 동방문화대학원대학교 문화예술콘텐츠연구소, 2017.
정혜정, 「만해 한용운의 불교유신사상에 나타난 '주체적 근대화'와 마음수양론」, 『불교학연구』 제51호, 불교학연구회, 2017.
정효구, 「韓龍雲 시집 『님의 沈默』의 창작원리와 그 의미」, 『한국문학논총』 62, 한국문학회, 2017.
조미숙, 「한용운 저항문학에 나타난 '혁명'의 의미와 방법론 ― 죽음, 흑풍을 중심으로」, 『선문화연구』 22, 한국불교선리연구원, 2017.
최옥선, 「님의 침묵에 나타난 동학의 실천적 개혁 사상과 역설적 글쓰기」, 『동학학보』 45, 동학학회, 2017.
한동민, 「3·1 운동과 불교계의 항일운동」, 『한국 호국불교의 재조명』 6, 한불교조계종 백년대계본부 불교사회연구소, 2017.
Wenmin Li, Hua Zhang, 「만해의 독립정신과 그 시적 형상화」, 『선문화연구』, vol. 23, 한국불교선리연구원, 2017.
김경집, 「만해 한용운의 시대인식 변화에 대한 연구」, 선문화연구 24, 한국불교선리연구원, 2018.
김광식, 「다솔사와 항일 비밀결사 卍黨 ― 한용운, 최범술, 김범부, 김동리 역사의 단면」, 『불교연구』 48, 불교연구회, 2018.
_____, 「백성욱의 삶과 한용운」, 『만해학보』 18, 만해학회, 2018.

_____, 「한용운의 불교사회주의」, 『불교학보』 85, 동국대학교 불교문화연구원, 2018.

김도형, 「『님의 침묵』에 나타난 자유의 이념」, 『청람어문교육』 68, 청람어문교육학회, 2018.

김동미, 「인공지능과 인간의 문학(시(詩)) 번역 작품 비교 연구 : 한용운의 「님의 침묵」을 중심으로」, 『인문사회21』 9권 5호, 사단법인 아시아문화학술원, 2018.

김영진, 「신간회 경성지회와 만해 한해 한용운」, 『2018 만해축전 학술세미나 자료집』, 만해축전추진위원회, 2018.

김원규, 「식민지 시기 소설에 나타난 혁명의 상상력 : 한용운의 흑풍을 중심으로」, 『한국문예비평연구』 59, 한국현대문예비평학회, 2018.

김윤정, 「신간회 운동기 만해 한용운의 활동에 대한 일고찰」, 『2018 만해 축전 학술세미나 자료집』, 만해축전추진위원회, 2018.

김종진, 「근대 불교잡지의 번역담론」, 『불교학연구』 54, 불교학연구회, 2018.

박인과, 「타자에서 화자로의 긴장과 응축의 메커니즘 : 한용운의 시 「알 수 없어요」를 중심으로」, 『인문사회21』 9권 2호, 사단법인 아시아문화학술원, 2018.

염중섭, 「한용운과 백용성의 帶妻 인식에 관한 시대 배경과 관점 차이」, 『동아시아불교문화』 36, 동아시아불교문화학회, 2018.

오경후, 「만해학(萬海學) 연구(硏究)의 성과(成果)와 과제(課題) ― 불교사상과 개혁론을 중심으로」, 선문화연구 24, 한국불교선리연구원, 2018.

원영상, 「한국에서의 불교의 근대화 : 불교개혁론을 중심으로」, 『한국종교』 43, 2018.

이 반, 「박용열의 작품에 대해 : 만해 한용운의 「침묵」과 초연 박용열의 「고요」」, 『아동문학세상』 100, 아동문학세상, 2018.

이병욱, 「1920년대 공주포교당의 포교의 방향 ― 한용운·이영재의 불교개혁론과 관련해서」, 『대각사상』 30, 대각사상연구원, 2018.

_____, 「만해 한용운의 『조선불교유신론』이 이영재의 「조선불교혁신론」에

미친 영향」, 『대각사상』 29, 대각사상연구원, 2018.

이선이「만해 문학과 생명가치의 구현 방식」, 『2018년 가을학술대회 : 불교문학과 생명존중사상』, 2018.

이지원, 「3·1운동기의 '평화'사상 : 조소앙과 한용운을 중심으로」, 『한국학』 Vol.41 No.4, 한국학중앙연구원, 2018.

장윤익, 「만해사상과 통일문학」, 『한국불교문학』 37, 2018.

전명혁, 「만해와 신간회 결성 참여」, 『2018 만해축전 학술세미나 자료집』, 만해축전추진위원회, 2018.

정소연, 「한용운의 시조, 한시, 자유시의 상관관계 연구 : 20세기 시조의 위상과 관련하여」, 『시조학논총』 48, 한국시조학회, 2018.

정영식, 「만해 한용운의 자아(自我) 개념과 선(禪)」, 『선문화연구』 24, 한국불교선리연구원, 2018.

조성윤, 김승호, 「만해·석전 한시에 대한 미당 번역의 비교와 문학 교육적 의미」, 『동악어문학』 75, 동악어문학회, 2018.

최도식, 「빅데이터를 통해 본 한국 현대 시인 인지도 및 평판 분석」, 『탈경계 인문학』 11권 2호, 이화여자대학교 이화인문과학원, 2018.

최옥선, 「만해 한용운의 님의 침묵에 나타난 합일지향성과 동학사상」, 『동학학보』 49, 동학학회, 2018.

한상길, 「백범 김구와 불교」, 『대각사상』 29, 대각사상연구원, 2018.

한용국, 「한용운 시의 '숭고' 연구 : 시집 님의 침묵을 중심으로」, 『한민족어문학』 81, 한민족어문학회, 2018.

강은애, 「만해 한용운의 신행관(信行觀) — 조선불교유신론을 중심으로」, 『불교연구』 第51輯, 한국불교연구원, 2019.

_____, 「만해 한용운의 타종교 인식 —「조선불교유신론」을 중심으로」, 『불교학보』 88, 동국대학교 불교문화연구원, 2019.

고봉준, 「'사건'으로서의 3·1운동과 1920년대 시문학 — 한용운의 『님의 침묵』과 최남선의 『백팔번뇌』의 의미」, 『한국시학연구』 59, 한국시학회, 2019.

고영섭, 「만해 봉완과 설악 오현의 연속과 불연속」, 『만해학보』 19, 2019.

고재석, 「일본 유학승 만해의 자부와 우수」, 『2019 만해축전 학술세미나 자료집』, 만해축전추진위원회, 2019.

_____, 「한용운의 일본 유학과 한시」, 『한국문학연구』 60, 동국대학교 한국문학연구소, 2019.

고정휴, 「3·1운동의 기억 : 비폭력·평화의 관점에서 자료 다시 읽기」, 『한국독립운동사연구』 66, 독립기념관 한국독립운동사연구소, 2019.

김광식, 「3·1운동의 불교적 전개와 성과」, 『불교평론』 77, 불교평론사, 2019.

_____, 「만공·만해·김구의 독립운동 루트」, 『대각사상』 31, 대각사상연구원, 2019.

_____, 「박광의 삶과 한용운」, 『만해학보』 19, 만해학회, 2019.

_____, 「심우장의 어제와 오늘 : 한용운과 심우장의 정신사」, 『전자불전』 21, 동국대학교 전자불전문화콘텐츠연구소, 2019.

_____, 「한용운의 민족정신과 한글 사랑」, 『나라사랑』 128, 외솔회, 2019.

김경재, 「3·1운동과 종교 간의 협력」, 『신학과교회』 11, 혜암신학연구소, 2019.

김경집, 「일제하 조선불교청년회의 지회 결성과 활동」, 『불교학보』 88, 동국대학교 불교문화연구원, 2019.

김나래, 「『님의 침묵』에 공존하는 문체와 형식에 대하여 — 한시와의 연관성을 중심으로」, 『한국시학연구』 59, 한국시학회, 2019.

김성연, 「한용운의 독립운동과 자유·평등사상의 역사적 맥락」, 『선문화연구』 26, 한국불교선리연구원, 2019.

김익균, 「문학적인 철학과 한국 지성사의 예/예외 : 한용운과 김종한을 중심으로」, 『픽션과논픽션』 1권 1호, 픽션과논픽션학회, 2019.

김종인, 「한용운의 승가교육 개혁론」, 『대각사상』 32, 대각사상연구원, 2019.

김종진, 「근대 불교잡지와 번역문학 : 불교지를 중심으로」, 『동악어문학』 79, 동악어문학회, 2019.

김종태, 「한용운 시에 나타난 절망과 죽음의 문제」, 『한국문예비평연구』 62, 한국현대문예비평학회, 2019.

김철수, 「홍주의병운동과 독립전쟁의 사회사상사적 의의」, 『선도문화』 26,

국제뇌교육종합대학원대학교 국학연구원, 2019.

박윤우, 「한국현대시문학사 이해를 통한 한국문화교육의 전망과 과제 : 한·중 간 한국 현대시 텍스트 수용 양상을 중심으로」, 『우리말글』 80, 우리말글학회, 2019.

박찬승, 「3·1 운동기 서울의 독립선언과 만세 시위의 재구성」, 『한국독립운동사연구』 65, 독립기념과 한국독립운동사연구소, 2019.

류찬열, 「"3·1 운동의 문학적 응전으로서의 1920년대 시문학 : 한용운의 『님의 침묵』과 최남선의 『백팔번뇌』를 중심으로"에 대한 토론문」, 『한국시학회 학술대회 논문집』 6, 한국시학회, 2019.

서민교, 「만해 한용운의 독립운동 모색과 1910년대 만주」, 『2019 만해축전 학술세미나 자료집』, 만해축전추진위원회, 2019.

석길암, 「불교계 독립운동가들의 사상과 활동 : 백용성, 한용운, 백초월, 김성숙을 중심으로」, 『불교평론』 77, 불교평론사, 2019.

송희복, 「근대시 형성의 관점과 시의 전통에 관한 논의 : 김장호가 이룬 한국시 연구의 성과」, 『한국문학연구』 60, 동국대학교 한국문학연구소, 2019.

오세인, 「국내외 대학의 한국문학 교재에 나타난 시 영역(英譯)의 문제 : The Columbia Anthology of Mordern Korean Poetry를 중심으로」, 『Journal of Korean Culture』 46, 2019.

오철우, 「만해 한용운의 대승 선사상과 인생 연구 ―『선(禪)과 인생』을 중심으로」, 『동아시아불교문화』 39, 동아시아불교문화학회, 2019.

이경순, 「불교계 3·1 운동의 기억과 표상 : 해방 후 불교잡지 신생(新生)을 중심으로」, 『불교학보』 87, 동국대학교 불교문화연구원, 2019.

이경철, 「환고복본, 무잡하고 궁핍한 시대 고전이 곧 전위인 것을 : 만해와 오현 시세계의 전통과 전위성」, 『불교문예』 86호, 2019.

이부용, 「일제강점기 강원도 관계기록 고찰 :『사사종교』를 중심으로」, 『한국일본학회 학술대회』 8, 2019.

이선이·남승원, 「한용운의 만주 체험과 그 의미」, 『한중민문학회 국제학술대회』 11, 한중인문학회, 2019.

이지엽, 「무산 십현시에 나타난 무애와 역설의 시학 : 동안상찰선사 「십현담」과 만해의 「십현담주해」를 중심으로」, 『만해학보』 19, 만해학회, 2019.

임곤택, 「한용운 시의 축제와 희생제의적 의미」, 『현대문학이론연구』 78, 현대문학이론학회, 2019.

전보삼, 「만해 한용운과 소파 방정환의 인연」, 『방정환연구』 1권 1호, 방정환연구소, 2019.

전한성, 「민족 지조의 상징적 공간, 심우장 : 1933~1944년 만해 한용운의 삶을 중심으로」, 『2019 만해축전 학술세미나 자료집』, 만해축전추진위원회, 2019.

정석권, 「한용운과 타고르의 비교 연구 — 님의 침묵과 기쁨」, 『건지인문학』 24, 전북대학교 인문학연구소, 2019.

최종진, 「만해의 독립운동과 선학원 : 재산환수승소 판결문을 중심으로」, 『선문화연구』 26, 한국불교선리연구원, 2019.

허혜정, 「만해선사의 시문학과 삶의 지향점에 대한 토론문」, 『한국불교문학』 39, 2019.

홍응호, 「세계의 만유의 첫 출발, 시베리아와 독립운동가들」, 『2019 만해축전 학술세미나 자료집』, 만해축전추진위원회, 2019.

황의동, 「봉우(鳳友) 권태훈(權泰勳)의 삶과 지향(志向), 그리고 그 의미」, 『충청문화연구』 22, 충남대학교 충청문화연구소, 2019.

Andrianov, D. V., " The Development of Korean Literature ay the Time of Japanese Colonization on the Example of Poetry of Han Yong-un", *Literature of Foreign Countries*, 2019.

Song, Kue-jin, "The Real Face of Korean Buddhism under Japanese Colonial Rule", *Journal of Korean Religious*, 2019.

Yang, Soonmo, "Kim Eok'd Translation abd Han Yong-un's the Lover's a Silence—the Interiority in the 1920's Literature", *International Journal of Korea Humanity and Social Sciences*, 2019.

권성훈, 「한용운의 『님의 침묵』에 대한 기호학과 존재론적 고찰」, 『동아인문학』52, 동아인문학회, 2020.

_____, 「에코의 기호학과 바디우의 존재론으로 본 님의 침묵」, 『만해학보』 20, 만해학회, 2020.

고재석, 「기억과 풍문 그리고 역사」, 『2020 만해축전 학술세미나 자료집』, 만해축전추진위원회, 2020.

김경복, 「한용운 시의 불교적 유토피아 의식 연구」, 『한국민족문화』 74, 부산대학교 한국민족문화연구소, 2020.

김광식, 「경봉의 삶과 한용운」, 『정토학연구』 33, 한국정토학회, 2020.

_____, 「동구대의 한용운 기억·계승」, 『전자불전』 22, 동국대학교 전자불전문화콘텐츠연구소, 2020.

_____, 「한국대학생불교연합회의 한용운 정신 계승」, 『대각사상』 34, 대각사상연구원, 2020.

_____, 「화산의 삶과 한용운」, 『만해학보』 20, 만해학회, 2020.

김순석, 「3·1운동기 한국 불교계의 역동성과 현재적 반성」, 『불교학연구』 62, 불교학연구회, 2020.

김익균, 「만해 한용운의 문학이 표현한 시민다움(civilite)의 기예(art)」, 『대각사상』 34, 대각사상연구원, 2020.

김종인, 「만해의 '조선불교유신론'과 한국불교의 현재 : 조계종을 중심으로」, 『선문화연구』 28, 한국불교선리연구원, 2020.

김종주, 「라깡으로 님의 침묵 읽기 : 만해의 사랑 담론」, 『만해학보』 20, 만해학회, 2020.

김진병, 「빅카인즈로 살펴본 만해 한용운」, 『만해학보』 20, 만해학회, 2020.

김청우, 「님의 침묵 '데리다'로 읽기」, 『만해학보』 20, 만해학회, 2020.

김호성, 「염불 비판의 논리와 근대정신의 투영 — 만해 한용운의 『조선불교유신론』에 나타난 염불관을 중심으로」, 『보조사상』 56, 보조사상연구원, 2020.

박종식, 「달마불식(達磨不識) 공안과 한국 선시(禪詩)의 관련성 연구 : 만해용운과 설악무산의 작품을 중심으로」, 『선문화연구』 28, 2020.

서민교, 「역사학계에서 바라본 만해 한용운의 표상과 그 의미」, 『2020 만해축전 학술세미나 자료집』, 만해축전추진위원회, 2020.

송희복,「한용운과 호치민(胡志明)의 비교 연구 : 옥중 한시 및 자국어 시를 중심으로」,『동악어문학』82, 동악어문학회, 2020.

신원철,「한용운과 타고르의 님과 사랑」,『동서비교문학저널』51, 한국동서비교문학학회, 2020.

이도흠,「기호학과 선시 사이의 아포리아와 님의 침묵의 화쟁기호학」,『만해학보』20, 만해학회, 2020.

이병민,「근대 매체를 통한 역사지식의 생산과 전파 : 한용운『삼국지』의 조조를 중심으로」,『지식인문학』2권 1호, 지식인문학연구회, 2020.

이철진,「한용운의 님의 침묵「알 수 없어요」연구 : 노장철학(老莊哲學)을 중심으로」,『한국엔터테인먼트산업학회 학술대회논문집』5, 한국엔터테인먼트산업학회, 2020.

전한성,「님의 침묵에 관한 연구성과와 과제」,『만해학보』20, 만해학회, 2020.

_____,「문화적 기억의 공간과 장소, 심우장(尋牛莊)」,『어문논집』88, 민족어문학회, 2020.

_____,「중등국어와 교과서에 나타난 만해 시의 위상과 교육 양상」,『2020 만해축전 학술세미나 자료집』, 만해축전추진위원회, 2020.

차차석,「만해의 '조선불교유신론'에 나타난 포교관과 그 지향점」,『선문화연구』28, 한국불교선리연구원, 2020.

한미애, 조의연,「한용운의 시 번역 분석 : 인지적 직시를 중심으로」,『번역학연구』21(1), 한국번역학회, 2020.

허원기,「이류중행(異類中行) 사상의 문학사적 전개와 의미」,『국제어문』86, 국제어문학회, 2020.

강경구,「근대시기 한국과 중국의 불교개혁론 비교연구」,『인문사회과학연구』22권 2호, 2021.

김광식,「선학원 정체성의 재인식 : 만공과 한용운, 계승의 문제」,『한마음 연구』4, 대행선연구원, 2021.

김익균,「한용운의 시와 '선외선'의 사상」, 선문화연구 30, 한국불교선리연구원, 2021.

김종진, 「만해『유심』의 창간 동인(動因)과 후속세대」, 『불교학보』 96, 동국대학교 불교문화연구원, 2021.

김춘식, 「'님'의 시적 표상과 타고르 — 1920년대 시의 언어와 한용운의 '님'」, 『선문화연구』 30, 한국불교선리연구원, 2021.

박남용, 「루쉰과 한용운의 구시(舊詩)에 나타난 시어 이미지와 현대의식연구」, 『세계문학비교연구』 74, 세계문학비교학회, 2021.

박태성, 「만해 한용운 한시의 몇 가지 소재에 대하여」, 『단산학지』 8, 전단학회, 2021.

윤재웅, 「만해 한용운 한시 선역 주석에 대한 고찰」, 『한국문학연구』 65, 동국대학교 한국문학연구소, 2021.

_____, 「한용운의 불교사상과 한시에 나타난 불이론」, 『동악어문학』 84, 동악어문학회, 2021.

윤지영, 「한국 현대시의 숭고 연구에 관한 탈근대적 검토」, 『현대문학이론연구』 69권 48호, 현대문학이론학회, 2021.

이병태, 「『개벽』의 유물론 수용이 지닌 사상사적 함축 : 서구 이론 및 사상에 대한 변용 및 재전유의 특징을 중심으로」, 『동아시아문화연구』 85, 한양대학교 동아시아문화연구소, 2021.

이성수, 「미디어에 나타난 만해상(卍海像)과 그 의미」, 『불교문예연구』 17, 동방문화대학원대학교 불교문예연구소, 2021.

홍승진, 「만해의『유심』기획과 한국 고유사상의 합류」, 『한국문학논총』 87, 한국문학회, 2021.

_____, 「이원론적 문명을 넘는 생명사상의 공명 : 한용운의 타고르 이해에 관한 재고찰」, 『비교문학』 84, 한국비교문학회, 2021.

_____, 「한용운 시 「군말」 읽기」, 『민족문화논총』 제78집, 영남대학교 민족문화연구소, 2021.

권민자, 「『님의 침묵』의 수용의 문제」, 『한국문예창작』 20(1), 한국문예창작학회, 2022.

김익균, 「근대인이 대면한 이율배반과 자유의 이행 : 한용운 시의 근대성과 관련하여」, 『인문논총』 79권 1호, 서울대학교 인문학연구원, 2022.

5. 문예지, 신문 등

유광렬,「『님의 침묵』 독후감 : 조국의 정령에 들인 기도」,『시대일보』, 1926. 5. 31.

주요한,「愛의 기도·기도의 愛 : 한용운 씨 근작「님의 침묵」독후감」,『동아일보』, 1926. 6. 23/26.

유동근,「만해거사 한용운 면영(面影)」,『혜성(彗星)』, 개벽사, 1931. 8.

춘추학인,「심우장에서 참선하는 한용운씨를 찾아서 : 당대처사를 찾아서」,『삼천리』74호, 삼천리사, 1936. 6. 1.

김법인,「3·1운동과 불교」,『신생』1호, 신생사, 1946. 3.

김정설,「고(故) 한용운 선생 추도문」,『신생』1호, 신생사, 1946. 3.

장도환,「만해선생 산소 참배기 : 회기를 지난 다음(해방후첫회제)」,『신생』5호, 신생사, 1946. 7.

장도환,「불교 만해 한용운 선생 : 삼일운동의 대표적 인물편모」,『개벽』74, 개벽사, 1946.

이용조,「만해 대선사 묘소를 참배하고」,『불교』신년호, 1948.

조영암,「조국과 예술 : 젊은 한용운의 문학과 그 생애」,『자유세계』1권 4호, 홍문사, 1952. 5. 1.

조지훈,「한용운 선생」,『신천지』9권 10호, 서울신문사, 1954. 10.

조영암,「일제에 항거한 시인군상」,『전망』4호, 1956. 1.

정태용,「현대시인연구」,『현대문학』통권 29호, 현대문학사, 1957. 5. 1.

조승원,「한용운 평전」, 녹원 1권 1호(통권 1호), 1957. 2. 5.

조연현,「한국현대문학사(제26회)」,『현대문학』통권 32호, 현대문학사, 1957. 8.

조영암,「한용운 평전」,『녹원』창간호, 1957.

허 명,「만해 한용운선생」,『민족문화』12호, 1958. 12. 1.

이병헌,「한용운 취조서」,『삼일운동비사』, 1959.

조영암, 「한용운론」, 『시와 인생』, 박영사, 1959.
홍효민, 「만해 한용운론 : 인물문학사 : 기(其)4」, 『현대문학』 5권 8호(통권 56호), 현대문학사, 1959. 8. 1.
김상일, 「한용운 : 근대시인론기(其)4」, 『현대문학』 6권 6호(통권 66호), 현대문학사, 1960. 1. 1.
박 광, 「한용운 연구 서문」, 『한용운연구』, 1960.
박봉우, 「그리운 것은 님이다 : 조국과 민족에서 온 삶을 누린 한용운 시인의 생애와 일사」, 『여원』 6, 1960.
정태용, 「체념적인 애수의 세계」, 『현대문학』 72호, 현대문학사, 1960.
조지훈, 「한용운 연구 서문」, 『한용운 연구』, 1960.
최범술, 「한용운 연구 서문」, 『한용운 연구』, 1960.
최세조, 「임의 사랑」, 전진사, 1960. 5. 5.
박봉우, 「한용운편 : 그리운 것은 님이다」, 『흘러간 사랑의 시인상 : 작고시인의 생애와 문학』, 백문사, 1962.
서정주, 「만해 한용운 선사 : 민족의 애인이요 인도자인 산승」, 『사상계』 통권 113호, 사상계사, 1962. 11.
유광렬, 「바둑을 좋아한 한용운」, 『현대문학』 8권 12호, 현대문학사, 1962.
장문평, 「한용운의 임」, 『현대문학』 8권 4호(통권 88호), 현대문학사, 1962. 4. 1.
정태용, 「체념적인 애수의 세계」, 『현대문학』 8권 4호(통권 88호), 현대문학사, 1962. 4. 1.
송 욱, 「만해 한용운과 R.타고르」, 『사상계』, 사상계사, 1963. 2.
송 욱, 「유미적 초월과 혁명적 아공(我空)」, 『사상계』 117호, 사상계사, 1963. 2. 1.
김운학, 「한국현대시에 나타난 불교사상」, 『현대문학』 10권 10호(통권118호), 현대문학사, 1964. 10.
최일수, 「부정과 세계해방 : 한용운론」, 『문학춘추』 1권 8호, 문학춘추사, 1964. 11.
김영기, 「님과의 대화 : 만해 한용운론」, 『현대문학』 11권 12호(통권 132호), 현대문학사, 1965. 12. 1.

사상계,「조국에 바친 일념 : 윤봉길·한용운·김동인·송진우·윤동주·박용희 그 분들의 글과 모습」,『사상계』13권 9호, 1965.

유광렬,「무애자존의 수도자」,『불교시보』, 1965. 6.

정태용,「한용운 : 미완성의 의지」,『인물한국사』Ⅴ호, 박우사, 1965.

김윤식,「소월·만해·육사론 : 이들의 기간(既刊)시집에 미수록된 작품을 중심으로」,『사상계』14권 6호(통권 160호), 사상계사, 1966. 8. 1.

조지훈,「한국의 민족시인 한용운」,『사상계』통권 155호, 사상계사, 1966. 1.

조지훈,「근대명시초 방우한담②」,『신동아』20호, 신동아사, 1966. 4. 1.

조지훈,「한용운과 송만공(宋滿空)」,『신동아』, 신동아사, 1966. 4.

박노준,「한용운의「님의 침묵」」,『사상계』15권 1호(통권 165호), 사상계사, 1967. 1. 1.

김정자,「한용운론」,『청파문학』8집, 숙명여자대학교, 1968. 4. 20.

고 은,「한용운론 : 고전의 재평가, 작가의 재발견」,『월간문학』통권 8호, 월간문학사, 1969. 6. 1.

김우정,「한용운론」,『현대시학』1권 5호, 현대시학사, 1969. 7. 1.

김우종,「한국현대시인론」,『현대시학』1권 3호(통권 3호), 현대시학사, 1969. 5. 1.

김해성,「기루는 시정신 : 만해 한용운의 문학세계」,『불교계』통권 20호, 1969. 4.

김 현,「여성주의의 승리」,『현대문학』통권 178호, 현대문학사, 1969. 10.

민동선,「한용운선생 회상기」,『불교계』제22호, 1969. 5. 30.

백낙청,「시민문학론」,『창작과 비평』통권 14호, 창작과비평사, 1969. 6.

서경수,「조선불교유신론」,『한국의 명저』, 1969.

서정주,「한용운과 그의 시」,『한국의 현대시』, 일지사, 1969. 5.

신규호,「시인 한용운론」,『현대시학』1권 5호, 1969.

안계현,「3·1운동과 불교계」,『3·1운동 50주년 기념논총』, 1969.

임 삼,「만해 한용운과 3·1운동」,『법시』18, 1969.

정광호,「한용운전」,『신동아』통권 60호, 신동아사, 1969. 8.

정태용,「한용운」,『기러기』5권 12호, 흥사단본부, 1969.

조은택, 「3·1운동과 불교인의 활약상」, 『법시』 18, 1969.
김관호, 「3·1운동과 만해선생」, 『불교』 2, 1970.
김윤식, 「님의 침묵, 알 수 없어요」, 『월간문학』 3권 6호(통권 24호), 월간문학사, 1970. 6. 1.
박두진, 「한용운의 시」, 『한국현대시론비판』, 1970.
서정주, 「만해의 문학」, 『법륜』 통권 25호, 법륜사, 1970. 8.
송민호, 「만해의 저항작품」, 『일제하의 문화운동사』, 민중서관, 1970. 4.
석지현, 「한용운 유고에 비친 시 세계」, 『동아일보』, 1970. 10. 5.
안병직, 「만해 한용운의 독립사상」, 『창작과 비평』 5권 4호, 창작과비평사, 1970. 12.
양주동, 「만해의 생애와 「불청(佛靑)」 운동」, 『법륜』 통권 25호, 법륜사, 1970. 8.
염무웅, 「한용운의 인간과 시」, 『독서신문』 창간호, 1970. 11. 8.
육 산, 「현대 불교인 열전 – 만해 한용운」, 『대한불교』, 1970. 6. 21.~11. 1.(13회)
이길진, 「조선독립이유서 역」, 『창작과 비평』 5권 3호, 창작과비평사, 1970. 9. 30.
이용조, 「만해선생의 희억」, 『불교』 4, 1970.
이호철, 「님의 침묵 명저순례」, 『중앙일보』, 1970. 9. 18.
정광호, 「한용운」, 『신동아 부록』 77, 신동아사, 1970.
김장호, 「풍난화 매운 향기 : 만해 한용운 일화초」, 『나라사랑』 2, 1971.
조광해, 「영원한 청년 한용운」, 『법륜』 통권 27~31호, 법륜사, 1970. 10.~1971. 2.
김종해, 「만해 한용운 해적이」, 『나라사랑』 2집, 외솔회, 1971. 4. 23.
박두진, 「시의 본질과 기능」, 『문학과 지성』 3호, 문학과지성사, 1971. 2. 20.
박요순, 「한용운 연구」, 『시문학』 5호, 시문학사, 1971. 12.
석청담, 「고독한 수련 속의 구도자」, 『나라사랑』 2집, 외솔회, 1971. 4. 23.
신석정, 「시인으로서의 만해」, 『나라사랑』 2집, 1971.
염무웅, 「님이 침묵하는 시대 : 만해의 시에 대하여」, 『나라사랑』 2집, 외솔회, 1971. 4. 23.

장 호,「풍난화 매운 향내」,『나라사랑』2집, 외솔회, 1971. 4. 23.

정광호,「민족적 애국지사로 본 만해」,『나라사랑』2집, 외솔회, 1971. 4. 23.

_____,「조선불교유신론 : 한용운 연구」,『법륜』30, 법륜사, 1971.

조종현,「불교인으로서의 만해」,『나라사랑』2집, 외솔회, 1971. 4. 23.

최범술,「철창철학」,『시문학』5, 시문학사, 1971.

_____,「철창철학 : 만해선생으로부터 듣고 본 것 중에서」,『나라사랑』2집, 외솔회, 1971. 4. 23.

한영숙,「아버지 만해의 추억」,『나라사랑』2집, 외솔회, 1971. 4. 23.

고 은,「선과 인생·불교유신론」,『동서문고』4, 1972.

김용성,「'님의 침묵'의 한용운」,『한국일보』, 1972. 11. 5.

문학사상사편,「한용운 작「님의 침묵」의 작품배경」,『문학사상』통권 3호, 문학사상사, 1972. 12.

변종하,「한용운의 얼굴과 그의 내면세계」,『문학사상』통권 3호, 문학사상사, 1972. 12.

박경혜,「새 자료로 본 만해, 그 생의 완성자」,『창작과비평』7권 4호, 1972.

염무웅,「만해 한용운론」,『창작과 비평』7권 4호(통권 26호), 창작과비평사, 1972. 12.

유승우,「『님의 침묵』과 반야바라밀다심경」,『현대시학』통권 35호, 현대시학사, 1972. 2.

_____,「한용운의 시세계」,『현대시학』통권 36호, 현대시학사, 1972. 3.

임중빈,「절대를 추가한 길」,『부정의 문학』, 한얼문고, 1972.

_____,「만해 한용운」,『위대한 한국인 8』, 태극출판사, 1972.

정광호,「조선불교유신론 : 한용운 연구」,『법륜』49호, 법륜사, 1972.

_____,「조선불교유신론 : 한용운 연구」,『법륜』50호, 법륜사, 1972.

홍신선,「임, 혹은 죽음의 길」,『법륜』통권 51~53호, 법륜사, 1972. 12.~1973. 4.

권기종,「조선불교유신론(역)」,『법시』, 1973.

김병익,「만해 한용운」,『동아일보』, 1973. 5. 30.~5. 31.

김상현,「만해의 님에 대한 소고」,『개척자』10호, 1973. 8. 10.

김열규,「슬픔과 찬미사의「이로니」」,『문학사상』통권 4호, 문학사상사, 1973. 1.
김우창,「궁핍한 시대의 시인」,『문학사상』통권 4호, 문학사상사, 1973. 1.
김용성,『한국현대문학사탐방』, 국민서관, 1973.
김장호,「한용운 시론」,『양주동박사고희기념논문집』, 1973. 3. 24.
무애선생 고희 기념 논총간행회,『양주동박사고희기념논문집』, 탐구당, 1973. 3. 24.
민희식,「바슐라르「촛불」에 비춰본 한용운의 시」,『문학사상』통권 4호, 문학사상사, 1973. 1.
박경혜,「만해 그 생의 완성자」,『문학사상』통권 4호, 문학사상사, 1973. 1.
불교사상사,「조선독립의 서 : 한용운 스님 <특집>」,『불교사상』2, 1973.
서경보,「한용운과 불교사상」,『문학사상』통권 4호, 문학사상사, 1973. 1.
서정주 선역(選譯),「만해한용운미발표시」,『문학사상』, 문학사상사, 1973. 1. 1.
석지현,「경허와 만해 사이」,『월간중앙』69, 중앙월간사, 1973.
신상웅,「만해 한용운 – 영원한 한국인」,『샘터』37호, 샘터사, 1973. 4.
안병욱,「한용운의 저항과 인간」,『통일세계』31호, 1973. 6.
염무웅,「만해사상의 윤곽」,『서울신문』, 1973. 4. 11.
윤재근,「만해의「알 수 없어요」의 서(抒)와 정서(情抒)를 중심으로」,『현대문학』19권 10호(통권 226호), 현대문학사, 1973. 10. 1.
이원섭,「조선불교유신론(역)」,『창작과비평』27호, 창작과비평사, 1973.
이원섭 외 2인,「땅에의 의지와 초월에의 정신」,『문학사상』통권 4호, 문학사상사, 1973. 1.
홍이섭,「한용운과 불교사상」,『문학과 지성』14, 문학과지성사, 1973.
_____,「한용운 선생의 글을 다시 읽는다」,『문학과 지성』14, 문학과지성사, 1973.
홍이섭·김열규,「『님의 침묵』의「님」은 조국인가 연인인가」,『중앙일보』, 1973. 3. 5.
홍이섭,「한용운과 불교사상」, 문학과 지성 통권 14호, 문학과지성사, 1973. 10.
김병익,「만해 한용운 선생의 사상과 생애」,『동아일보』, 1974. 6. 29.

김연덕,「한용운론 : 그의 시를 중심으로」,『경포』2, 1974.
김용직,「'님의 침묵' 그 노래와 형태의 비밀」,『심상』2권 11호, 심상사, 1974.」
_____,「비극적 구조의 초비극성」,『한국문학의 비평적 성찰』, 민음사, 1974.
_____,「Rabindranath Tagore의 수용」,『한국현대시연구』, 일지사, 1974. 11.
김우창,「한용운의 소설」,『문학과 지성』통권 17호, 문학과지성사, 1974.
김윤식,「만해론의 행방」,『심상』2권 11호, 심상사, 1974.
문덕수,「한용운론」,『현대한국시론』, 선명문화사, 1974. 12.
석지현,「한용운의 님 — 그 순수 서정」,『현대시학』통권 63호, 현대시학사, 1974. 6.
윤영천,「형성적 영원주의의 허구」,『신동아』통권 116호, 신동아사, 1974. 4.
이기영,「매월당과 만해의 차이」,『세대』127호 1974. 2.
이정강,「만해의 불과 촛불의 상징성」,『운현』5집, 1974. 2.
이형기,「20년대 서정의 결정, 만해·소월·상화」,『심상』통권 7호, 심상사, 1974.
정중환,「유불 양교의 유신론과 그 사상사적 의의」,『하성 이성근 박사 고희 기념논문집』, 1974.
최동호,「만해 한용운 시의 이해」,『고대신문』, 1974. 10. 8/10. 22.
충청남도 행정개발연구소,「한용운 : 혁명가·불승·민족시인」,『새충남』33, 1974.
한양대불교학생회,「만해 한용운」,『행당』3, 1974.
황헌식,「색불이공(色不異空) 공불이색(空不異色)의 경지 : 한용운의 경우」,『현대시학』6권 12호(통권 69호), 현대시학사, 1974. 12. 1.
김관호,「3·1운동의 전야(만해선생일화)」,『법륜』75호, 법륜사, 1975.
염무웅,「만해 한용운의 사상과 문학」,『세계시인선』31, 1975.
_____,「한용운 : 근대를 만든 주역들」,『월간중앙』82, 중앙월간사, 1975.
임중빈,「침묵의 기도 : 한용운이 생애와 시문학」,『삼중당문고』8, 1975.
한종만,「불교유신사상」,『박길진 박사 화갑기념 한국불교사상사』, 원광대출판국, 1975.

E. D. Rockstein, "Your Silence-Doubt in Faith Han Young-Un and Ingmar Borgman", *Asia and Pacific Quarterly*, 1975. 1.

강상식,「만해의 사상」,『개신』16, 1976.

김영무,「한용운과 이육사 : 이 땅의 이 사람들」,『뿌리깊은 나무』7권 7호, 1976. 8.

김영태,「불교유신론 서설」,『창작과 비평』11권 2호, 창작과비평사, 1976.

김운학,「민족과 일체감 이룬 만해」,『새바람』2호, 1976. 7.

김홍수,「한용운의 백담사」,『일요신문』, 1976. 6. 20.

백광하,「불교인의 독립운동 - 만해를 중심으로」,『법륜』85호, 법륜사, 1976.

이관구,「독립운동과 한용운」,『경향신문』, 1976.

이기철,「한국 저항시의 구조」,『우촌 강복수 박사 회갑논문집』, 1976. 6. 15.

임중빈,「한용운론 : 극기의 자유」,『명사십리 : 범우에세이』1, 범우사, 1976.

_____,「한용운의 시세계」,『님의 침묵 :서문 문고 246』, 서문당, 1976.

정광호,「3·1운동과 불교계」,『법륜』85, 법륜사, 1976.

정한모,「만해 시의 발전과정 서설」,『관악어문연구』1집, 탑출판사, 1976. 12.

조동일,「김소월·이상화·한용운의 님」,『문학과 지성』통권 24호, 문학과지성사, 1976.

한기두,「불교유신론과 불교혁신론」,『창작과 비평』11권 1호, 창작과비평사, 1976.

구중서·최하림·김홍규·염무웅,「한국시의 반성과 문제점」,『창작과비평』12권 1호, 창작과비평사, 1977.

박철희,「한국근대시의 자기인식」,『현대문학』통권 271호, 현대문학사, 1977. 7.

송재갑,「만해의 불교사상」,『법륜』100, 법륜사, 1977.

송 혁,「만해의 불교사상과 시세계」,『현대문학』통권 268·269호, 현대문학사, 1977. 4. 5.

_____,「만해의 불교사상」,『법륜』100호, 법륜사, 1977. 8.

왕한석,「만해 한용운의 인간과 문학」,『향연』6, 1977.

이명재,「한용운 문학의 특수성」,『녹지』11집, 1977.
_____,「만해문학의 여성편향고」,『아카데미논총』5집, 1977. 12.
임헌영,「한용운」,『님의 침묵(해설) : 동서문고 157』, 동서문화사, 1977.
장백일,「만해 한용운론」,『시문학』통권 73·74호, 시문학사, 1977. 8~9.
조종현,「조선독립의 서(역)」,『법륜』102호, 법륜사, 1977.
천형균,「한용운의 사상에 나타난 민족의식의 성격」,『군산수산대 연구보고』 11권 2호, 1977.
최동호,「서정시의 시적 형상에 관한 의식비평적 이해」,『월암 박성의 박사 환력 기념논총』, 1977. 9.
최원규,「근대시의 형성과 불교」,『현대시학』통권 96호, 현대시학사, 1977.
_____,「만해 시의 불교적 영향」,『현대시학』통권 101·104호, 현대시학사, 1977. 8~11.
홍문표,「한국 현대시의 불교적 전통」,『월암 박성의 박사 환력 기념논총』, 1977. 9.
강석주,「한용운선생을 생각한다」,『불광』통권 41호, 월간불광, 1978. 3.
고 은,「오늘 만해가 있다면 : 3·1운동과 불교(특집)」,『법륜』109, 법륜사, 1978.
_____,「한용운론 서설 : 한용운 사상의 원천(특집)」,『불광』통권 41호, 월간불광, 1978. 3.
석 주,「한용운 선생을 생각한다」,『불광』41, 1978.
김상현,「만해의 보살사상」,『법륜』117~121호, 법륜사, 1978. 11.~1979. 3.
김장호,「『님의 침묵』을 통해 본 만해사상」,『불광』41, 1978.
김 현,「만해, 그 영원한 이별의 미학」,『문예중앙』, 중앙일보사, 1978. 12.
_____,「우상화와 선입견의 죄」,『문학사상』통권 71호, 문학사상사, 1978. 8.
김홍규,「시인인가 혁명가인가?」,『문예중앙』, 중앙일보사, 1978. 10.
목정배,「만해의 불교청년운동고」,『법시』160호 1978.
_____,「만해의 포교관」,『법시』162호, 1978.
박대인,「작은 진주알의 시어들」,『문학사상』73호, 문학사상사, 1978. 10. 1.
송건호,「한용운선생을 생각한다」,『불광』통권 41호, 월간불광, 1978. 3.

송 욱,「설법과 증도(證道)의 선시」,『문예중앙』, 중앙일보사, 1978. 10.
송 혁,「한용운의 시 5편 해설」,『현대불교신서』14, 1978. 9. 30.
이태식,「찬만해선사(시)」,『법시』162, 1978.
이선영,「그 실상은 무엇인가?」,『문예중앙』, 중앙일보사, 1978. 10.
인권환,「만해의 시와 보살사상」,『불광』통권 41호, 월간불광, 1978. 3.
장 호,「『님의 침묵』을 통해 본 만해사상」,『불광』통권 41호, 월간불광, 1978. 3.
전보삼,「타인작품을 만해작품으로」,『대한불교』, 1978. 7. 8.
전서암,「만해의 저항정신과 불교유신론」,『씨올의 소리』79호, 1978. 12.
조동일,「한용운」,『한국문학사상사시론』, 지식산업사, 1978.
최범술,「한용운 선생의 사상 : 한용운 사상의 원천 <특집>」,『불광』통권 41호, 월간불광, 1978. 3.
한국불교연구원,「만해의 생애와 사상」,『한국의 사찰 : 낙산사』, 1978.
김동길,「한용운을 생각함」,『조선 청년에게 고함』, 1979.
김동리,「만해의 본성, 만해 한용운 선생의 사상」,『법륜』123, 법륜사, 1979
김법린,「삼일운동과 만해, 한용운 연구」,『법륜』126, 법륜사, 1979.
김영태,「만해의 새불교운동」,『석림』, 1979.
김열규,「『님의 침묵』에 대한 해석학적 접근」,『문학사상』통권 80호, 문학사상사, 1979. 7.
김우창,「한용운의 믿음과 회의」,『문학사상』통권 80호, 문학사상사, 1979. 7.
김흥규,「님의 소재와 진정한 역사」,『창작과 비평』14권 2호, 창작과비평사, 1979. 6.
김 현,「님과 사랑」,『한국문학』7권 11호, 1979.
목정배,「만해와 청년불교, 젊은 나라」,『세대』186호, 1979.
서경수,「만해사상과 오늘」,『법륜』122, 법륜사, 1979.
송재갑,「만해선사의 호국관」,『불광』56, 1979.
_____,「현대불교시의 이해」,『현대불교신서』14, 1979.
송하섭,「만해 한용운 소설 연구」,『논문집』5, 1979.
송 혁,「만해선사의 호국관」,『불광』통권 56호, 1979. 6.

안병직,「『조선불교유신론』의 분석」,『창작과 비평』14권 2호, 창작과비평사, 1979. 6.

이규호,「한용운의 교육철학」,『법륜』122, 법륜사, 1979.

이기영,「1980년대와 만해정신」,『법륜』122, 법륜사, 1979.

이동하,「한국의 불교와 근대문학 — '님의 침묵'과 관련하여」, 서울대(교지) 2호, 1979.

이명재,「만해연구와 그 문학적 특성」,『법륜』통권 56호, 법륜사, 1979. 6.

_____,「만해는 실천적 민족시인」,『한국일보』, 1979. 8. 29.

이문구,「혁명가·불승·시인의 화력 한용운」,『역사의 인물』8, 일조각, 1979.

이병주,「독립운동과 불교개혁의 거목 만해 한용운」,『전훈』69, 1979.

이상섭,「만해 시의 열쇠는 없다」,『문학사상』통권 80호, 문학사상사, 1979. 7.

이응백 외,「만해와 시조 <좌담>」,『시조생활』62, 1979. 이재창,「한용운의 불교유신론」,『법륜』122, 법륜사, 1979.

이혜성,「만해 스님과 청담 스님의 사상」,『법륜』121호, 법륜사, 1979.

전보삼,「만해정신의 현장」,『대한불교』785·794호, 1979. 4. 15.~7. 1.

_____,「타인 작품을 만해 작품으로」,『대한불교』795호, 1979. 7. 8.

장순옥,「만해 한용운의 '님'」,『밀랍』1, 1979.

조병춘,「만해와 민족혼」,『독서신문』440·442호, 1979. 8. 19./8. 26.~9. 2.

한춘섭,「만해 한용운의 문학 시조시를 중심으로」,『시조문학』52호, 시조문학사, 1979. 9.

길종균,「만해 한용운」,『기러기』184호, 흥사단본부, 1980.

김관호,「조국광복에 몸바친 만해 한용운의 모든 것」,『국민회의보』31, 1980.

김우창,「일체유심 : 한용운의 용기에 대하여」,『실천문학』1호, 실천문학사, 1980. 3.

김 현,「한용운에 관한 세 편의 글」,『문학과 유토피아』, 문학과지성사, 1980. 4.

김흥규,「님의 소재와 진정한 역사」,『문학과 역사적 인간』, 창작과비평사, 1980.

김장호,「한용운 시론」,『양주동 박사 고희기념논문집』, 1981.

김장호, 「한용운 시론」, 『현대시연구』, 1981.
김재홍, 「만해시학의 원리」, 『현대문학』 통권 313호, 현대문학사, 1981. 1.
문덕수, 「한용운의 '님의 침묵'」, 『시문학』 123호, 현대문학사, 1981.
_____, 「한용운의 '알 수 없어요'」, 『시문학』 125호, 현대문학사, 1981.
박항식, 「10대 시인의 시와 그 정신차원」, 『현대시학』 13권 5호, 현대시학사, 1981. 5.
박현수, 「10대 시인의 시와 그 정신차원」, 『현대시학』 13권 5호, 현대시학사, 1981. 5.
박철희, 「한용운의 님의 침묵」, 『한국현대시작품론』, 문장, 1981.
서경수, 「만해의 불교유신론」, 『한용운 사상연구』 2집, 민족사, 1981. 9.
신동욱, 「한용운의 시 연구」, 『우리 시의 역사적 연구』, 새문사, 1981. 9.
신상철, 「한용운의 '님'과 시」, 『논문집』 8, 1981.
오하근, 「불, 그 영원한 종합」, 『현대문학』 27권 10호, 현대문학사, 1981.
이원섭, 「만해시의 성격」, 『한용운 사상연구』 2집, 민족사, 1981. 9.
김관호, 「만해 한용운의 독립에 바친 일생」, 『불교』 120호, 1982.
김어수, 「만해 한용운의 문학사상 : 소박하고 솔직하게 쏟아놓은 뜨거운 목소리」, 『법륜』, 법륜사, 1982.
김용직, 「만해 한용운의 시와 그 사적 의의」, 『한국문학』 통권 100·101호, 1982. 2.~3.
김재홍, 「만해 한용운의 독립사상」, 『불교사상』, 1982. 3.
김현자, 『시와 상상력의 구조 : 김소월, 한용운을 중심으로』, 문학과지성사, 1982.
김희수, 「만해 한용운의 문학사상」, 『법륜』 161호, 법륜사, 1982.
박응칠, 「한용운 시의 『님의 침묵』 중심 연구」, 『논문집』 3, 1982.
성내운, 「불교 민족시인 만해와 일초」, 『법륜』 159호, 법륜사, 1982.
오세영, 「마조히즘과 사랑의 실체 : 나룻배와 행인을 중심으로」, 『한용운 연구』, 새문사, 1982.
유시광, 「시의 역학적 구조와 전통성 : 한용운론」, 『시문학』 128호, 시문학사, 1982.

이선영,「한용운의 대승적 역사인식」,『세계의 문학』여름호, 민음사, 1982.
최동호,「한용운 시와 기다림의 세계」,『한용운 연구』, 새문사, 1982.
김병택,「한용운 시의 수사적 경향」,『한국시가연구』, 태학사, 1983.
김용태,「만해시의 자비관」,『불광 99호』, 1983.
김장호,「한용운 시론」,『한국시가연구』, 태학사, 1983.
송재갑,「만해의 불교사상과 시세계」,『한국시가연구』3, 태학사, 1983.
윤재근,「만해시의 '나'와 '님'」,『월간문학』168호, 월간문학사, 1983.
윤재근,「만해시의 미적 대상」,『현대문학』355, 현대문학사, 1983.
윤재근,「만해시의 미적 양식(상)」,『월간문학』173, 월간문학사, 1983.
윤재근,「만해시의 미적 양식(하)」,『월간문학』174, 월간문학사, 1983.
윤재근,「만해시의 운율적 시상」,『현대문학』343, 현대문학사, 1983.
이상철,「한용운의 사회사상(상)」,『한국학보』, 9권 1호, 일지사, 1983.
_____,「한용운의 사회사상(하)」,『한국학보』, 9권 2호, 일지사, 1983.
이철균,「만해시와 즉물사상」,『한국문학』112호, 1983.
김봉군,「한용운론」,『한국현대작가론』, 민지사, 1984.
윤재근, 만해시 연구의 방향」,『현대문학』, 355, 현대문학사, 1984. 7.
_____,「『만해시와 미적 질료(상)」,『월간문학』181, 월간문학사, 1984.
_____,「『만해시와 미적 질료(중)」,『월간문학』182, 월간문학사, 1984.
_____,「『만해시와 미적 질료(하)」,『월간문학』183, 월간문학사, 1984.
윤영천,「복종과 자유의 변증법」,『한국 문학의 현단계 3』, 창작과비평사, 1984.
정순일,「한용운의 불교사상」,『한국근대종교사상사』, 1984.
황동규,「섬세한 문학 연구를 위한 한 시도 : 이상섭의 '님의 침묵의 어휘와 그 활용구조'」,『세계문학』9권 2호, 1984.
김재홍,「만해, 민족시의 등불」,『소설문학』11권 6호, 1985.
_____,「만해의 문학과 사상」,『문학사상』155, 문학사상사, 1985.
김정칠,「만해의 문학과 사상」,『문학사상』14권 9호, 문학사상사, 1985
김종욱,「만해시의 연구사 개관」,『문학사상』14권 9호, 문학사상사, 1985.
김준오,「님의 현상학과 형이상학」,『문학사상』14권 9호, 문학사상사, 1985.

서준섭,「지사와 선사로서의 삶 사이의 갈등」,『식민지시대의 시인연구』, 시인사, 1985.

송희복,「님의 침묵과 사성제」,『불교사상』, 1985. 7.

이경남,「한평생을 항일과 비타협으로 일관 만해 한용운 선생」,『통일』, 1985.

이상섭,「자세히 들려오는『님의 침묵』」,『문학사상』155, 문학사상사, 1985.

이승훈,「한용운의 대표시 20편은 무엇인가」,『문학사상』14권 9호, 문학사상사, 1985.

이태동,「님의 소멸과 기다림의 미학」,『문학사상』14권 9호, 문학사상사, 1985.

정광호,「식민지하의 불교」,『불교사상』8월호, 1985. 8.

조창환,「소멸의 미학과 절대미의 찬미」,『문학사상』155, 문학사상사, 1985.

김관호,「한용운 : 자유·무애의 애국지사」,『민족지성』6, 1986.

박진환,「불교문학의 단편적 정리」,『불교사상』4월호, 1986. 5.

서경수,「만해의 불교유신론」,『자유』, 1986.

김병택,「한용운 시의 수사적 경향 : 한용운론」,『바벨탑의 언어』, 문학예술사, 1986.

김상현,「한용운의 독립사상」,『자유』, 1986.

원형갑,「만해의 님과 선」,『시와 시론』, 한국시문학회편, 1986.

유한근,「한국현대불교시와 주제전통」,『불교사상』4월호, 1986. 5.

장백일,「만해의 불교적 인간관」,『불교사상』4월호, 1986. 4.

정태헌,「일제치하의 지식인상 2 : 한용운·이광수·조소묘」, 민족지성, 1986.

조동일,「김소월·이상화·한용운의 님」,『우리문학과의 만남』, 기린원, 1986.

최명환,「한용운론고 : 시론과 문학사를 중심으로」,『미원 우인서 선생 화갑기념논문집』, 집문당, 1986.

한종만,「박한영의 사회운동」,『불교사상』4월호, 1986.

한보광,「백용성의 대각교운동」,『불교사상』4월호, 1986.

김관호,「죽는 날까지 일제의 호적을 거부한 한용운」,『한국인』6권 8호, 1987.

오형근,「만해의 불교사상」,『시림』, 동국대학교, 1987.

채수영,「만해시와 원 ― 십우도를 중심으로」,『한실 이상보 박사 회갑기념 논총』, 1987.

김병택,「만해시에 나타난 꿈의 성격과 전개 양상」, 문학과비평 6호, 문학과 비평사, 1988.

조동일,「김소월·이상화·한용운의 님」,『루미 문학과의 만남』, 기린원, 1988.

박진환,「만해 한용운」,『동양문학』, 1988.

_____,「역설의 미학으로 본 님의 시학」,『동양문학』, 1988. 3.

전광진,「한용운의 <님>과 릴케의 <천사>」,『동양문학』, 1988.

고재석,「한용운론」,『한국현대시인연구』, 태학사, 1989.

김해성,「한용운론 : 일반법칙을 기루는 시관고」,『현대시인연구』, 진명문화사, 1990.

성기조,「한용운의 시와 평등사상」,『덜곶 김상선 교수 화갑기념논총』, 중앙대국문과, 1990. 11.

송효섭,「『당신을 보앗슴니다』의 의미론적 분석」,『문학과비평』, 문학과 비평사, 1990.

이경현,「인물로 본 한보국 : 해방 직후 지역 사회운동의 거목」,『주간홍성』, 1990.

지 욱,「한용운의 생애와 사상 : 조선불교유신론을 중심으로」,『수다라』5, 1990.

이동하,「한국의 불교와 근대문학」,『불교문학평론선』, 민족사, 1990.

김명인,「다시 읽는 한 편의 시 : 님의 침묵과 한용운」,『월간 사회평론』91권 3호, 사회평론사, 1991.

김상현,「3·1운동에서의 한용운의 역할」,『불교와 역사 : 이기영 박사 고희기념 논총』, 1991.

김재홍,「만해의 문체 선택」,『서정범 교수 정년퇴임 논문집』, 1991.

김재홍,「만해 한용운의 연구 어디까지 와있나」,『출판저널』80, 출판저널사, 1991.

박걸순,「한용운의 '조선독립에 대한 감상' 분석」,『독립기념관』42, 독립기념관 기획실, 1991.

이명재,「만해 한용운론」,『식민지시대의 한국문학』, 중앙대출판부, 1991.
정효구,「한용운 시의 구조적 역동성」,『광야의 시학』, 열음사, 1991.
천이두,「한국적 한에 있어서의 불교적 속성」,『석산한종만박사회갑기념문집』, 원광대학교 출판국, 1991.
McCann, David R., "The Poems of Ten Thousand Seas : Manhae, Han Yingun", *Korean Culture*, 1991.
김영태,「만해의 새불교운동」,『불교사상론』, 민족사, 1992
김창수,「일제하 불교계의 항일민족운동」,『한국불교문화사상사』하, 가산문고, 1992.
윤석성,「선시의 정서」,『현대문학과 선시』, 불지사, 1992.
이경교,「침묵과 언어의 만남 — '님의 침묵'을 중심으로 본 선과 시」,『현대문학과 선시』, 불지사, 1992.
이 탄,「소월·만해의 그릇 — 한국현대시론」,『현대시학』, 현대시학사, 1992. 1.
전보삼,「푸른 산빛을 깨치고」,『만해의 불교사상』, 민족사, 1992.
최경환,「용운 한시의 시적 변모」,『국문학의 사적 조명』, 계명문화사, 1992.
한계전,「만해 한용운 문단의 문하생들 : 만해 문단의 성립과 문하생들의 작품세계를 중심으로」,『문학사상』, 문학사상사, 1992. 1.
양은용,「근대불교개혁운동」,『한국사상대계 6』, 한국정신문화연구원, 1993.
이숭원,「한용운 시의 자연표상」,『한국현대시인론』, 개문사, 1993.
최병헌,「일제불교의 침투와 한용운의 조선불교유신론」,『진산 한기두 박사 화갑기념 — 한국종교사의 재조명』, 1993.
임혜봉,「친일매불음모와 임제종의 자주화운동」,『순국』, 1994.
차차석,「만해 한용운의 사회개혁사상」,『동국』33, 1994.
고재석,「『님의 침묵』의 신화적 구조」,『한국시가연구』4, 태학사, 1995.
문덕수,「여백의 시학」,『시문학』, 현대문학사, 1995. 6.
이숭원,「한용운의 시와 시인의 사명」,『현대시』, 1995.
홍신선,「방언사용을 통해서 본 기전, 충전권 정서 : 지용·만해·노작의 시를 중심으로」,『현대시학』, 현대시학사, 1995. 12.
김광식,「조선불교청년회의 사적 고찰」,『한국근대불교사연구』, 민족사,

1996.

_____, 「조선불교청년총동맹과 만당」, 『한국근대불교사연구』, 민족사, 1996.

홍정자, 「만해 한용운의 자손들」, 『말』, 1996.

김광원, 「만해 한용운의 선시」, 『시문학』 311~315, 1997.

김구영, 「만해 한용운 : 『님의 침묵』을 중심으로」, 『열린문학』 9, 1997.

김재홍, 「되돌아보는 만해 한용운 선생」, 『기업경영』 468, 1997.

성기조, 「한용운론 : 평등사상을 중심으로」, 『한국현대시인론』, 한국문화사, 1997.

이어령, 「기호의 해체와 생성 : 한용운 님의 침묵과 텍스트의 침묵」, 『한용운 : 박철희 편』, 서강대출판부, 1997.

김경집, 「한용운의 조선불교유신론」, 『한국근대불교사』, 경서원, 1998.

김종주, 「만해의 욕망」, 『예술세계』 4월호, 한국예술문화단체총연합회, 1998.

박철석, 「한용운론」, 『한국현대시인론』, 민지사, 1998.

오세영, 「님의 침묵·나룻배와 행인」, 『한국 현대시 분석적 읽기』, 고려대출판부, 1998.

윤동재, 「한용운의 한시와 국문시의 '매화'의 의미」, 『현대시의 전통과 창조』, 열화당, 1998.

전광진, 「한용운의 '님'과 릴케의 '천사'」, 『동양문학』 3호, 동양문학사, 1988.

권영민, 「만해 한용운의 소설과 도덕적 상상력」, 『현대시의 반성과 만해 문학의 국제적 인식』, 만해사상실천선양회, 1999.

김광길, 「만해의 문학사상 : 해석학적 고찰」, 『한국사상과 문화』 5, 1999.

김용직, 「한국 현대시를 어떻게 볼 것인가」, 『현대시의 반성과 만해 문학의 국제적 인식』, 만해사상실천선양회, 1999.

김재홍, 「한용운의 문학과 사상」, 『생명·사랑·자유의 시학』, 동학사, 1999.

송재학, 「님의 침묵까지의 문학연대기 : 공식 연보에 상상력으로 덧붙이다」, 『문학사상』 321, 문학사상사, 1999.

윤재근, 「님의 침묵 연구의 비평적 성찰」, 『생명 · 사랑 · 자유의 시학 : 김재홍 비평집』, 동학사, 1999.
이상수, 「미답의 바다 '만해'에 쪽배 띄우다 : 한용운 탄생 120돌 기념 만해 출전, 만해학의 가능성 모색 산중 3박 4일」, 『한겨레21』 272, 한겨레신문사, 1999.
황현산, 「님의 침묵의 두 시편」, 『현대시학』 365, 현대시학사, 1999.
김광식, 「근대불교개혁론의 배경과 성격」, 『근현대불교의 재조명』, 민족사, 2000.
김광원, 「'님의 침묵'과 선의 세계」, 『다르마』 3호, 전북불교문인회, 2000.
이숭원, 「서정주의 시의 전개와 현재의 위상」, 『서정시학』 봄호, 서정시학, 2000.
이 준, 「인물탐험 : 독립운동가, 승려, 시인으로 난세를 살았던 대자유인 만해 한용운」, 『재정포럼』, 한국조세연구원, 2000.
이홍섭, 「만해 한용운 「님의 침묵」과 백담사」, 『시와시학』 39호, 시와시학사, 2000.
이혜원, 「한용운의 '님의 침묵'」, 『대표시 대표평론』, 2000.
임중빈, 「침묵의 기도 — 한용운의 생애와 시문학」, 『다르마』 3호, 전북불교문인회, 2000.
정재완, 「만해 한용운의 시세계와 한국현대시사의 정체성」, 『시문학』 352, 2000.
고명수, 「만해시와 동양미학」, 『유심』 여름호, 만해사상실천선양회, 2001.
고명수, 「한용운의 후기시와 시조에 대하여」, 『불교문예』 겨울호, 2000.
홍정선, 「한용운과 정지용」, 『황해문화』 27, 새얼문화재단, 2000.
김광식, 「만해와 효당, 그리고 다솔사」, 『유심』 가을호, 만해사상실천선양회, 2001.
김열규, 「순수한 모순이여!」, 『유심』 복간호, 만해사상실천선양회, 2001.
김형중, 「한용운의 선시 세계」, 『유심』 겨울호, 만해사상실천선양회, 2001.
석 주, 「아! 만해님은 아직 내 곁에 있습니다」, 『유심』 겨울호, 만해사상실천선양회, 2001.
이병석, 「전율의 귀띔」, 『유심』 복간호, 만해사상실천선양회, 2001.

이승하,「한용운의 옥중 한시 감상」,『유심』겨울호, 만해사상실천선양회, 2001.
이원섭·조병활,「불교는 '자기부정'의 미학 : 대담」,『유심』7, 만해사상실천선양회, 2001.
이지엽,「시조에 나타난 유심사상」,『시조시학』, 고요아침, 2001.
전보삼,「만해와 계초 이야기」,『유심』복간호, 만해사상실천선양회, 2001.
_____,「만해 한용운의 '유심'지 고찰」,『유심』여름호, 만해사상실천선양회, 2001.
정광호,「운허 스님으로부터 들은 만해 이야기」,『유심』겨울호, 만해사상실천선양회, 2001.
정재완,「만해 한용운의 시세계와 한국현대시사의 정체성」,『시문학』353, 2001.
_____,「만해 한용운의 시세계와 한국현대시사의 정체성」,『시문학』354, 2001.
한계전,「만해와 건봉사 봉명학교」,『유심』복간호, 만해사상실천선양회, 2001.
한보광,「海·龍의 만남 : 용성스님과 만해스님의 인연」,『유심』겨울호, 만해사상실천선양회, 2001.
강영주,「만해와 벽초의 교유」,『유심』여름호, 만해사상실천선양회, 2002.
강원용·김재용,「단절을 넘어, 열린 생명을 향해 : 제6회 만해평화상 수상자 강원용 목사와의 대화 '대담'」,『유심』9, 만해사상실천선양회, 2002.
권영민,「자료발굴 : 한용운의 일본시절 ─ 일본잡지 '화융지'에 수록된 한용운의 한시」,『문학사상』31권 8호, 문학사상사, 2002.
김광식,「만해와 석전, 그 접점과 갈림길 그리고 절묘한 이중주」,『유심』겨울호, 만해사상실천선양회, 2002.
김형중,「한용운의 선시 세계 1」,『유심』7, 만해사상실천선양회, 2002.
박구하,「시와 시조로 길을 밝힌 시대의 등불」, 시조문학 143호, 시조문학사, 2002.
장미라,「한용운 연구 ─ 시조를 중심으로」,『현대시조』봄·여름호, 2002.
전보삼,「만해 한용운과 조선불교청년회」,『유심』, 봄호, 만해사상실천선양

　　　　 회, 2002.
조정래,「내 영혼 속의 만해와 철운」,『유심』겨울호, 만해사상실천선양회, 2002.
김광식,「만해는 근대화 추구한 독립운동가」,『불교신문』, 2003. 8. 29.
_____,「민족불교로 독립 지존의 길을 개척하다 — 만해와 만공」,『유심』여름호, 만해사상실천선양회, 2003.
김광원,「만해 한용운의 선시」,『유심』, 가을·겨울 합권호, 만해사상실천선양회, 2003.
노저용,「한용운 시 님의 침묵 외 9편」,『서정시학』13권 4호, 서정시학, 2003.
명　정,「스승과 제자, 그리고 도반의 아름다운 만남 — 만해와 정봉」,『유심』봄호, 만해사상실천선양회, 2003.
유석재,「만해와 계초의 돈독했던 우정」,『조선일보』, 2003. 10. 23.
유세종,「한용운 시 읽기의 한 방법론 : 루쉰과의 비교를 통한 동아시아적 의미 읽기」,『중국현대문학』26, 한국중국현대문학회, 2003.
윤창화,「한용운의 불교대전」,『법보신문』, 2003. 4. 23.
_____,「한용운의 불교유신론」,『법보신문』, 2003. 5. 21.
_____,「한용운의 '님의 침묵'」,『법보신문』, 2003. 7. 2.
이관구,「한용운에게서 들은 불교대의」,『언행록』, 2003.
이혜원,「전인적 인격과 의지의 시 — 한용운론」,『새로 쓰는 현대시인론』, 백년글사랑, 2003.
전보삼,「만해 한용운과 신간회」,『유심』14-15, 만해사상실천선양회, 2003.
현광석,「선시의 미학적 대칭점 — 조지훈, 한용운의 시를 중심으로」,『한국학보』, 일지사, 2003.
김광식,「만해, 불교 청년들을 단련시킨 용광로 — 한용운과 김범린」,『유심』봄호, 만해사상실천선양회, 2004.
김광식,「만해, 암흑기 청년의 삶의 나침반 — 한용운과 김관호」,『유심』여름호, 만해사상실천선양회, 2004.
김광식,「생활선의 계승과 구현 – 한용운과 이춘성」,『유심』가을호, 만해사상실천선양회, 2004.

김광식,「지절시인(志節詩人)의 표상 ― 한용운과 조지훈」,『유심』가을호, 만해사상실천선양회, 2004.

김광원,「만해 한용운의 선시」,『유심』19, 만해사상실천선양회, 2004.

_____,「한용운의 시와 선 ― '겸대'와 '전위'의 사유와 님이 없는 세속사회 글쓰기」,『시와세계』여름호, 시와세계, 2004.

_____,「한용운의 십현담 주해 읽기 ①」,『시와세계』5, 2004.

석길암,「만해의 십현담 주해에 나타난 선교관」,『만해학보』8, 만해학회, 2004. 12.

송준영,「선시의 표현방법에 관한 연구 2」,『유심』18, 만해사상실천선양회, 2004.

손홍규,「만해 한용운과 아들 한보국」,『민족 21』34, 민족21, 2004.

오태환,「알 수 없어요, 자기 연민이 빚어낸 극채의 미인도 : 한용운 시 읽기를 위한 방성과 모색의 한 좌표」,『시안』26호, 시안사, 2004.

유석재,「삭풍 속에 피어난 금란지교 ― 만해와 계초 방응모」,『유심』봄호, 만해사상실천선양회, 2004.

이범진,「역사추적 : 불교 항일투쟁의 선봉, 만당과 만해」,『주간조선』, 2004. 3. 11.

이선민,「만해 한용운이 쓴 가장 오래된 글 ― 발견」,『조선일보』, 2004. 3. 1.

이원길,「북한에서의 한용운에 대한 평가」,『유심』가을호, 만해사상실천선양회, 2004.

정남영,「한용운 시의 현재성」,『(내일을 여는) 작가』36, 현암사, 2004.

홍정자,「만해 한용운의 자손들」,『하나는 전체를 위하여 전체는 하나를 위하여』, 평양출판사, 2004.

데이비드 맥캔,「만해 시에 나타난 단상」,『유심』가을호, 만해사상실천선양회, 2004.

호테이 토시히로,「일본에 있어서의 한용운」,『유심』가을호, 만해사상실천선양회, 2004.

고재석,「운명의 지침을 돌려놓은 미의 빛 ― 만해의 3일간의 고서화 배관과 민족의 뿌리 인식」,『유심』겨울호, 만해사상실천선양회, 2005.

김광식,「만해 한용운이 작성한 용성 대선사 사리탑 비명고」,『유심』20호, 만해사상실천선양회, 2005.

_____,「사제이자 동지인 아름다운 인연 : 한용운과 김경봉」,『유심』여름호, 만해사상실천선양회, 2005.

김완하,「창작 방법론을 통해서 본 만해 시의 이해」,『문학사상』396, 문학사상사, 2005.

김재홍,「만해의 문학세계와 문학사상」,『한용운『님의 침묵』번역시선집』, 만해학술원, 2005.

맹문재,「한용운 시에 나타난 '님' 새로 읽기」,『유심』21호, 만해사상실천선양회, 2005.

박민수,「한용운의 시 다시 읽기」,『시와 세계』12, 한국문연, 2005.

송준영,「만해」,『시와세계』11, 시와세계, 2005.

여지선,「한용운의 시조세계와 문학사적 의의」,『유심』21호, 만해사상실천선양회, 2005.

우대식,「님의 침묵과 역설의 미학 : 한용운론」,『한국현대시인론』, 한국문화사, 2005.

이선이,「구세주의와 문화주의 ― 만해와 육당」,『유심』가을호, 만해사상실천선양회, 2005.

_____,「님과 얼, 그리고 정신의 만남」,『유심』20호, 만해사상실천선양회, 2005.

이종건,「만해 한용운의 시조와 한시」,『유심』21호, 만해사상실천선양회, 2005.

조오현·오세영·심재휘,「선시의 세계와 현대시의 전망 '대담'」,『시안』27호, 2005.

김광식,「지옥속에서 천당을 구하다 ― 한용운의 항일투쟁과 서대문형무소」,『유심』가을호, 만해사상실천선양회, 2006.

_____,「천진보살의 평생의 정신적 사표, 만해 한용운과 강석주」,『유심』여름호, 만해사상실천선양회, 2006.

_____,「한용운의 조선불교의 개혁안 연구」,『유심』24, 만해사상실천선양

회, 2006.
김옥성,「한국 현대시의 불교적 시학 : 한용운, 조지훈, 서정주의 시를 중심으로」,『문학·선』봄호, 문학·선, 2006.
남한산성 만해기념관,『만해의 한글사랑 : 특별기획전』, 만해기념관, 2006.
권영민,「만해 한용운의 문학, 그 새로운 지평」,『문학사상』396, 문학사상사, 2006.
이원섭,「만해 스님의 십우도송에 대하여」,『유심』가을호, 만해사상실천선양회, 2006.
고재석,「한용운과 그의 시대(3)」,『유심』여름호, 만해사상실천선양회, 2007.
김건중,「한국문학 속의 만해사상 : 님의 침묵을 중심으로」,『월간문학』463호, 월간문학사, 2007.
류양선,「만해의 시집『님의 침묵』의 창작 동기」,『일제식민지 시기 한국의 언어와 문학』, 서울대출판부, 2007.
서울교육대학교 역사논술연구회,『역사논술교과서 한용운』, 파랑새어린이, 2007.
최만섭,「시인 한용운의 생과 작품」,『한비문학』20, 2007.
김형중·김문수,「3·1운동의 기수 만해 한용운」,『불교, 교과서 밖으로 나오다』, 운주사, 2008.
유응오,「본래의 자리를 지키라 : 팍스아메리카 시대에 다시 읽는 '조선불교유신론'」,『선원』157, 2008.
전보삼,「만해문학사상이 정치·사회에 미친 영향」,『창작21』봄호, 들꽃, 2008.
윤재근,「한용운 문학을 재조명한다 — 한용운과 한국문인」,『월간문학』498, 2010.
이승하,「한용운 시의 현재적 의미 : 님의 침묵 밖의 한용운 시에 대한 고찰」,『불교문예』51호, 2010.
황성창,「성곡 리사와 박철 자원 고찰」,『홍주향토문화』25, 2010.
김영진,「신간회 경성지회 주도세력과 '비타협' 논쟁」,『향토서울』78, 서울

특별시사편찬위원회, 2011.
변창구, 「만해 한용운의 국구투쟁에 관한 연구」, 『민족사상』 11, 2011.
이홍섭, 「건봉사와 만해 한용운 시문」, 『금강산 건봉사의 역사와 문화』, 인북스, 2011.
정광수, 「한용운의 『님의 침묵』과 『십현담주해』에 관한 담론」, 『행동문학』 76, 2011.
정천구, 「만해 한용운의 개혁적 불교사상에 관한 연구」, 『민족사상』 11호, 2011.
최원규, 「님의 침묵과 심현담주해에 관한 담론에 대하여 : 만해시 깊이 보기」, 『해동문학』 77, 2012.
충청남도역사문화연구원, 「한용운」, 『충남의 독립운동가』, 2012.
최동호, 「심우도(尋牛圖)와 한국 현대 선시 : 경허, 만해, 오현의 「심우도」를 중심으로」, 『시와세계』, 한국문연, 2013.
탁현수, 「나와 우리를 사랑한 정열의 사랑 노래꾼 한용운 : 남한산성의 만해 기념관을 관람하고」, 『문학춘추』 84, 문학춘추사, 2013.
김옥성, 「한국 현대 시인의 연기사상과 상상력 : 한용운, 이광수, 서정주를 중심으로」, 『불교문예』 66호, 불교문예출판부, 2014.
오대혁, 「한용운의 '님'과 선사상적(禪思想的) 논리의 상관성」, 『해동문학』 88, 한누리미디어, 2014.
윤석성, 「민족의 인도자이자 애인인 분 : 만해 한용운의 일생」, 『불교문예』 65호, 현대불교문인협회, 2014.
김광식, 「만공의 정신사와 총독부에서의 '선기발로(禪機發露)'(1937) 사건」, 『향토서울』, 91, 2015.
박현수, 「만해 불교사상의 핵심과 그의 시론」, 『불교문예』 70호, 2015.
송기섭·김윤정, 「근대시와 불교적 상상력 : 한용운론」, 『한국현대시인론』, 청운, 2015.
전보삼, 「만해와 무산의 심우도 비교 연구」, 『시와세계』 51, 시와세계, 2015.
고영섭, 「만해와 만악의 문학사적 접점 : 한용운의 시와 조오현의 시의 통로」, 『시와세계』 53, 2016.

이효진·윤승옥, 「강원도 인제, 만해 한용운과 함께 걷다 : 만해마을에서 자작나무길까지」, 『지방행정』 65, 대한지방행정공제회, 2016.

고영섭, 「분황 원효와 만해 봉완의 깨침과 나눔」, 『불교문예』 78호, 2017.

김광길, 「만해 한용운 시의 해석학적 비평」, 『월간문학』 578, 2017.

전보삼, 「만해와 무산의 심우도 비교 연구」, 『시와세계』 63, 시와세계, 2018.

추경화, 김진환, 장병석, 공대원, 「다솔사와 항일운동」, 『3·1운동 및 임시 정부수립 100주년 기념 사천항일운동사』, 사천문화원, 2018.

김종인, 「만해 한용운의 불교 개혁론 : '파괴'와 '유신'의 "개혁론"」, 『불광』 533, 2019.

이성혁, 「'3·1혁명' 100주년에 읽는 한용운의 시」, 『작가들』 68, 인천작가회의, 2019.

전보삼, 「3·1 정신과 만해 한용운」, 『광장』 220, 세계평화교수협의회, 2020.

백원기, 「만해 한용운, 눈 속의 매화 기상과 생명 사랑」, 『시와세계』 73, 시와세계, 2021.

□ 한용운 시 읽기, 50년의 축복

　나의 한용운 시 읽기는 반세기에 가깝다. 이전 기억은 확실하게 떠오르지 않지만 한용운 시를 제대로 만난 것은 1964년 고등학교 2학년 가을이었다. 국어시간에 담당 선생님은 어느 날 진도를 나가지 않았다. 선생님이 한용운 시를 암송할 학생을 갑자기 찾았다. 동급생 중의 한 사람이「님의 침묵」을 낭송했다. 약간의 더듬거림이 있었지만 그가 낭송을 끝내고 나자 침묵하던 교실 안은 이상한 전율에 사로잡혔다. 그 시절 역사나 철학을 공부하고 싶다는 생각을 마음속에 가지고 있었던 나는 이 알 수 없는 가을의 전율을 계기로 문학을 지망하게 되었다. 사람의 마음을 움직이는 힘을 시에서 느꼈기 때문이다. 당시는 잘 알 수 없었지만 어떤 부분에 마음이 크게 움직였는지 돌이켜 생각해 보면 그것은 다음과 같은 구절이었으리라 짐작된다.

　　단풍나무숲을 향하야 난 적은 길을 걸어서 차마 떨치고 갔습니다.

　지금 생각해 보면 이 시행에서 내가 강하게 느낀 것은 앞 뒤 시행의 긴장 속에서 '차마'라는 시어였던 것 같다. 왜 사랑하던 그들은 헤어져야만 하는가 하는 것이 인생의 커다란 번뇌의 근원처럼 느껴졌다. 후에「법구경」을 읽으니 그 속에는 '사랑하는 사람을 가지지 말라. 사랑하는 사람은 만나지 못해서 괴롭고 사랑하지 않는 사람은 만나서 괴롭다'는 구절을 발견하고 한용운의 시 구절이 무엇을 뜻했던 것인지 조금은 알 것 같았다.

　1974년 대학원 석사과정 논문의 주제로 한용운을 택했다. 당시는 한용운 연구의 초기 단계였기 때문에 많은 업적이 축적되지 않는 상태였다. 나의 주제는 한용운의 시가 어떻게 한시에서 현대시로 탈바꿈했는가 하는 것이었는데 자료 정리 수준을 크게 넘어서지 못했던 것 같다. 이 시기에 내가 좋아했던 한용운의 시는 「알 수 없어요」였다. 이 시가 주는 신비로운 감각이 내 마음에 가깝게 다가왔다. 아마 형이상의 세계를 추구하던 시절의 취향이 아니었을까 생각된다. 그 중에서도 다음 구절은 되풀이 음미되었다.

　　　그칠 줄 모르고 타는 나의 가슴은 누구의 밤을 지키는 약한 등불입니까

　이 의문은 한용운만이 아니라 누구나 자신의 생에 대해 가지는 질문일 것이다. 특히 '약한'이라는 수사어가 내 마음을 사로잡았다. 이 약한 등불은 지상의 어둠은 물론 우주의 어둠 다시 말하면 진리를 밝히는 등불이라는 것이 나의 해석이었다. 아마 이 시를 통해 내 마음 속에도 약한 등불 하나를 켜놓게 되었다는 것은 커다란 축복이었다고 할 것이다.

　나의 한용운 시 읽기는 30년을 넘어서도 멈추지 않고 계속되었다. 그 결과물로 2001년 한용운 평전 「사랑과 혁명의 아우라 한용운」을 펴냈고 뒤이어 그 동안의 자료를 망라하여 2009년 「한용운 시전집」을 출간했다. 이 과정에서 내가 눈여겨 본 것은 "군말"이었다. 「님의 침묵」의 서문이라고 할 수 있는 "군말"은 처음에는 잘 이해가 되지 않았다. 반어적 어법이 특히 이해하기 쉽지 않았다. 나중에 돌이켜 보니 그것은 「금강경」에서 사용된 불교적 반어법이라는 것을 알게 되었다. 특히 마지막 구절을 여러 차례 음미해 보았다.

　　　나는 해 저문 벌판에서 돌아가는 길을 잃고 헤매는 어린 양이 기루어서 이 시를 쓴다.

이 마지막 구절은 한용운이 시집 「님의 침묵」을 간행하는 결정적인 동기를 말해주는 부분일 것이다. 왜 시를 쓰는가. 국가를 빼앗겼는데 할 일 없는 사람처럼 시를 쓴다는 것은 도피행위가 아닌가 하는 질문이 한용운을 따라다니는 부채감이었을 것이다. 여기서 그는 시인으로 나서기를 주저하지 않을 수 없었을 것이다. 흥미로운 것은 성경의 한 구절을 차용한 것 같은 이 구절로 서문의 마지막을 장식했다는 점이다. 한용운의 다른 시편에서도 기독교적 요소가 발견된다는 것은 그가 모든 종교에 공통되는 구원의 문제에 깊은 관심을 가지고 있었다는 뜻일 것이다.

지금도 시를 읽고 있는 사람의 대다수는 이렇게 갈 길을 잃고 헤매는 사람들일 것이다. 목표가 분명한 사람들은 시를 읽고 슬픔에 빠질 여유가 없을 것이다. 나중에 곰곰이 생각해 보니 이 마지막 구절이야 말로 시를 쓰는 자기 자신을 포함해서 모든 사람들이 좌절과 시련에 봉착해 있을 때 자기를 구원하는 계기가 될 수 있다는 판단이 들었다. 1913년 노벨상 수상으로 세계적인 명성을 얻은 타고르 시를 읽고 한용운은 다음과 같이 노래했다.

그러나 죽은 대지가 시인의 노래를 거쳐서 움직이는 것을 봄바람은 말합니다.

위의 시행은 시가 지닌 위대한 힘을 역설한 것이라 해석된다. 대지에 생명을 불어넣는 것이 시인의 노래라는 한용운의 표현은 시가 인간에게 하나의 구원이 될 수 있다고 말한 것이기도 하다. 무엇보다 한용운 자신도 감옥에 갇혀 있을 때 길을 잃은 어린 양처럼 약한 등불을 켜놓고 그 어둠을 밝히기 위해 마음을 다둑이는 시를 쓰고 그 시를 스스로 되풀이 생각했을 것이다. 나라를 잃어버리지 않았거나, 나를 떨치고 님이 떠나가지 않았다면 한용운은 시를 쓰지 않았을지도 모른다. 보다 보편적으로 말하자면 사랑의 상실이 없다면 인간의 가슴 속에는 시가 발효되지 않는다. 생명의 비롯됨으로 인한 생로병사의 모든 고뇌가 시를 생성시켰고 그리고 인간에게 종교를 필요로 하게 했다는 것이다. 한용운의 시를 읽는 기쁨은 특정한 시대에 국한되는 것이 아니다. 그것은 오늘을 살면서 고통 받는 모든 사람에게 커다란 축복이다. 아무리 행복한 인간이라도 인간은 고통을 배제하고 살 수 없는 존재이다. 그런 점에서 나의 한용운 시 읽기는 반세기를 넘어서 앞으로도 계속될 것이다.

최동호(2012년 봄, 계간지 『님』)